나는 내가 아무것도 모른다는 것을 안다
I know I don't know anything

- Socrates -

낙천주의자는 우매하고 비관주의자는 무정하다
Optimists are foolish and
Pessimists are cold-hearted
- Jean Cocteau -

나는 생각하지 않는 곳에서 존재한다
I am in a place where I don't think

- Sigmund Freud -

삶의 어두운 길을 인도하는
유일한 지팡이는 양심이다
*The only cane leading
the dark path of life is conscience*

- Heinrich Heine -

알아두면
잘난 척하게
따좋은
철학잡학사전

한 권으로 완성하는 철학의 모든 것

한 권으로 완성하는 철학의 모든 것!

알아두면 잘난 척하기 딱좋은 철학잡학사전

왕잉 | 지음 ● 오혜원 | 옮김

책이있는마을

철학은 인간 사회의 특수한 학문으로 많은 철학 문제가 영원불변의 진리로 구현되었다. 이것은 인간이 자연에서 의지하며 살아가는 법칙이자 정신이다. 철학은 지식이나 기술과 다르다. 철학 자체는 물질 생산 능력이 없다. 철학이 탐구하는 문제와 범주도 일상생활과 전혀 관계가 없는 것처럼 보이지만 철학은 삶의 방향을 제시해주며 인간이 인간이게끔 하는 정신적인 바탕이다.

'철(哲)'은 지혜롭다는 뜻이다. 철학(philosophy)은 그리스어인 필로소피아(philosophia)에서 유래했다. 이는 사랑이라는 뜻의 '필로스(philos)'와 지혜라는 뜻의 '소피아(sophia)'가 합쳐진 것으로 '지혜에 대한 사랑'을 의미한다. 이것으로 볼 때, 철학은 사람들을 지혜롭게 해주는 학문이며 자신과 세계에 대한 호기심으로 만들어진 결과이자 이론 체계다. 진정한 철학은 우리의 삶과 매우 가깝다. 그러므로 우리는 철학을 멀리할 필요가 없다.

인류가 생겨난 후 인간은 자신의 생존과 발전을 위해 자연과 공존을 해야 했다. 타인과 좋은 관계를 이루기 위해 자연뿐만 아니라 자신과 타인에 대한 인식을 쌓아야 했다. 이를 위해 인간은 필요한 모든 것을 자연과 사회에서 구했다. 그 과정에서 인식이 점점 체계가 잡히고, 논리 정연한 사고를 하며, 개념과 범주를 통해 세계관과 사상의 체계를 만들었다. 철학은 세계관의 집합이자 영원불변의 진리며 각종 문제를 관찰하고 해결할 수 있는 기본 원칙이 되었다.

이 책을 집필한 의도는 바로 철학의 실용성을 구현하기 위해서다. '철학 무용론'은 지혜를 찾아 헤매는 현대사회에서 없어져야 한다. 우리는 '철학 상식'을 이해함으로써 고대로부터 전해 내려온 지혜를 깨달으며 자아와 세계를 깊이 인식하여 지혜로운 사람이 될 수 있다.

이 책은 철학의 본질, 철학자의 숨겨진 에피소드, 유명한 철학적 명제, 철학자들이 남긴 명언, 여러 철학 유파, 철학 용어 등을 망라한, 그야말로 '세상 철학의 모든 것'을 다루었다. 각 장마다 서양철학과 중국철학으로 나누어 설명했으며, 독자들이 철학의 매력을 느낄 수 있도록 재미있고 쉽게 표현했다.

이 책은 독자들이 '철학 상식'의 계단을 오르면서 개성 있고 다양한 철학 유파의 숨겨진 사상을 발견하는 데 안내 역할을 할 것이다.

CHAPTER **5** 세상을 뒤흔든 이 한마디

CHAPTER 6 세상의 모든 철학

도대체
철학이 뭐지

오늘날 철학은 인류가 오랜 세월 온갖 풍파를 겪고 이루어낸 찬란한 문명의 결과물로 여긴다. 철학 사조는 독특한 이성과 지혜로 이루어졌으며 그 안에는 수천 년 동안 쌓아온 거대한 문화가 반영되어 있다. 철학은 동서양의 과학과 문화, 교육의 발전에 중요한 역할을 했으며 인류 사회가 나아갈 방향에 큰 영향을 끼쳤다.

철학이
왜 필요해?

'철학(philosophy)'이라는 단어는 필로소피아(philosophia)라는 그리스어에서 유래했다. 이는 사랑이라는 뜻의 필로스(philos)와 지혜라는 뜻의 소피아(sophia)가 합쳐진 것으로 '지혜에 대한 사랑'을 의미한다. 본래 철학은 사회를 인식하고 자연을 느끼는 방법이었는데, 지금은 사람들이 자신의 세계관을 정립하고 이론화할 수 있도록 안내하는 역할을 한다. 철학은 일종의 지식 종합체로 자연지식과 사회지식과 사유지식이라는, 유형과 영역이 다른 세 가지 지식을 철학이라는 범주에 넣어 정리한 것이다. 철학자들은 철학적 방법을 이용하여 미지의 세계를 탐색하고 어려운 추상적 문제를 해결한다.

개인에게 철학은 인생이라는 길 위의 안내등과 같다. 철학은 개인이 문제를 정확하게 인식하고 복잡한 생활 속에서 목표와 방향을 찾도록 도와준다. 그리고 사회에 있어서 철학은 사회 전체의식의 외부 표현이자 실천이며 세계 기원과 본질을 찾는 방법이고 사회 전체가 공통으로 추구하는 방향이다.

철학 문제는 일상생활과는 별 관련이 없는 듯이 보이지만 철학은 항상 우리의 생활을 인도하고 있다. 사회 발전에 중대한 영향을 끼친다는 점에서 철학은 과학과 비슷하다.

철학의 본질은 비판 정신이다. 이때 비판 정신은 주로 자아에 초점을 맞추므로 이는 자아비판과 자아 반성으로 구성된 지혜의 탐색이라고 볼 수 있다. 단 철학의 비판성은 자아를 전면 부정하려는 것이 아니라 비판하는 과정 속에서 진리와 지혜를 계승하고, 자아를 부정하는 과정 속에서 자아의 진보와 발전을 실현하고자 하는 것이다.

철학사(哲學史)는 전쟁터다.

이마누엘 칸트.

이마누엘 칸트(Immanuel Kant)가 말한 것처럼 철학사는 새로운 영역을 탐구해 온 투쟁 그 자체다. 지식 추구는 인간의 본성으로, 인간은 지식과 지혜를 탐구하여 자신의 호기심과 욕망을 만족시킨다. 특히 철학자들은 우리가 어렵다고 느끼는 문제에 완전히 몰입해 살면서 지식 추구와 사변(思辨)의 과정을 통해 케케묵은 사고방식을 깨부쉈다. 또 어떤 지배적인 사상 때문에 가려졌던 새로운 생각을 찾아내서 인류 발전에 공헌하기도 했다. 그렇기에 철학의 비판 정신은 유동성을 띠고 발전해왔다.

예부터 지금까지 거의 모든 철학 사상이 성립, 비판, 번복, 종합, 재성립의 과정을 거쳐 발전해왔다. 철학의 비판 정신이 있기에 인간의 정신 활동이 끊임없이 확장되었으며 세계 문명도 계속 진보해왔던 것이다.

철학은 경이로움에서 시작되었다?

플라톤(Platon)이 말했다.

모든 철학은 경이로움에서 시작된다.

플라톤의 말처럼 철학은 경이로움에서 시작되었다. 만약 인간에게 경이로움이나 의문을 느끼는 감각이 없었다면 인류 사회에 철학이 존재하지 않았을 것이다.

사람들은 어떤 일에 호기심이나 의문이 생기면 흥미를 갖고 비밀을 탐색한다. 이는 자신의 역량으로 그 비밀을 탐색할 수 있다고 믿기 때문이다. 이렇듯 경이로움은 인간에게 내재되어 있는 힘을 격발시켜 강한 탐색 정신을 일깨운다. 인간은 이렇게 추진력을 얻어 가장 원시적인 비밀을 캐내었던 것이다. 그래서 경이로움이 철학의 기원이 된다.

철학 활동은 경이로움이 가장 신선하고 원시적으로 보존될 수 있는 분야다. 철학 사고에서 경이로움은 거대한 추진력이 되어 우리가 눈앞의 문제에 곤혹스러워하거나 호기심을 느낄 때 조금씩 나아가 더 많은 문제와 탐색의 길을 찾게 한다.

플라톤과 그의 학생들.

세상 모든 사람들의 생활 방식은 제각각이지만 기본적인 생존 방식은 철학의 문제다. 우리가 생활하는 세계는 물질과 정신을 떠날 수 없으며, 이 두 가지의 근본을 따져보면 모두 철학 범주에 속하기 때문이다.

철학은 능동적인 학문이기에 인간이 물질을 생산하고 삶을 살아가는 데 안내 역할을 할 수 있다. 공자(孔子)도 식욕과 성욕은 인간의 본성이라고 말했다. 이렇듯 물질의 생산은 인간의 가장 기본적인 활동 형식으로, 사람들은 물질 생산을 통해 자신의 기본 생활을 충족시킨다. 사람들은 일상생활과 생산과정에서 지혜와 법칙을 만들어 계통적인 철학 사상으로 발전시킨다. 그렇기에 철학 사상이 확립되면 인간의 생산과 생활을 정확하게 이끌 수 있다.

인간이 다른 동물과 구별되는 까닭은 풍부한 물질생활에도 만족할 줄 모르기 때문이다. 인간이 존재하는 기본 방식은 생각이다. 인간은 정신적인 힘을 바탕으로 창조와 탐색 활동을 한다. 따라서 인간의 정신 활동이 풍부해질수록 사고력도 더욱 계발되어 물질 생산의 질적인 비약을 가져오며 과학기술의 혁신을 실현할 수 있다.

인간의 생활 방식은 생각의 변화에 따라 바뀌어왔다. 철학도 생각을 연구하는 학문으로 인간 존재의 사상적 원천이다. 철학은 인간이 사고를 하고 교양과 품격을 갖춘 진정한 지혜로운 사람이 되도록 해준다. 우리는 태어나면서부터 사고를 할 수 있다. 이러한 점에서 볼 때 우리는 매순간 철학의 세계에서 살고 있으며 인간이 존재하는 기본 방식이 곧 철학이라고 할 수 있다.

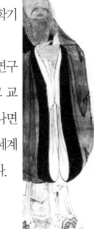

공자성적도(孔子聖蹟圖)

사는 것이 곧 철학이다

인간은 생각을 할 수 있는 대뇌와 논리 사유 능력, 지식 추구의 욕망을 갖고 있기에 철학적 사고를 하는 능력을 키워왔다.

철학적 사고는 내적 요인과 외적 요인이 서로 격렬하게 부딪친 결과다. 인간이 인간이라 불리는 까닭은 볼 수 있고 만질 수 있는 사물 외에 상상의 사물도 감지할 수 있기 때문이다. 이러한 사고 능력 덕분에 인간은 먹이사슬에서 맨 윗자리를 차지할 수 있었다. 사고를 할 수 있는 인간은 철학을 배우고 철학적으로 사고하며 철학을 활용한다.

인간의 사고는 논리성을 지니고 있다. 이것은 철학적 사고의 중요한 관건이다. 인간은 복잡한 일, 심지어 듣지도 보지도 못했던 사물도 잠재되어 있는 논리적 사고로 분석하고 판별할 수 있다. 먼저 철학 사상의 안내에 따라 문제의 돌파구를 찾고 확산 사고를 통해 서로 다른 일들을 하나로 연결시키며 논리 사고를 통해 입체적인 연결망을 형성하여 다방면으로 사리에 맞게 처리한다. 그런 다음 탐색과 연구를 진행하여 문제들을 하나하나 이끌어내고 혁신적인 의식으로 발전시킨다. 이것이 바로 철학적 사고 과정이다.

인간이 철학적 사고를 할 수 있는 것은 생활 방식에 철학이 존재하기 때문이다. 그러니까 생활이 철학이다. 사람들은 매일 어떻게 하면 잘 살고 직장 생활을 잘할 수 있을지 생각한다. 이것이 바로 인간이 철학적 사고를 하는 실천적인 체험이다.

이로써 보면 인간의 철학적 사고는 일종의 본능적인 반응이다. 그렇기에 새로운 상황에 부딪히면 호기심이 발동하여 대뇌에서 자신도 모르게 사고의 신호를 보낸다. 하루가 다르게 복잡해지는 사회 환경도 인간에게 철학적 사고의 기회를 제공한다. 이러한 내적 요인과 외적 요인의 결합으로 인간은 철학적 사고를 할 수 있다.

이 그림은 프랑스의 화가 자크 루이 다비드가
'소크라테스의 죽음'을 묘사한 장면이다.

소크라테스는 '악법도 법이다'라는 자신의 신념을 지키기 위해 독배를 마셨다. 그림에서 소크라테스는 얼굴에 전혀 두려운 기색이 없으며, 손가락으로 위를 가리키고 있는데 자신이 죽어 하늘나라로 간다는 것을 의미한다.

철학은 인간 존재의 사상적 원천이다. 철학은 인간이 사고를 하고 교양과 품격을 갖춘 진정한 지혜로운 사람이 되도록 해준다. 순수한 이성과 정신의 산물인 철학은 인간의 마음을 계발하는 적극적인 힘이자 마음의 상처를 치료해주는 도구다. 그래서 철학은 인간의 마음을 치료할 수 있는 학문이다.

철학의 목표는 자아 인식이다

철학 문제의 주요 목표는 자아 인식이다. 인간은 자연을 인식하는 과정에서 자아를 인식하게 되었는데, 철학에서 보면 자아 인식은 자아 인정, 자아 성장, 자아 소멸의 세 가지로 나눌 수 있다.

자아 인정은 일종의 부정의 결과로, 우리는 자아를 인정하기 전에 자신의 결점을 찾아야 한다. 만약 결점을 인정하지 않거나 숨긴다면 자아 인정의 철학 목표를 실현할 수 없다. 자신의 결점을 똑바로 보지 못하는 것은 마치 얼굴에 기름때 낀 사람이 거울 속에 비치는 진짜 자신의 모습을 마주하기 싫어 자신이 아름답다는 환상 속에서 사는 것과 같다. 이러한 사람은 진정한 자신을 인식할 수 없으므로 거짓의 자아를 갖게 된다. 따라서 자아 인정의 단계에 진입하려면 자신의 결점을 반성하는 데서 출발해야 한다.

자아 성장은 자아 인정 후에 실현된다. 자아 인식을 따라 자신의 결점을 고치고 지혜를 계속 쌓으면 외부 세계가 자아의 본체 속으로 투사되어 세계를 인지하고 앞으로의 인생을 스스로 지배할 수 있는 단계에 이르게 된다.

자아 소멸은 자아 성장 단계를 거친 후 자아에 집착하지 않는 자아 망각의 단계를 지나 도달하는 경지로, 이러한 사람은 지혜의 철인이 된다.

철학의 지혜는 일종의 분별 능력으로 인간의 감지, 기억, 이해로 구성된 종합 능력이자 내부 자아의 외적 표현이다.

지혜는 사람들이 빠른 판단을 내리고 속 시원하게 문제를 해결하는 지배자가 되도록 해준다. 즉 인간이 의지하는 생존 방법이자 조건인 셈이다. 철학의 지혜는 능력의 구체적인 표현으로 세 가지로 나눌 수 있다. 첫째, 환경에 적응하는 생존 지혜다. 둘째, 세계를 인식하는 이론 지혜다. 셋째, 세계를 개조하는 실천 지혜다.

생존 지혜는 인간의 본능적 표현으로 정상적인 대뇌를 지닌 사람이면 본능적으로 생존 지혜를 갖고 있다. 이론 지혜는 세 가지 중에서 가장 중요한 연결 고리로 생존에서 실천으로 넘어가는 과정에서 일어난다. 인간은 생활과 생존 속에서 점점 정신적인 면을 추구하고 이론을 실천으로 매듭짓는다. 실천 지혜는 이론 지혜의 확장으로 철학의 지혜에서 최고 단계다. 이는 철학의 목적이 생활에서 실천하는 데 있음을 보여주며 이를 위해 정확한 목표와 방향을 제시한다.

철학의 지혜는 인간 사상의 표출이자 사람들이 세계를 인식하고 개조하는 사상적 원천이다. 인간은 오랜 시간 광범위하게 이루어진 실천을 기초로 사회 발전의 본질을 연구하고 세계의 핵심 문제를 다루면서 완벽한 이론 체계를 세웠다. 이렇게 해서 쌓은 철학의 지혜는 인간이 세계를 더욱 자세히 인식하고 개조하도록 안내하는 역할을 했다. 이렇듯 철학의 지혜는 무궁무진한 사유의 누적 과정이며 인간의 사상이 끊임없이 전진하는 방향이자 실천이 이론으로, 이론이 다시 실천으로 이르는 순환이다. 인간이 존재하는 한 지혜의 빛은 영원히 꺼지지 않을 것이다.

철학으로 마음을 치료한다?

철학은 지혜를 밝혀주는 학문으로 인간 마음속의 빛이다. 철학을 배우면 삶의 지혜를 터득할 수 있으며 뜻을 분명히 펼칠 수 있다.

또한 철학은 과학이 한 단계 발전한 것으로 생활 속 지혜의 집합체다. 인간의 고뇌와 번뇌는 우매한 정신과 좁은 시야에서 비롯되는데, 이때 철학이 인간의 마음을 치료하는 간단한 수단이자 효과적인 방법이 된다. 철학은 우매함을 없애고 지혜롭게 해주며 좁은 시야에서 벗어나 더 넓은 시야를 갖게 하기 때문이다. 이로써 사람들은 인생을 즐겁게 살고 적극적인 생활 태도를 가지며 어찌할 줄 모르는 답답한 상황에서도 마음의 안정을 찾을 수 있다.

지혜는 편안하고 차분하며 안전하다는 특징이 있다. 철학은 지혜를 만들어주는 학문으로 이성의 집합이다. 그렇기에 감정적으로 일을 처리하는 행위와 충동적인 행위를 배척한다. 따라서 철학을 배우고 이해하면 이성적으로 자신의 행동을 돌아보며 문제를 해결할 방법을 얻게 되고, 이로 말미암아 바짝 긴장되어 있던 대뇌 신경이 풀어지고 심리적인 증상들을 치유할 수 있다.

순수한 이성과 정신의 산물인 철학은 인간의 마음을 계발하는 적극적인 힘이자 마음의 상처를 치료해주는 도구다. 그래서 철학은 인간의 마음을 치료할 수 있는 학문이다.

인간과 우주는 하나로 연결되어 있다. 인간은 우주의 산물이자 우주 발전의 중요한 힘이다.

우주는 모든 물질의 집합체로 인류, 물질, 시간과 공간 등을 포함한다. 인류는 거대한 우주의 일부분으로 우주에서 중요한 지위를 차지하고 있지만 우주 전체의 힘은 결코 아니다. 인류는 다른 물질과 마찬가지로 화학 원소로 구성되어 있으며 사유의 창조 능력과 행위의 개조 능력을 지녔다. 그렇기 때문에 인간과 우주는 조화의 관계를 이루어야 하며 이것이 바로 노자(老子)가 말한 천인합일(天人合一)이다. 인간과 우주의 조화는 안과 밖, 음과 양의 조화를 구현했고 만물은 상호 의존적이면서도 서로 견제하여 완벽한 하나를 이룬다.

인간과 우주의 조화 관계는 작게는 인간과 인간의 교류며, 크게는 인간과 자연 물질의 조화다. 이러한 관계는 인간과 우주를 하나로 만들었다. 인류의 발전은 물질세계의 진보를 이루어내어 결과적으로 우주를 개조하고 발전하는 새로운 힘을 형성했다.

우주의 근본과 만물의 발전하는 이치를 밝힌 태극도.

2

철학자들의
유쾌 통쾌
에피소드

철학자는 인류의 한 구성원이자 우리들의 대화 속에서 흥미진진한 화젯거리로 등장하는 특별한 사람들이기도 하다. 보통 사람들이 겪어보지 못한 다양한 인생을 경험했기에 그들의 인생은 도전과 신기한 일들로 가득 차 있다. 고난을 겪은 철학자들도 있고, 비난을 받은 철학자들도 있으며, 지지해주는 사람 없이 홀로 싸운 철학자들도 있고, 독신으로 외롭게 산 철학자들도 있지만 자신의 사고와 신념을 지키며 일생을 마쳤다는 점은 똑같다.

울보 헤라클레이토스

귀족 집안에서 태어난 헤라클레이토스(Heracleitos)는 아나톨리아 지방의 에페수스 사람으로 에페수스(Ephesus)학파의 대표 인물이다. 그는 본래 왕위를 물려받을 수 있었지만 왕위계승권을 자기의 형제에게 넘겨주었다. 그후 산림에 은거하면서 직업 철학자로 살았다. 그는 겁이 많았으며 걸핏하면 울었다. 그래서 사람들은 그를 '울보 철학자'로 불렀다.

헤라클레이토스는 밀레투스(Miletus)학파의 전통을 계승하여 변증법을 확장시켰다. 그는 '불은 만물의 근원'이라는 근원설뿐만 아니라 '만물은 모두 변한다'는 생성 변증법과 로고스 학설을 제기했다. 니콜라이 레닌(Nikolai Lenin)은 그를 '변증법의 기초를 다진 사람'이라고 평했다. 헤라클레이토스는 비유와 형상으로 자신의 철학 이론을 펼쳤는데, '물'을 통해 우주는 끊임없이 변화하고 만물은 그 변화의 속에 있다고 밝혔다.

그가 남긴 유명한 말이 있다.

같은 강물에 두 번 발을 담글 수는 없다.

그가 이렇게 말한 이유는 '같은 강에 다시 들어가도 우리가 만나는 강은 새로운 강'이기 때문이다. 그러니까 강물이 흘러 변화하고 자신도 예전과는 다른 나로 변했다고 생각한 것이다.

만물은 흐른다. 한순간도 멈춰 있는 것은 없다. 우주의 모든 것은 변화 속에 있다. 헤라클레이토스는 이처럼 만물의 본질에 대해 유동성을 인식한 순간 감정이 복받쳐서 눈물을 왈칵 쏟았다고 한다. 이 일로 사람들은 그를 '울보 철학자'라고 불렀다.

요하네스 모렐제가 그린 이 그림은 '눈물을 흘리는'철학자
헤라클레이토스를 묘사했다.

그는 겁이 많았으며 걸핏하면 울었다. '만물은 흐른다. 한순간도 멈춰 있는
것은 없다. 우주의 모든 것은 변화 속에 있다.' 헤라클레이토스는 이처럼 만
물의 본질에 대해 유동성을 인식한 순간 감정에 복받쳐서 눈물을 왈칵 쏟
았다고 한다. 이 일로 사람들은 그를 '울보 철학자'라고 불렀다.

엠페도클레스(Empedocles)는 기원전 5세기 고대 그리스에서 활동했던 철학자이자 예언가며 과학자로 피타고라스학파의 영향을 받았다. 그의 사상은 신비로움 그 자체다. 사람들은 그를 '기적을 일으키는 사람'이라고 불렀으며 심지어 죽은 사람도 살린다고 믿었다.

엠페도클레스가 살던 곳에 다음과 같은 전설이 전해지고 있다.

수천수만의 추종자를 거느린 엠페도클레스는 자신이 언젠가 승천할 것이라고 선포했다. 바로 그날이 되자 그는 자기를 따르던 사람들이 보는 앞에서 에트나 화산의 분화구에 몸을 던졌다.

이 이야기를 두고 어떤 사람은 엠페도클레스가 사람들에게 자신의 예언을 믿게 하기 위해 스스로 몸을 던진 것이라 하고, 어떤 사람은 엠페도클레스가 자신의 예언을 철석같이 믿고 있었는데 천국에서 보낸 마차가 나타나지 않자 절망에 빠져 결국 스스로 목숨을 끊은 것이라고 했다.

엠페도클레스는 파르메니데스(Parmenides)와 동시대 사람이었지만 학설 면에서는 헤라클레이토스와 비슷한 점이 많았다. 또 그는 민주를 주장한 정치가였지만 자신을 신의 사자(使者)로 여기기도 했다.

엠페도클레스는 과학 실험 도중에 공기가 독립된 실체임을 발견했다. 병이나 다른 비슷한 용기에 공기를 넣자 다른 물체, 심지어 물도 그 안에 들어갈 수 없었다. 이것으로 그는 호흡 작용을 밝혀냈으며, 이 이론의 발견으로 죽은 지 30일이 된 여성을 되살릴 수 있었다. 바로 사람들에게 기적을 보여 준 것이었다.

엠페도클레스는 불, 흙, 공기, 물의 네 가지 원소를 만물의 근원이라고 주장했다. 이 4원소가 비율에 따라 섞여 세상의 다양한 물질이 만들어지고, 그

에트나 화산 분화구에 몸을 던지는
엠페도클레스.

과정에서 사랑과 다툼의 힘에 의해 4원소가 분리되거나 결합한다고 여겼다. 즉 사랑이 4원소를 결합하면 다툼이 곧 4원소를 점점 분리하고, 다툼이 4원소를 분리하면 사랑이 다시 4원소를 결합한다. 그래서 그는 세상의 모든 실체는 일시적이지만 사랑과 다툼은 영원하다고 주장했다.

엠페도클레스는 이처럼 4원소설과 더불어 사랑과 다툼의 원리로 만물의 변화를 해석했는데 이것은 매우 창의적인 학설이었다. 그는 전통적인 일원론을 버리고 자연이 변화·발전하는 과정은 우연과 필연에 의해서지 목적에 의해 규정되지 않는다고 여겼다. 그의 이 사상은 플라톤, 파르메니데스, 아리스토텔레스(Aristoteles) 등 많은 철학자들보다 훨씬 과학적이었다.

엠페도클레스는 풍부한 지혜와 철학 지식을 갖춘 훌륭한 인물이다. 그의 연구와 성과들은 시대를 초월하여 신비롭게 느껴진다. 그러나 그가 에트나 화산의 분화구에 몸을 던졌다는 전설은 당시 사람들이 그를 얼마나 신성화했는지 말해줄 뿐, 실제로는 은거하다가 늙어 죽었다. 결코 화산 분화구에 몸을 던진 일은 없었다.

웃는 철학자 데모크리토스

고대 그리스의 유명한 철학자인 데모크리토스(Democritos)는 일생 동안 학문에만 몰두했다. 그는 천문과 지리에 능통했고 논리학, 물리학, 의학, 심리학 분야에서도 공을 세웠으며 철학의 각 분야에도 정통했다. 이처럼 다방면에 뛰어났던 만큼 그는 고대 그리스 사상에 상당한 영향을 끼쳤다.

데모크리토스는 행복론을 강조했다. 인간의 행복과 불행은 마음먹기에 달렸으며 선과 악도 마음에서 생긴다고 여겼다. 또한 인간은 독립적인 의지가 있으며 즐거움을 추구하고 고통을 피하는 것은 인간의 자연스러운 본성이고, 그 도덕 기준은 바로 쾌락과 행복이라고 보았다. 그는 진정한 쾌락은 감각기관의 일시적인 향락이 아니라 절제가 있는 정신의 평온과 기쁨이라고 여겼다. 데모크리토스는 노예제도가 가장 성했던 페리클레스(Perikles) 시대에도 시류에 영합하지 않고 명리와 학위를 좇지 않았으며, 주변 사람들을 진실하고 너그러운 마음으로 대했다. 그리하여 그는 '웃는 철학자'로 불렸다. 이에 걸맞게 그는 다음과 같은 격언을 남겼다.

사람에게 가장 좋은 것은 가능한 한 유쾌하게 그리고 가능한 한 괴롭지 않게 삶을 이끌어가는 것이다.

데모크리토스는 젊은 나이에 가업을 계승하여 이름 없는 소상인으로 지내고 있었다. 이 때문에 그는 세력이 큰 상인들의 압박을 받곤 했다. 어느 날, 한 상인이 그의 상점을 망하게 할 요량으로 그의 물건들을 사재기하여 유통망을 끊어버렸는데, 몇몇 친구들의 도움으로 문제를 해결할 수 있었다. 5년 뒤, 각지를 돌아다니며 유학을 하던 데모크리토스는 바다에서 항해를 하다가 암초에 부딪혀 침몰한 배 한 척을 보았다. 그런데 한 남자가 갑판에 올라 큰 소리로 살려달라고 외치고 있었다. 데모크리토스는 그 사람이 바로 예전에 자기에게 일부러 손해를 끼친 상인임을 알아차렸다. 그러나 그는 재빨리 배를 돌려 남자에게 다가가 그를 자기 배에 태웠다. 돌아오는 길에 상인은 데모크리토스에게 왜 자기를 살려주었는지 물었다. 데모크리토스는 이렇게 대답했다.

"웃으면 다른 사람들이 나에게 했던 못된 짓들은 잊어버리고 좋은 일들만 기억나기 때문입니다."

감동을 받은 상인은 그 후로 데모크리토스가 공부를 할 수 있도록 도와주었다.

한번은 이런 일도 있었다. 젊었을 때 데모크리토스는 천체 연구를 위해 부모님의 유산을 들고 위대한 탐색의 길을 나섰다. 오랫동안 여행한 그가 상속받은 재산을 다 써버려 빈털터리가 되어 돌아오자 이를 안 이웃들은 의무 불이행 죄목으로 그를 재판에 회부했다.[1] 재판 중에 그는 자신이 쓴 천체 과학에 관한 논문을 읽기 시작했다. 재판관은 결국 그에게 무죄를 선고하고 500달란트의 포상금을 주었다. 비록 재산을 모두 날렸지만 더 가치 있는 새로운 진리를 발견했기 때문이다. 이때 그는 자신을 고소한 이웃을 원망하지 않고 받은 돈으로 이웃을 도와주었다. 이처럼 평등하게 사람을 대하고 분명하게 일처리를 했기에 고대 그리스의 왕은 데모크리토스가 죽은 후에 국가의 이름으로 성대한 장례식을 치러주기로 약속했다.

데모크리토스의 처세 철학은 후대 사람들에게 웃음은 사랑의 상징이자 즐거움의 원천이며, 다른 사람과 친하게 지낼 수 있는 매개체고, 웃으면 사람과 사람 사이의 감정이 통한다는 것을 알려주었다.

---

1) 당시 데모크리토스가 살던 곳에서는 상속받은 재산을 탕진한 사람은 고향에 묻힐 수 없다는 법이 있었다.

플라토닉 사랑은 고대 그리스의 철학자 플라톤의 이름을 딴 것으로, 동성과 이성 간의 정신적인 사랑을 말한다. 즉 단순한 육체적 관계가 아닌 정신적 소통, 특히 이성적인 순결한 사랑이다. 이것은 고대 그리스의 이성주의 전통과 동성애 풍조를 바탕으로 한다.

어느 날 플라톤이 스승 소크라테스에게 물었다.

"사랑이란 무엇인가요?"

소크라테스가 웃으면서 말했다.

"저 보리밭에 가서 가장 큰 보리 이삭 하나를 가져오너라. 단, 한 번에 가져와야 한다. 지나온 길은 되돌아갈 수 없고 앞으로만 가야 한다."

한참 후에 플라톤은 빈손으로 돌아왔다. 소크라테스가 그 이유를 묻자 플라톤이 대답했다.

"어렵게 하나를 발견했는데 이것이 가장 좋은 이삭인지 확신이 서지 않았습니다. 앞으로 갈수록 더 크고 좋은 것이 있지 않을까 하는 생각이 들었습니다. 기회가 한 번밖에 없으므로 포기하고 앞으로 걸어갔지만 처음에 발견했던 것만큼 크고 좋은 이삭이 없었습니다. 되돌아갈 수도 없어서 결국 가져오지 못했습니다."

그러자 소크라테스가 빙그레 웃으며 말했다.

"그것이 바로 사랑이다."

플라톤은 영혼이 육체를 내던지고 진리를 향해 가는 것이 가장 좋다고 생각했다. 영혼이 성욕의 죄악에 물들면 진리를 추구하고자 하는 바람은 힘을 잃게 된다. 사람들은 성욕에 대한 강렬한 욕구가 없을 때 마음이 평화로워진다. 성욕은 인성(人性) 안의 동물적 욕망이며 모든 생물체의 본능이다. 인간이 만물의 영장인 까닭은 동물과 달리 인성이 있기 때문이다. 정신적인 교류야말로 도덕적이고 아름다운 것이다.

그러므로 플라토닉 사랑은 사랑하는 사람의 곁에서 묵묵히 그를 돌보고 지킬 뿐이지 기대거나 소유하려 하지 않는다. 사랑의 결실을 맺지 못해도 아름답고 영원한 추억으로 남기를 바랄 뿐이다.

도망친 아리스토텔레스

아리스토텔레스는 마케도니아의 의사 집안에서 태어났다. 플라톤의 제자이자 알렉산드로스(Alexandros) 대왕의 왕자 시절 스승이기도 한 그는 플라톤, 소크라테스와 함께 서양철학의 창시자로 불린다.

아리스토텔레스는 17세 때 아테네에 있는 플라톤의 아카데미에 입학하여 20여 년간 수학했다. 플라톤이 세상을 떠나자 아나톨리아에 가서 가정과 궁정 고문을 맡았고, 그곳의 통치자 헤르메이아스(Hermeias)의 조카딸 피티아스(Pythias)와 결혼했다. 후에 그는 마케도니아로 돌아가 알렉산드로스 대왕의 스승이 되었으며, 이후 아테네로 다시 가서 리케이온이라 명명한 학교를 설립했다. 이 학교는 순식간에 플라톤이 세운 아카데미의 명성을 뛰어넘었다.

알렉산드로스 대왕이 아시아 원정에서 사망한 후 그는 사람들로부터 국교를 배신했다는 이유로 고소당했는데, 증거가 부족하자 예전 소크라테스가 당한 것처럼 신을 모독한 죄로 유죄를 선고받았다. 이때 아리스토텔레스는 소크라테스와 달리 형벌을 받지 않으려고 도망쳤다. 그는 철학자들이 신념을 위해 목숨을 바치거나 고통을 겪는 것을 찬성하지 않았다. 그

헤르필리스와 아리스토텔레스

는 편안한 생활 방식과 맛있는 음식을 매우 중시했다. 그래서 행복의 일부는 세상의 아름다움을 누리는 것도 포함한다고 여겼다.

아리스토텔레스는 우리 주위에서 흔히 볼 수 있는 평범한 사람이었다. 그는 스승 플라톤과 달리 독신을 주장하지 않았다. 첫 번째 아내인 피티아스가 젊은 나이에 죽자 매춘부인 헤르필리스(Herphyllis)를 아내로 맞았다. 그에게 남녀 사이의 관계는 힘의 차이에 근거한다는 점에서 자연적 질서다. 즉 남녀 관계에도 자연적으로 우월한 자와 열등한 자가 있다고 보았다.

향락주의는 돈을 함부로 쓰고 물질과 시간을 낭비하며 물질 추구로 얻는 향락을 인생의 유일한 목적과 즐거움으로 여기는, 무절제한 욕망의 생활을 인생 목표로 삼는 것을 말한다. 고대 그리스의 엘레아(Elea)학파에서 비롯된 향락주의는 비판을 가장 많이 받은 철학 사상이다.

> 나의 길을 비춰주고 즐겁게 삶을 마주할 수 있도록 끊임없이 나에게 새로운 용기를 불어넣어 주었던 이상은 바로 선과 아름다움 그리고 진실이었다. 나는 안일과 행복 자체를 삶의 목표로 여긴 적이 한 번도 없다. 이러한 것에 기반을 둔 윤리를 나는 돼지우리의 이상이라고 부른다.

알베르트 아인슈타인(Albert Einstein)의 말처럼 향락주의에 빠져 물질생활을 추구하는 사람은 돼지우리 안의 돼지와 같다.

향락주의는 현대사회에 이르러 그 수준이 한 단계 더 높아졌다. 빠른 속도로 발전하는 물질문명, 풍부한 사회 물질과 부(富), 점점 편리해지는 생활과 사람들의 요구를 만족시키는 다양한 수단 등은 이미 현대인들에게 물질이 주가 되는 생활을 누리게 해주었다. 물질적인 풍요는 이제 보편화되었다. 그러나 이러한 상황에서도 사람들은 진정한 쾌락을 얻지 못하고 있다. 오히려 더 괴로워하고 있다. 그 원인은 사람들이 자신의 욕망을 충족하기 위해 오직 소비, 소비, 소비에만 빠져 있기 때문이다.

향락주의는 심각한 폐단을 낳았다. 먼저 인간 정신의 퇴폐를 가져왔다. 향락주의는 사람들을 물질적 향유와 육체적 향락만을 추구하게 만들어 인간의 의지를 마비시키고, 진취적인 정신을 상실하게 했다. 그다음은 사회의 부와 자원의 낭비를 초래했다. 사람들은 온갖 수단과 방법을 동원하여 쾌락을 누리고 자신의 감각기관을 자극했다. 이는 사회의 부를 소비하여 가뜩이나 부족한 자연자원과 사회자원을 더욱 부족하게 만들었다. 마지막으로 인간관계를 각박하게 만들어 사회의 부조화와 불안을 초래했다.

사람들이 향락주의를 인생의 목표로 삼는다면 각자 자신의 이익만을 챙길 것이다. 심지어 자신의 쾌락을 위해서라면 다른 사람을 다치게 하더라도 개의치 않을지도 모른다. 이러한 사회는 흩어지는 모래알처럼 결속력이 없어서 조화롭고 안정적인 사회를 이루기 어렵다.

마르쿠스 아우렐리우스(Marcus Aurelius)는 로마제국의 16대 황제이자 철학자였으므로 '철인 황제'로 불렸다. 《명상록》은 그의 철학 사상을 집대성한 대표작으로 이 책에 담긴 정신은 지금까지도 많은 사람들에게 좋은 자양분이 되고 있다.

마르쿠스 아우렐리우스는 스토아(Stoa)학파의 대표 인물로 어릴 때부터 만물의 근원을 탐색하는 데 흥미를 가졌다. 11세 때 이미 고대 그리스와 로마 철학자들이 즐겨 입던 옷을 입고 그들의 생활 방식을 따라 했을 정도다.

스토아학파는 인간이 육체적인 향락을 버리고 자신의 영혼을 온전하게 해야 한다고 주장했다. 그는 이러한 고상한 생활을 동경하여 성인과 소크라테스 같은 철학자, 스토아학파의 철학자처럼 되기를 갈망했다. 그래서 아우렐리우스는 로마 땅을 벗어나고 싶었다. 수많은 군중을 다스리는 로마 황제가 아니라 우주의 자유민이 되고 싶었다. 그는 모든 존재하는 사물은 우주와 비교하면 먼지처럼 미미한 것이라고 여겼다.

세속 사람들은 외부 사물의 유혹이 자신들의 마음을 괴롭힌다고 원망한다. 그러나 그는 사람들에게 말한다. 그렇지 않다고, 그것은 인생을 도피하는 핑계일 뿐이라고 말이다.

만약 삶이 당신을 힘들게 한다면 당신은 스스로 반성하고 자신의 생각을 버리면 된다. 외부 사물이 당신을 힘들게 하는 게 아니다. 바로 당신의 생각이 당신을 힘들게 하는 것이다. 아우렐리우스는 이러한 생각을 갖고 있었기에 은거할 숲을 찾을 필요가 없었다. 그는 마음속으로 이미 귀착점을 찾았다. 그의 삶의 태도는 적극적이면서도 소극적이었다. 그래서 그는 인사(人事)를 다하면서도 천명(天命)을 따랐다.

아우렐리우스의 궁극의 관심은 마음이다. 그는 모든 좋은 일과 나쁜 일을 받아들이고, 자기의 운명에 대해서도 공공의 이익이 아니면 어떠한 사상이나 행동도 거들떠보지 않았다. 오직 자기의 사업에만 집중했다. 아우렐리우스는 마음으로 돌아가는 길과 우주의 신에게 돌아가는 길이 같다고 여겼다. 그래서 마음이 돌아가고자 하는 곳이 곧 자연이라고 생각했다. 그는 죽음을 좋은 일이라고 여겼다. 죽음이야말로 자연스러운 사업이기 때문이다.

소년 시절의 마르쿠스 아우렐리우스.

《명상록》은 인생무상에 대한 감탄으로 가득 차 있다. 또한 존재의 무의미와 무가치를 강조했다. 그러나 그는 우주 통일체의 측면에서 어떠한 사물도 존재 가치와 의미가 있으며, 모든 존재하는 사물은 미미하고 변화하고 불안정하다고 생각했다. 또 만물은 그 가치가 같으므로 동일한 사물은 다른 상황에서도 실질적으로 증감이 없다고 여겼다. 즉 돌을 위로 던지든 아래로 던지든 돌 자체는 어떠한 변화도 없다는 의미다.

스토아학파의 철학자로서 아우렐리우스는 새롭게 인식했다고 할 만한 철학적 주장이 많지 않지만, 그는 단순히 학자가 아닌 철학의 실천가였다. 로마 제국의 5현제 중 마지막 황제이자 위대한 철학자였던 그는 철학자로서의 삶과 황제로서의 삶을 일치시켰다. 아우렐리우스 통치 시기에도 전쟁과 자연재해가 끊이지 않았지만 역사학자들은 이 시기를 인류가 가장 살기 좋은 시대 중 하나이며, 이 시대에 산 사람들을 행운아라고 했다.

프랜시스 베이컨(Francis Bacon)은 영국의 유명한 철학자이
자 사상가며 과학자다. 이런 그에게 도무지 믿을 수 없
는 일이 벌어졌다. 1621년, 대법관이었던 베이컨은 뇌물
수수죄로 4만 파운드의 벌금형을 받고 런던탑에 감금되
었으며, 궁정에서 추방당하여 더 이상 관직 생활을 할
수 없게 되었다.[2] 이 사건으로 그는 직위와 명예를 모두 잃었다.

베이컨은 대법관으로 재직할 때 많은 월급을 받았다. 1608년에 연봉이
5000파운드였으며 10년 뒤에는 1만 6000파운드까지 올랐다. 베이컨은 낭비
벽이 심하여 화려하게 치장하고 다녔을 뿐만 아니라 집에 있는 40명의 남녀
하인들도 스페인산 가죽으로 만든 장화를 신게 하고, 게다가 유흥을 즐기는
'고상한 취미'도 있었다고 한다. 이러한 방탕한 생활로 그는 순식간에 빚더미
에 올라앉았다.

베이컨은 자신이 '선물'을 받은 사실은 인정하지만 이것이 판결에 아무런
영향을 끼치지 않았으며, 뇌물수수죄에 연루된 시기의 사회 풍조를 지적하
면서 자신의 죄를 변론했다. 그는 버킹엄 공작에게 보낸 편지에 다음과 같이
썼다.

제 두 손은 깨끗하며 양심을 속이지 않았습니다. 그러나 지금 시대는 대법관이든
보통 사람이든 언제든지 추악한 죄를 저지를 수 있습니다. 왜냐하면 이 시대는
범죄가 유행일 뿐만 아니라 모함도 유행이기 때문입니다.

---

2) 이 시기 베이컨은 국왕의 인장을 보관·관리하고 국왕의 명령을 공식화하는 옥새를 담당하는 국새상서를 맡고
있었다.

정치적 타격을 입은 날 프랜시스 베이컨과 의회 의원들.

또 베이컨은 회의 중에도 다음과 같이 말했다.

여러분, 이러한 죄를 저지르는 것은 내 욕심 때문만이 아니라 시대가 그렇게 만들기도 합니다.

사실 베이컨의 뇌물수수 사건은 사전에 모의된 정치 싸움이었다. 그는 런던탑에 갇힌 지 얼마 되지 않아 국왕의 도움으로 풀려났으며 4만 파운드의 벌금도 면제받았다. 그러나 관직 생활은 이로써 끝이 났다.

버트런드 러셀(Bertrand Russell)의 《서양철학사》에 다음과 같은 말이 있다.

그 당시 법조계는 도덕적으로 해이하고 타락했다. 대부분의 재판관이 관례적으로 원고와 피고에게서 뇌물을 받았다. …… 베이컨의 뇌물수수죄는 당파 싸움 때문에 유죄 판결을 받은 것이지 그가 다른 동료보다 더 무거운 죄를 지은 게 아니었다.

장 자크 루소(Jean Jacques Rouseau)는 프랑스의 유명한 계몽 사상가이자 철학자, 교육가, 문학가로 18세기 프랑스 대혁명 사상의 선구자며 인류 사상사에서 걸출한 인물이다. 루소의 '천부인권론'은 후대 정치가들이 민주정치의 체제를 구성하는 이론적 바탕이 되었다. 현대 유럽과 미국의 정치 체제는 대부분 몽테스키외(Montesquieu)의 삼권분립과 루소의 대의제 민주주의를 청사진으로 삼아 발전했다.

루소, 그는 로맨티시스트인가? 루소가 로맨티시스트였다면 그에게 푹 빠져 정신 못 차리는 여성들이 많았을 것이다. 그러나 안타깝게도 그는 매정한 남자였다.

루소는 16세 때 여기저기 떠돌며 방랑 생활을 했다. 그는 신부의 소개로 당시 28세의 아름답고 다정다감한 프랑수아즈 루이즈 드 바랑(Françoise-Louise de Warens) 부인의 양자로 들어갔다. 그는 풍만하고 젊은 부인을 본 순간 '우아함이 넘치는 얼굴, 아름다운 파란 눈동자, 눈이 부실 정도로 하얀 피부'에 푹 빠져버렸다.

몇 년 뒤, 루소는 《참회록》에 다음과 같이 말했다.

그녀가 다른 남자에게 몸을 맡긴다 해도 그것은 육체적 쾌락과 전혀 관계가 없다. 나는 확신할 수 있다. 그녀는 단지 나를 피할 수 없는 위험에서 떼어내어 내가 나 자신을 보호하고 본분을 지키게 하고 싶었기 때문에 그녀 자신이 지켜야 할 본분을 거슬렀다는 사실을 말이다.

프랑수아즈 루이즈 드 바랑의 초상화.

또 루소는 매우 애틋하게 다음과 같이 썼다.

그녀는 삶에 진정한 즐거움이 있음을 알았다. 바로 그녀가 사랑하는 사람들을
기쁘게 해주는 일이다.

바랑 부인은 그를 아낌없이 후원했고 이 못난 소년을 진정한 남자로 거듭
나게 했다. 그러나 몇 년 뒤에 바랑 부인의 경제 사정이 급격히 나빠지자 루
소는 뒤도 안 돌아보고 그녀 곁을 떠나버렸다. 루소는 자신의 양모이자 연인
이었던 바랑 부인을 이렇게 매몰차게 대했다. 그러나 부인할 수 없는 것은 어
떠한 여인도 사랑에 빠질 만큼 루소가 매력적인 남자라는 사실이다. 그렇기
때문에 바랑 부인을 떠난 후에도 루소의 곁에는 늘 여인들이 있었다.
　그 후 루소가 제네바에 머무는 동안 바랑 부인은 샤블레로 여행을 떠났
는데 루소를 만나러 그랑 카날(대운하)까지 왔다. 그녀는 여정을 마치기에 여비
가 부족했다. 이에 대해 루소는 《참회록》에 다음과 같이 변명했다.

당시 나도 그만한 돈을 갖고 있지 않았다. 한 시간 뒤 나는 테레즈를 시켜 그녀에
게 돈을 보냈다.

돈을 보낸 테레즈는 젊고 예쁜 루소의 새 애인이다. 바랑 부인은 현명한
사람이었다. 그녀는 자신에게 남은 마지막 보석인 작은 반지를 테레즈의 손
가락에 끼워주었다.
　《참회록》에서 루소는 자신에게 은혜를 베풀어준 바랑 부인을 저버린 사실
을 고백했다. 그렇다고 해서 그의 매정하고 배은망덕한 행위를 용서할 수는
없다. 이 일로 루소도 평생을 후회하며 살았다. 루소는 자신의 사랑을 적극
적으로 표현했지만 결코 로맨티시스트가 아니었다.

아이작 뉴턴(Sir Isaac Newton) 하면 우리는 그가 영국의 물리
학자, 수학자, 자연철학자며 만유인력의 법칙과 '3대 운
동 법칙'[3]으로 유명하다는 것을 알고 있다. 그러나 뉴턴
이 영국 황실 조폐국의 사장을 맡았으며 영국 경제에
큰 공헌을 했다는 사실을 아는 사람은 드물다.

　뉴턴은 조폐국 사장을 맡은 뒤 첫 번째로 영국 금화 제조의 표준화 조치
를 취했다. 당시 황실 조폐국에서 생산하는 금화의 가치는 액면가와 불일치
했다. 그래서 매년 무게를 달아 금화가 표준 규정에서 벗어나는 정도를 확인
하고 실제 사용되는 금의 가치와 액면가가 동일하도록 만들었다. 왜냐하면
금화의 중량이 액면가를 초과하면 민간의 금속 세공업자들이 금화를 대량
으로 사들인 뒤 그것을 녹여 새로 금화를 만들어 황실 조폐국에 되팔았기
때문이다. 이 과정에서 차익이 발생하여 민간의 금속 세공업자들은 거액의
이윤을 챙겼다. 이러한 사건이 벌어지자 뉴턴은 주화 생산 기술을 개선하여
영국의 경제 질서를 바로잡았다.

　캐나다 브리티시컬럼비아 대학교의 아리 벨렌키(Ari Belenkiy) 교수는 뉴턴이
'냉각 법칙'을 이용하여 동전의 냉각 속도를 늦추어 가변성을 낮추었다고 했
다. 뉴턴이 어떻게 했든 그의 개혁 조치는 당시 영국에 '1000만 파운드'[4]에 해당
하는 자금을 절감했다. 뉴턴은 재임 기간 동안 화폐 위조를 철저하게 조사했
다. 당시 영국 시장에 유통된 화폐의 20%가 위조화폐였다. 뉴턴은 화폐 위
조범을 잡기 위해 많은 증거를 수집하는 한편, 1698년에서 1699년까지 200여
명의 증인과 밀고자, 용의자들을 신문했다. 결국 화폐 위조범들을 붙잡아 처
벌했으며 위조 화폐의 생산과 유통에 큰 타격을 입혔다. 이 일로 뉴턴은 영
국 경제와 사회를 안정시키는 데 크게 기여했다.

---

3)　관성의 법칙, 가속도의 법칙, 반작용의 법칙을 말한다.
4)　2016년 현재 기준 약 172억이다.

볼테르(Voltaire)는 본명이 프랑수아 마리 아루에(Francois Marie Arouet)로 프랑스의 계몽사상가, 철학자, 문학가, 역사학자다. 또 18세기 프랑스 자산계급 계몽운동의 선구자였으며 '프랑스 사상의 왕', '프랑스의 가장 훌륭한 시인', '유럽의 양심'으로 불렸다. 그의 대표 저작으로 《철학편지》, 《앙리아드》, 《캉디드》 등이 있다.

볼테르는 파리의 부유한 중산층 집안에서 태어났다. 아버지는 법률 공증인으로 일하다가 후에 파리 시청의 재무관을 역임했으며 어머니도 귀족 집안 출신이었다. 고등학교 때 볼테르는 라틴 문학과 그리스 문학을 섭렵했고, 이어 이탈리아어와 스페인어와 영어를 터득했다.

1762년 발간된 풍자소설 《캉디드》 영어 번역본.

볼테르는 일생 동안 두 번 추방되었는데, 두 번째 영국으로 쫓겨나 망명 생활을 하면서 그의 새로운 인생이 시작되었다. 이때부터 그의 정치와 철학 사상이 발전했으며 인생에 대한 태도도 변화를 겪었다. 볼테르는 영국의 현실을 경험하면서 개인의 독립과 자유를 보장해줄 수 있는 것이 돈임을 알게 되었다.

　진정한 사상적 자유를 얻으려면 그 꿈을 뒷받침할 만한 물질적 바탕이 있어야 하는데 볼테르는 충분한 조건을 갖추고 있었다. 아버지로부터 계산에 밝은 명석한 두뇌와 많은 유산을 물려받았고, 법률사무소에서 도덕 법률과 경제 지식을 배웠으며 이 밖에 정부의 연금과《앙리아드》를 집필할 때 친구가 준 찬조금과 출판 소득이 있었다.

　프랑스로 돌아온 볼테르는 몇 개월 동안 사업의 길을 찾지 못하자 운을 점쳐보려고 복권을 샀다. 여러 번 복권에 당첨되어 단번에 50만 프랑을 벌었는데, 사실은 당첨 확률을 계산해서 복권을 대량으로 구입하여 당첨된 것이다. 이후 그는 부를 늘릴 수 있는 방법에 더욱 집중했다. 얼마 지나지 않아 볼테르는 은행가 형제를 알게 되어 그들의 도움으로 군량 사업과 대미(對美) 통상 무역에 투자하여 60만 프랑을 벌었다. 그의 가죽 가방은 계약서, 어음 등으로 늘 가득 차 있었다. 볼테르는 이처럼 복권뿐만 아니라 주식, 국제 무역, 심지어 대부업 등을 하면서 작가로 살면 평생 만져보지 못할 정도의 어마어마한 부를 쌓았다. 볼테르는 더 이상 누구에게도 빌붙을 필요가 없게 되자 사상 계몽과 문학 창작에 모든 힘을 쏟았다.

데이비드 흄(David Hume)은 18세기 영국의 철학자이자 경제학자며 역사학자다. 또 그는 계몽운동가로 서양철학사에서 가장 중요한 인물이다. 그의 주요 저서로 《인성론》과 《영국사》가 있다.

흄의 철학 사상은 종교관에 잘 나타나 있다. 그는 인과 문제를 제시하여, 우리가 한 사물이 다른 사물을 따라서 온다는 것을 관찰할 수 있지만 두 가지 사이는 필연적으로 어떠한 관련이 없음을 밝혀냈다.

나아가 귀납 사상과 자아 이론을 제기했다. 그는 자아 이론에서, 시간의 변화 안에서 인간이라는 본체는 바뀌지 않지만 사상과 감각은 시시각각 변하고 있음을 밝혀냈다. 또 실천이성을 제기하여, 어떤 행위의 합리성은 이 행위가 예정된 목표와 욕망, 이 목표와 욕망이 어떠한 것이든 이것을 달성할 수 있는지의 여부에 달려 있다고 주장했다.

흄은 인생 계획을 세우고 다음과 같이 결심했다.

내가 가진 한정적인 돈을 지불하면서 아주 소박한 생활을 하고 이것으로 나의 독립성과 자주성을 확보한다. 또 나의 문학적 재능을 키우는 일 외에 어떠한 것도 생각하지 않겠다.

1766년의 데이비드 흄.

이것은 흄이 평생 독신으로 산 가장 큰 이유다. 흄은 독립적이고 자유로운 삶을 원했다. 그래서 사랑이나 결혼에 노력과 돈을 쏟는 대신 자신의 개성과 자유를 존중하고 철학 연구에 몰두했다.

대부분의 철학자들은 감정 때문에 행복과 즐거움을 느낀다고 생각한다. 만약 어떤 사람이 취미를 통해 즐거움을 찾게 되었다면 그는 취미 생활의 즐거움으로 얻은 행복이 욕망을 충족시켰을 때의 행복보다 훨씬 크게 느껴질 것이다. 이러한 이유로 철학자이자 사상가이자 문학가인 흄은 사랑에 빠졌을 때보다 철학과 문학에서 얻는 기쁨과 즐거움이 훨씬 가치 있고 의미 있다고 생각했다. 그는 보통 사람과 다른 삶을 살았지만 그의 인생은 더욱 아름다웠다.

이처럼 철학자들의 감정에 대한 생각은 보통 사람과 다르며 사랑과 결혼을 대하는 태도에서도 자아의 개성을 더 중시한다. 이를테면 사르트르(Jean Paul Sartre)와 보부아르(Simone de Beauvoir)의 선언처럼 말이다.

우리는 서로를 영원히 사랑할 것이다. 그러나 영원히 결혼을 하지 않을 것이며 서로를 속이지도 않을 것이다. 서로 다른 사람과 사랑에 빠져도 절대 간섭하지 않을 것이다.

여기에시 보면 '사랑'은 결코 소유가 아니라 서로의 즐거움과 자유를 위해 해야 한다.

'오컴의 면도날' 철학은 14세기 논리학자이자 프란체스코회 수사였던 오컴의 윌리엄(William of Ockham)이 제기한 것으로 '경제성의 원리'라고도 부른다. 즉 '필요하지 않은 경우에까지 사물의 실체를 확장하지 말라'는 뜻으로, 오컴의 윌리엄이 따랐던 '더 적은 수로 할 수 있는 것을 많은 수로 하는 것은 쓸데없는 짓'이라는 원칙과 같은 원리다.

오컴의 면도날은 일종의 비유로, 여기에서 '면도날'은 불필요한 가설을 잘라버린다는 의미다. 이는 '사고를 절약하는 원리'로 쓸데없는 개념을 없애는 데 그 목적이 있다. 오컴의 윌리엄은 당시 사람들이 보편과 본질 등의 문제로 끊임없이 논쟁하는 것을 보고 매우 지루하게 여겼다. 그래서 책을 저술하여 이론을 세우기로 결심하고 유명론(唯名論)을 주장했다. 즉 확실히 존재하는 것만 인정하고 무의미한 진술들을 과감하게 '잘라'냈다.

오컴의 면도날 철학은 신학에서 과학과 철학을 분리했다. 그 결과 유럽에서 르네상스와 종교개혁이 일어났다. 또 사람들이 면도날만 봐도 위협을 느껴 상품과 사치품들이 잘 팔리지 않았다. 이 때문에 사람들은 오컴의 면도날 철학을 이단 학설로 여겼으며 오컴의 윌리엄 본인도 심한 박해를 받았다.

이 오컴의 면도날 철학 원리는 다르게 표현할 수도 있다.

두 이론이 똑같은 결과를 낸다면 간단한 쪽을 택하라.

이 원리는 아리스토텔레스가 말한 '자연은 가장 짧은 길로 간다'는 명제까지 거슬러 올라간다. 아리스토텔레스는 실험과 관측을 할 때 너무 멀리 갈 필요가 없다고 생각했다. 마찬가지로 '오컴의 윌리엄'도 간단하면서 가장 효과가 좋은 방법을 찾으라고 말하고 있다. 오컴의 면도날 원리는 600여 년 동안 과학 분야에 광범위하게 적용해왔으며 지금까지도 중요한 과학적 사유 개념으로 활용하고 있다.

아르투어 쇼펜하우어(Arthur Schopenhauer)는 독일의 유명한 철학자로 의지주의의 창시자이자 대표 인물 중 한 사람이다. 그는 금욕을 주장하고 비관주의 태도를 지지하여 '염세주의 철학자'로 불린다.

쇼펜하우어는 헤겔(Georg Wilhelm Friedrich Hegel)의 절대 유심주의를 반대하고 '생(生)의 철학'을 주장했다. 쇼펜하우어와 헤겔은 이념과 개념의 관계에서 큰 인식 차이를 보인다. 이는 그들이 충돌을 일으킨 주요 원인이다.

쇼펜하우어는 《쇼펜하우어 전집》에서 헤겔을 다음과 같이 비판했다.

증명된 위대한 철학자로서 위로부터 권력에 의해 임명된 헤겔은 대머리에 말투는 무미건조하고, 구역질나는 언어 지식이 모자란 허풍쟁이였다. 그는 매우 낯짝이 두꺼운 사람이다. 지랄 같은 궤변을 갈겨 써놓고 그것을 이리저리 퍼뜨리는 데 용맹스럽기가 이를 데 없는 사람이다. 이 궤변은 금전적 이익을 탐하는 추종자들에 의해 불멸의 지혜로 받들어졌으며 그들은 전례 없는 완벽한 찬양의 합창을 불러댔다.

또 그는 같은 책에 다음과 같이 썼다.

만약 당신이 젊은이들의 기지를 우둔하게 만들고 그들의 두뇌를 사고할 수 없게 하고 싶다면 헤겔을 읽으라고 하는 것보다 좋은 것이 없다.

이 비판들을 통해 쇼펜하우어가 헤겔 사상을 얼마나 경멸했는지 적나라하게 알 수 있다.

상갓집 개 공자

공자는 유교의 창시자로 중국 춘추시대 말기의 유명한 정치가이자 사상가며 교육가다. 후대 통치자들은 그를 높여 공성인(孔聖人), 만세사표(萬世師表)라고 불렀다. 공자의 유가(儒家) 사상이 중국뿐만 아니라 전 세계에 큰 영향을 끼친 까닭에 공자는 '세계 10대 문화 명인' 중에서 으뜸으로 꼽힌다.

이렇게 위대한 성인인 그가 도대체 무슨 이유로 '상갓집 개'로 불렸을까? 다른 사람을 '상갓집 개'로 묘사하는 경우 보통 모욕적인 의미를 담고 있다. 그러나 공자는 오히려 자신을 '상갓집 개'로 묘사한 상대방의 공격적인 말을 받아치면서 절묘한 표현이라고 인정했다.

당시 공자는 자신의 포부를 펼 기회를 찾아서 노나라를 떠나 제자들과 함께 여러 나라를 두루 돌아다니는 동안 여러 번 생명의 위협을 느꼈다.

진(陳)나라에 갔을 때의 일이다. 공자가 양호(陽虎)라는 자와 생김새가 비슷한 까닭에 그곳 사람들이 그를 양호로 오인하여 5일 동안 붙잡아놓은 적이 있었다. 또 송나라에 갔을 때는 송나라 대부에게 살해당할 뻔했다. 이처럼 여러 번 위험에 처했지만 공자는 그때마다 대범하게 대처했다. 그 후 정(鄭)나라에 갔을 때였다. 공자가 제자들과 같이 있다가 서로 놓치게 되어 홀로 동문에 서서 제자들을 기다리고 있었다. 제자 중에 자공(子貢)이 길 가는 사람들에게 스승을 보았는지 묻자 한 정나라 사람이 이렇게 대답했다.

"한 사람이 동문에 서 있었는데 이마는 요(堯)임금 같았고, 목은 순(舜)임금과 우(禹)임금 같았으며, 어깨는 명재상 자산(子産) 같았다네. 그러나 허리 아래는 우임금보다 세 치쯤 짧았고 그 지친 모습은 꼭 상갓집 개 같았다네."

자공이 공자를 찾은 뒤 공자에게 정나라 사람이 한 말을 들려주자 공자가 크게 웃으면서 말했다.

"외모는 둘째로 치더라도 상갓집 개 같다는 말은 그렇도다! 그렇도다!"

슬픔에 빠진 주인이 밥을 제때 챙겨주지 못하여 상갓집 개는 밥을 먹고 싶다는 뜻을 이루지 못하고 늘 지쳐 있다. 이처럼 정나라 사람은 도(道)가 행해지지 않는데도 이리저리 돌아다니는 공자를 '상갓집 개'라고 조롱했다. 하지만 공자가 말한 '상갓집 개'는 조롱이나 모욕보다 오히려 뜻을 이루지 못한 쓸쓸한 영웅의 모습이 담겨 있다. 공자의 일생과 비교하면 딱 맞는 표현이다.

공자가 여러 나라를 두루 돌아다닐 때 노자에게 예(禮)를 물었다고 한다. 공자가 노자를 처음 만난 뒤 제자들에게 다음과 같이 말했다.

"내가 만난 노자는 마치 용과 같은 분이셨다. 학식은 깊어 헤아릴 수 없고 뜻은 고상하여 알기 어려웠다. 마치 뱀이 꿈틀대고 용이 변하는 것과 같았다. 노담은 진정 나의 스승이시다!"

두 번째 만나고 난 뒤에는 이렇게 말했다.

"노자의 말을 들으니 내가 가지에 앉은 새 같고, 물속을 헤엄치는 물고기 같고, 만개한 꽃들 사이에서 꿀을 모으는 벌 같고, 스승에게 도를 구하는 사람처럼 느껴졌다. 나도 모르게 마음이 후련하고 정신이 탁 트였다."

공자는 여러 나라를 돌아다닌 13년 동안 많은 스승을 섬겼는데 노자도 그중 한 사람이다. 공자는 자신보다 못한 사람에게 묻기를 부끄러워하지 않았으며, 세 사람이 함께 길을 걸어가면 반드시 그중에 나의 스승이 있다고 여겼다.

《대대례(大戴禮)》에도 '공자는 주나라로 가서 노담에게 예를 묻고, 장홍(萇弘)에게 음악을 배웠다'는 기록이 있다. 공자는 유교 사상의 대표 인물이고 노자는 도가 사상의 대표 인물이지만 유파나 종문(宗門)에 상관없이 학술 면에서 서로 교류하면서 지혜를 체득했다.

중국의 문화는 유가와 도가가 어우러진 문화다. 공자의 학설은 노자의 도가와 다르지만 유가의 이론이 노자의 학설에서 완전히 벗어난 것은 아니다. 유가와 도가는 서로 비교·보완하면서 발전했는데 그중 음양화합과 천인합일은 다른 학파에서 적용할 정도로 훌륭한 사상이었다. 특히 공자가 노자에게 가르침을 청했던 '예'는 두 성인이 심오한 토론을 벌일 정도로 서로 관심을 가졌던 문제였다.

장자(莊子)는 이름이 주(周)로, 춘추전국시대의 유명한 문학가이자 철학자며 사상가다. 장자는 도가 학설로 이름이 알려졌지만 매우 가난했다. 이에 관한 이야기가 《장자》 〈외물(外物)〉에 나온다.

장주는 집이 매우 가난했다. 그래서 황하를 관리하는 관리인 감하후(監河侯)를 찾아가 식량을 꾸어달라고 부탁했다. 그러자 감하후가 말했다.

"알았네. 내가 며칠 후에 고을의 세금을 거두어 그때 300냥을 빌려주겠소."

장주는 화가 나 얼굴빛을 붉히면서 말했다.

"제가 어제 이곳에 오는 길에 누군가 저를 부르는 소리를 들었습니다. 돌아보니 수레바퀴 자국 안에 붕어 한 마리가 있었습니다. 제가 물었습니다. '붕어야, 너는 무슨 일로 그러느냐?' 그러자 붕어가 대답했습니다. '저는 동해의 물을 관장하는 신하입니다. 선생께서 한 말이나 한 되의 물을 가져다 저를 좀 살려주십시오.' 제가 말했습니다. '알았다. 내가 남쪽으로 가서 오나라 왕과 월나라 왕을 설득하여 서강의 물을 끌어다가 너에게 가져다주마.' 그러자 붕어가 화를 내면서 말했습니다. '전 지금 살던 곳을 떠나와 머물 곳이 없습니다. 한 말이나 한 되의 물만 있으면 살 수 있는데 선생께서 그렇게 말하다니, 차라리 어물전에서 저를 찾으시는 게 나을 겁니다!'라고요."

장자는 비록 가난했지만 귀족들에게 아첨하지 않았다. 그는 풍자와 교훈이 담긴 말로 자기의 철학 사상을 펼쳤으며 귀족들의 허위와 매정함을 비판했다.

혜자(惠子)로도 불리는 혜시(惠施)는 중국 춘추전국시대의 유명한 정치가이자 철학자며 명가(名家)학파의 개산시조다.

혜시는 장자의 절친한 벗이었다. 두 사람은 토론하기를 좋아했는데 둘 다 말재주가 뛰어나 우열을 가리기 어려웠다. 그들은 박학다식했고 지식을 탐구하는 데 매우 열정적이었다.

다음은 역사상 가장 유명한 장자와 혜시의 토론으로 《장자》〈추수(秋水)〉에 나오는 이야기다.

어느 날, 장자와 혜시가 호수(濠水)의 다리 위에서 한가하게 노닐고 있었다.

장자가 말했다.

"물고기가 한가롭게 헤엄치고 있네. 이것이 물고기의 즐거움이지!"

혜시가 말했다.

"자네는 물고기가 아닌데 어떻게 물고기가 즐거운 것을 안단 말인가?"

장자가 말했다.

"자네는 내가 아닌데 어떻게 내가 물고기가 즐거운 것을 알지 못한다는 것을 안단 말인가?"

혜시가 말했다.

"나는 그대가 아니니 물론 자네를 알지 못하네. 마찬가지로 자네도 물고기가 아니니 그렇다면 물고기가 즐거운 것을 알지 못하는 것이 분명하지 않겠는가?"

장자가 말했다.

"처음 이야기로 돌아가보세. 자네가 나에게 '자네가 어떻게 물고기가 즐거

물고기의 즐거움을 묘사한 그림.

운 것을 안단 말인가?'라고 물은 것은 내가 물고기가 즐거운 것을 알고 있다
는 것을 자네가 알고 있기 때문이라네. 자네가 그렇게 말해준 덕분에 곧 나
는 물고기가 즐거워하고 있다는 것을 알게 되어 그렇게 말한 것이라네."

완적(阮籍)은 중국 삼국시대 위나라의 시인이자 사상가
며 현학가다. 또한 죽림칠현의 한 사람으로 대표 작품
에 《영회(詠懷)》, 《대인선생전(大人先生傳)》 등이 있다.

완적의 어머니가 돌아가시자 조문 오는 사람이 끊이
지 않았다. 그중 혜희(嵇喜)라는 자는 당시에 높은 벼슬
자리에 있었다. 그러나 완적은 혜희처럼 공리(功利)에 눈이 먼 사람들을 경멸
하여 그를 백안(白眼), 즉 흰 눈동자가 보이도록 흘겨보기만 할 뿐 일어나 맞
이하지 않아 혜희를 무척 난처하게 만들었다. 혜희가 빈소 앞에서 곡을 하고
절을 하는데도 완적은 머리를 풀어헤치고 앉아 그저 물끄러미 앞만 응시하
고 멍한 표정을 지었다. 혜희는 모욕감이 들어 얼굴이 화끈거렸다.

혜희가 집으로 돌아오자 아우 혜강(嵇康)이 형의 안색을 보고 무슨 일이냐
고 물었다. 혜희는 완적이 오만하고 무례하며 조금도 남을 배려하는 마음이
없는 사람이라고 말해주었다. 이 말을 듣고 혜강이 말했다.

"완적은 원래 그런 사람입니다. 다른 사람들이 어떻게 생각하는지 상관하
지 않고 자기가 좋아하는 사람은 청안(靑眼)으로 보고 싫어하는 사람은 백안
으로 봅니다. 특히 그는 명예와 이익을 좇는 사람을 눈꼴사나워하지요."

혜강이 술과 거문고를 들고 조문을 갔을 때, 완적은 몸은 앙상하게 마르
고 얼굴빛은 거무튀튀하게 변해 있었다. 혜강은 그가 어머니를 잃은 슬픔으
로 상심이 크다는 것을 알아차리고 곡도 절도 하지 않았다. 그저 완적과 마
주하여 술을 마시고 거문고를 켜서 그의 슬픈 마음을 위로했다. 그러자 완적
이 기운을 차리고 혜강을 청안으로 상대했다.

그 뒤 완적이 반가운 손님은 청안으로 대하고 반갑지 않은 손님은 백안으
로 대한다는 말이 퍼졌고, 이로부터 남을 업신여기거나 무시하는 태도로 대

한다는 뜻의 '백안시하다'라는 말이 생겼다.

이처럼 당시의 명사들은 대부분 예법에 얽매이지 않고 제멋대로 행동했다. 완적도 남의 비위를 맞추지 않고 자신의 기분에 따라 행동했다. 그러나 이 또한 남과 어울리며 살아가는 완적만의 방법이었다. 그는 성격이 대범하고 구속을 싫어하여 사소한 일에 얽매이지 않았다.

한번은 수레를 끌고 마음 내키는 대로 가다가 막다른 길에 다다랐다. 그러자 그는 갑자기 슬픈 마음을 참지 못하여 한참 동안 대성통곡을 하면서 현실 생활에 대한 울분과 불만을 토로했다.

혜강은 자(字)가 숙야(叔夜)로 중국 삼국시대 위나라의 문학가, 사상가, 음악가며 위진현학(魏晉玄學)[5]의 대표 인물이다. 그는 수려한 외모를 지닌 당대 최고의 꽃미남이었지만 성격이나 하는 짓은 매우 털털했다. 난세에 살았던 혜강은 그의 사상과 행위에서 그 시대 특유의 풍모가 드러났으며 당시 사람들과는 다른 독특한 면이 있었다.

혜강을 대표로 하는 위진현학은 중국철학사에서 상당히 중요한 지위를 차지하고 있다. 혜강은 '자연'은 우주 본래의 상태로 모순과 충돌이 없는 규칙적이고 조화로운 전체며 인간 사회도 자연의 일부분으로 이해(利害)와 모순이 없는 조화로운 전체로 보았다. 혜강은 유교가 이러한 조화의 상태를 깨뜨린다고 생각했다.

예(禮)를 숭상하는 덕목 중 하나인 효와, 부모가 돌아가신 뒤에도 지키는 번잡한 예의, 이를테면 삼년상을 치르는 동안 상복을 벗지 않고 술을 마시지 않으며 고기반찬을 먹지 않고 심지어 시묘를 하는 것 등은 산 사람과 죽은 사람 모두에게 고통을 안겨준다. 이처럼 그는 명교, 즉 유교의 허위성을 비판했다. 그래서 혜강은 '명교를 버리고 자연에 내맡긴다', '탕무(湯武)를 부정하고 주공(周孔)을 경멸한다'[6]라고 주장했다.

후대 학자들은 혜강이 살았던 시대를 '인간 각성의 시대'라고 불렀다. 혜강은 유교를 비판하여 유교를 뛰어넘는 더 높은 목표, 즉 도가로 향했으며 자연을 숭상하고 정신적 자유와 육체적 장생을 추구했다.

---

5) 중국 후한의 멸망부터 수나라가 중원을 통일할 때까지의 시기인 위진 시대에 유행한 사상 사조로 노장사상이 중심이 되었다.

6) 탕무는 은나라의 탕임금과 주나라의 무왕, 주공은 주공(周公)과 공자를 가리킨다.

혜강은 중국 역사상 고결한 인물이라고 일컬을 만하다. 그는 자신이 무엇을 반대하고 추구하는지 명확하게 알았으며 자신의 악론(樂論)과 양생론을 실천했다. 그의 작품 속에도 위진 시대 지식인들이 이루고자 했던 인성의 각성 및 자유에 대한 갈망과 추구가 드러나 있다. 위진 시대의 은둔 문학과 유선시(游仙詩)[7], 산수시(山水詩)에서 우리는 '자연'을 핵심으로 한 혜강의 예술관을 볼 수 있다. 혜강은 장자를 시화(詩化)한 최초의 인물이기도 하다. 그는 현학(玄學)의 명제를 시대의 심미적 사유로 전환하여 간략하면서도 엄격하고 심오한 현학의 풍모, 즉 '혜강 스타일'을 이루었다.

---

7) 신선이나 선경 등을 묘사해서 작자의 감정과 사상을 담은 시가 양식의 일종.

왕필(王弼)은 자가 보사(輔嗣)다. 226년 중국 위나라에서 태어나 249년 24세의 나이로 생을 마감했다. 그는 짧은 생을 살았지만 당시에 매우 중요한 철학자였다. 학자 집안에서 태어난 왕필은 어릴 때부터 수준 높은 교육을 받고 자랐다. 그의 선조들은 고문경학을 연구했으며 《노자도덕경》에도 정통했다. 왕필도 집안의 영향으로 고문경학과 노자 학설을 익혔으며 어릴 때부터 유가의 도를 배운 덕분에 자신만의 독특한 생각을 지닌 다재다능한 소년으로 자랐다.

그의 사상은 날카롭고 깊이가 있었다. 게다가 풍부한 지식과 뛰어난 말솜씨로 문제를 정확하게 인식하여 드러내는 명철함이 있었다. 10세 무렵에는 특히 노장사상을 좋아하여 산수를 유람하고 자연에서 견문을 쌓으면서 시야를 넓혔다. 아름다운 대자연, 복잡하고 잔혹한 현실, 노장사상, 유가 사상……. 소년 왕필의 머릿속에 이상한 반응이 일어났다. 현실을 인식하고 문제를 탐구하며 근본을 찾다 보니 어린 나이에 정치와 철학 등의 중대하고 심각한 문제들을 너무나 빨리 접하게 된 것이다.

왕필은 스물도 채 되지 않은 나이에 이미 유명해졌다. 어느 날, 왕필은 권위 있는 학자인 배휘(裴徽)를 만났다. 배휘는 왕필에게 당시 철학 분야에서 논쟁거리가 된 문제를 거론했다. 바로 무와 유, 도가와 유가, 자연과 도덕질서에 관한 문제였다. 왕필의 대답은 간결하면서도 명확했다.

공자께서는 무를 체득했고 무는 또한 말로 할 수 없는 것이기 때문에 무를 말하지 않고 유를 말했지만, 노자와 장자는 유의 단계에 머무르고 무를 체득하지 못했기 때문에 항상 자신에게 부족한 무에 관해 말했던 것입니다.

왕필의 이 대답은 당시 유학을 핵심으로 하는 전통적인 가치를 고려했을 뿐만 아니라 공자와 노자의 지위도 적절하게 올려놓아 유가와 도가를 하나로 만들었다.

얼마 뒤 이 말은 전해들은 이부상서 하안(何晏)이 왕필을 훌륭하게 여겨 이렇게 극찬했다.

공자께서 후배는 두려워할 만하다고 하시더니 이와 같은 사람이라면 함께 하늘과 인간의 관계를 논할 수 있다!

하안은 황문시랑 자리에 왕필을 추천했는데, 다른 사람이 먼저 임명되는 바람에 그는 태랑 직을 맡게 되었다. 그러나 관직 생활은 그와 어울리지 않았으니, 결국 관직을 그만두고 말았다. 그리고 정시(正始) 10년인 249년, 24세의 왕필은 돌림병으로 목숨을 잃었다. 이로써 한 시대를 풍미했던 중국 사상계의 큰 별이 졌다.

왕필은 짧은 생애 동안 《노자주》, 《노자지략》, 《주역주》, 《주역약례》, 《논어석의》를 포함하여 산실된 《왕필집》 5권을 집필했다. 왕필은 이미 죽고 없지만 그가 생전에 남긴 이 저서들은 오늘날의 우리에게 그의 천재성을 전해주고 있다. 왕필이 세운 철학 체계는 철학과 경학(經學) 분야에서 탁월한 성과를 거두었으며 당시뿐만 아니라 후대까지 큰 영향을 끼쳤다.

범진(范縝)은 중국 남조 양(梁)나라의 사상가다. 그는 경서에 관한 학문에 정통했는데 그중에서도 특히 삼례(三禮), 즉 《예기》, 《주례》, 《의례》에 정통했다. 그는 자신이 쓴 《신멸론(神滅論)》에서 '형신상즉 형질신용(形神相卽 形質神用)'의 무신론 사상을 펼쳤다. 즉 정신은 곧 형체고 형체는 곧 정신이며, 형체는 그 질을 결정하고 정신은 그에 이용된다는 뜻이다.

범진의 이 같은 무신론 관점은 불교의 신불멸설을 강하게 비판했다. 그가 살았던 시대는 불교가 성행하여 그 폐단이 사회에 심각한 해를 끼쳤다. 지주계급 내부에서도 불교 반대 투쟁을 벌인 자들도 있었지만, 이론 측면에서 불교에 치명타를 날린 사람은 범진이었다.

범진은 불교의 인과응보설도 비판했다. 그는 후한의 사상가인 왕충(王充)의 천도자연설을 계승하여 이를 한 단계 더 발전시켰다. 또 유물론, 자연론, 우연론을 제기하고 독실한 불교신자인 제나라 경릉왕(竟陵王) 소자량(蕭子良)과의 논쟁에서 강력하게 불교의 인과응보설을 비판하여 상대를 완전히 굴복시켰다.

인과응보설의 이론적 기초가 바로 신불멸설이다. 이 관점은 형신상이(形神相異), 형신상리(形神相離), 형신비일(形神非一)을 주장한다. 범진은 《신멸론》에서 이전의 반(反)불교와 무신론의 전통을 계승하면서 정신을 특수 물질의 결합으로 여기던 것을 극복했다. 또 '형신상즉 형질신용'의 관점을 제기하고 정신과 형체를 칼과 칼날의 관계로 비유하여, 칼이 없으면 칼날도 없듯이 형체가 죽으면 정신이 있을 수 없다고 했다. 나아가 고대 유물론과 무신론 사상을 높은 수준으로 끌어올렸다.

범진의 반불교 사상은 무신론자가 불교 유신론을 반대한 투쟁을 최고조로 끌어올렸다는 중요한 의미를 지닌다.

혜능대사(慧能大師)는 중국 당나라의 승려로, 중국 역사상 가장 영향력 있는 고승 중 한 사람이다. 당나라 11대 황제 헌종(憲宗)은 그에게 대감선사(大鑑禪師)라는 시호를 내려주었다. 중국의 대학자인 천인커(陳寅恪, 1890~1969)는 《논한유(論韓愈)》에서 혜능을 다음과 같이 평했다.

직지인심(直指人心)과 견성성불(見性成佛)의 종지를 제기하여 번잡한 문장의 공부를 없애고 어리석은 사람들을 일깨웠다. 이것은 우리나라 불교 역사상 위대한 일이다.

혜능은 어려서부터 가난했다. 아버지를 일찍 여의고 어머니와 서로 의지하며 살았다. 어느 날, 혜능이 땔감을 팔고 오는 길에 우연히 선종의 제5조인 홍인대사(弘忍大師)의 소문을 듣고 그의 제자가 되기로 결심했다.

홍인대사는 혜능의 재능을 곧바로 알아보았으나 아무런 말도 하지 않았다. 그저 혜능에게 장작을 패고 방아를 찧는 일만 시켰다. 당시 홍인대사는 늙었으므로 서둘러 그의 의발(衣鉢)을 전수할 자를 찾아야 했다. 이에 제자들에게 스스로 자신의 지혜를 잘 살펴 본심을 파악한 후 게송(偈頌)을 지어 오라고 했다. 만약 큰 뜻을 깨닫는 자가 있으면 그에게 의발을 전수해줄 것이고, 그가 바로 선종의 제6대 조사(祖師)가 되는 것이다. 제자들은 대제자인 신수(神秀)가 조사가 될 것이라고 생각하여 게송 짓기를 포기했다.

신수가 게송을 다 짓고 나서 그것을 남쪽 벽에 썼다.

몸은 깨달음의 나무요

마음은 밝은 거울과 같나니
때때로 부지런히 털고 닦아
티끌과 먼지 묻지 않게 하리라

이튿날, 홍인대사는 그것을 보고 신수가 아직 깨달음을 얻지 못했다고 생각했다.

며칠 뒤에 글을 모르던 혜능이 장일용(長日用)이란 사람에게 자신이 지은 게송을 서쪽 벽에 써달라고 부탁했다.

깨달음은 본래 나무가 없고
밝은 거울 또한 받침대가 없네
본래 한 물건도 없거니
어느 곳에 티끌과 먼지 있으리요

이것을 보고 홍인대사는 방아를 찧고 있는 혜능을 찾아갔다. 홍인대사는 혜능 앞에 서서 지팡이로 방아 머리를 세 번 치더니 뒷짐을 지고 말없이 돌아갔다. 혜능은 곧바로 그 뜻을 알아차렸다. 지팡이를 세 번 친 것은 3경을 뜻하고, 뒷짐을 진 것은 홍인대사가 머무는 뒤쪽의 선방으로 오라는 뜻이다.

그날 밤 혜능이 찾아가자, 홍인대사는 가사(袈裟)로 주위를 가리고 아무도 모르게 혜능에게 《금강경》을 강해했다. '마땅히 머물지 말고 마음을 내라'는 금강경의 핵심 구절을 말하자, 혜능은 모든 만법(萬法)이 자신의 본성에서 벗어나지 않음을 깨달았다.

홍인대사는 혜능이 자신의 본성을 깨달았음을 알고 곧 혜능에게 의발을 전수하여 동산법문(東山法門)[8]을 계승하도록 했다. 이로써 혜능은 선종의 제

---

8) 홍인대사가 쌍봉산 동산사에 가서 선종의 제4조인 도신을 좇아 출가한 이래 선종의 제5조가 된 뒤로 쌍봉산 동쪽에 있는 빙무산으로 옮겨가 법문을 널리 떨쳤다. 이때 법문을 듣기 위해 모인 사람은 700명을 넘었는데, 절의

대나무를 쪼개고 있는 6조 혜능선사.

6조가 되었다. 혜능은 신수가 자신을 질투할까 봐 남쪽의 광동으로 도망쳐 몇 년간 숨어 지냈다. 그 후 혜능은 남쪽에서 선종을 크게 선양했고 신수는 북쪽에서 선종의 문파를 만들었다. 이로부터 선종이 남선종과 북선종으로 나뉘어 남능북수(南能北秀)로 일컬었다.

이름을 따서 당시의 사람들이 동산법문이라고 불렀다.

주돈이(周敦頤)는 자가 무숙(茂叔)으로 북송오자(北宋五子)[9] 중 한 명이자 정주이학(程朱理學)[10]의 대표 인물이다. 또 학계에서는 누구나 인정하는 성리학의 시조로 사람들은 그를 높여 '주자(周子)'라고 부른다. 주돈이는 생전에 높은 관직에 오르지 못했지만 부임하는 곳마다 두터운 명성과 인망을 받아 정치적으로 큰 업적을 남겼다.

북송의 황정견(黃庭堅)은 《염계시서(濂溪詩序)》에서 주돈이를 다음과 같이 평했다.

그 인품이 고결하고 가슴속이 맑아서 마치 맑은 날의 바람과 비 개인 뒤의 달 같도다.

이후 '맑은 날의 바람과 비 개인 뒤의 달'이라는 뜻의 광풍제월(光風霽月)이 '마음이 넓고 집착이 없으며 맑고 고결한 인품, 또는 그런 사람'을 비유하는 데 쓰이게 되었다.

주돈이는 유독 연꽃을 사랑했다. 연꽃은 진흙 속에서 자라지만 더러움에 물들지 않고, 맑은 잔물결에 씻겨도 요염하지 않아 청신하고 세속적이지 않으며, 포용력과 신성한 아름다움이 있기 때문이다. 그러나 본질적인 이유는 주돈이와 불교 사이에 깊은 사상적 연원이 존재하기 때문이다.

주돈이가 살던 시대는 선학(禪學)이 성행하여 불교가 당시 문인들의 문풍과 사상에 큰 영향을 끼쳤다. 그는 소식(蘇軾), 황정견 등과 함께 참선을 하며

---

9) 대표적인 성리학자들로 주돈이, 소옹, 장재, 정호, 정이를 가리킨다.
10) 정호와 정이에서 주희로 이어지는 학통이라는 뜻에서 정주이학이라고 한다. 정주학, 정주성리학으로도 불린다.

도를 묻곤 했는데 그때마다 즐거움에 피곤한 줄도 몰랐다. 누구나 알고 있듯이 연꽃은 불교의 상징이다. 불교계에서 '연꽃'은 불교를 나타내는 또 다른 표현이다. 불교에서 불좌(佛座)를 연대(蓮臺), 우주를 연찰(蓮刹)이라고 부르는 것도 그 때문이다.

주돈이의 초상화.

주돈이의 연꽃 사랑은 불교뿐만 아니라 유교의 영향을 받았다. 진흙 속에서 자라지만 더러움에 물들지 않는 연꽃처럼 혼탁한 사회의 모습에 적극적으로 직면하고, 유교에서 말하는 '사아기수(舍我其誰)'[11]의 사회적 책임을 구현했다.

불교의 영향 아래 더욱 빛이 났던 유가 사상, 그래서 주돈이는 더욱 공자처럼 '안 되는 줄 알면서 하는'[12] 끈기와 용기를 갖고 있었다. 주돈이의 마음속에 연꽃이야말로 진정한 유자(儒者)고 인자(仁者)며 군자(君子)고 용자(勇者)다.

---

11) 《맹자》〈공손추하〉에 나오는 말로, '나 말고 누구겠는가', 즉 자기 외에는 큰일을 할 사람이 없다는 뜻이다.
12) 《논어》〈헌문〉에 나오는 말로, 공자의 제자 자로가 석문에서 유숙했었는데 문지기가 "어디에서 왔는가?"라고 묻자 자로가 "공씨에게서 왔소."라고 대답하니, 문지기가 "안 되는 줄 알면서도 하는 자 말인가?"라고 공자를 조롱했다.

중국 명나라 말에서 청나라 초의 사상가이자 대학자인 고염무(顧炎武)는 평생 많은 책을 저술했지만 오히려 유명해진 것은 그가 남긴 가훈이었다.

책을 저술하느니 베끼는 게 낫다.

이는 공자가 말한, '사실을 저술하기만 하고 창작하지 않는다'는 술이부작(述而不作)과 일맥상통하는 것으로, 고염무도 공자와 똑같은 사상을 구현했다.

공자의 '술이부작'은 정말로 글을 쓰지 않는 게 아니라 '창작'을 '저술' 안에 포함한다는 의미다. 공자는 춘추시대 말기에 육경(六經)[13]을 다듬어 정리하고 자신의 사상과 학문을 육경 안에 모조리 쏟아 부었다. 《논어》는 공자의 제자들이 만들었지만 그중에는 공자가 '저술'한 것도 있다. 이 때문에 《논어》가 완성된 뒤에 《논어》를 공자가 '저술'한 것처럼 되었다.

그런데 학술에는 원류가 있다. 공자가 정리한 육경은 대부분 전대의 성현들이 지은 것이다. 《춘추》는 공자가 쓴 간결한 역사 기록으로, 후대 사람들의 저술과 비교해도 손색이 없을 정도로 매우 훌륭한 책이다. 다시 말하면 공자가 정리한 육경은 유가 사상의 정수를 경전을 통해 쓴 것이지 결코 순수하게 '저술'한 게 아니다. 공자는 주(周) 왕조 시대의 예악(禮樂) 사상의 집대성자이며 이전의 유가 사상을 종합하고 귀납하여 계통을 세운 유가 사상의 서술자다.

공자는 자신이 직접 유가 경전을 쓰지 않았으므로 거리낌 없이 '술이부작'이라고 말했다. 고염무도 마찬가지다. 그는 이전 학자들의 사상을 기초로 학

---

13) 《시경》, 《서경》, 《역경》, 《예기》, 《악기》, 《춘추》의 6가지 경서를 말한다.

고염무의 초상화.

문을 했기에 다른 사람이 자신에게 '책을 베껴 썼다'고 비난해도 두려워하지 않았다. 고염무는 자신의 저서에 경전을 인용했다. 형식만 조금 바꾸었을 뿐 내용을 그대로 베꼈기 때문에 어떻게 보면 표절일 수도 있지만 그의 행위는 수준 높은 '베끼기'였다. 즉 고서들을 베껴 써서 하나의 독립적인 작품으로 만든 것이지 결코 자질구레한 짜깁기가 아니다. 고염무의 《천하군국이병서(天下郡國利病書)》와 《조역지(肇域志)》는 바로 '베껴'써서 탄생한 대표적인 작품이다.

**개구쟁이
철학자
진웨린**

진웨린(金岳霖, 1895~1984)은 20세기 중국의 유명한 철학자
이자 교육가며 논리학자다. 그는 타고난 논리 감각을
갖고 있었다.

중국에 다음과 같은 속담이 있다.

돈은 똥과 같고 벗은 천금의 가치가 있다.

진웨린은 열 살 무렵에 이 속담에 문제가 있음을 발
견했다. 왜냐하면 만약 두 구절을 참이라고 전제하면
결론은 '벗은 똥과 같다'가 되기 때문이다. 즉 '돈=똥'이
고 '벗=천금'이 참이면 천금은 돈에 해당하므로 '천금=
돈'이 성립되어 '벗=똥'도 성립된다. 공교롭게도 이 속담
의 본뜻과 정반대가 된다.

만년의 진웨린.

진웨린은 오랜 시간 철학을 연구하고 철학적 사고를 해온 터라 그의 언행
에는 철학이 절로 묻어났다. 그는 중국 현대 역사상 자신만의 완벽한 학술
체계를 갖춘 보기 드문 철학자 중 한 사람이다. 그의 《지식론》은 중국철학
역사상 최초로 완벽한 지식론의 체계를 세운 작품이다. 진웨린은 중국뿐 아
니라 세계에서도 인정한 철학자다. 그는 칭화대학교 철학과를 개설하여 수많
은 철학 대가들을 양성해냈다.

진웨린은 학술 면에서는 훌륭한 업적을 남긴 대가지만 일상생활에서는
천진난만한 아이 같았다. 성격이 소탈하고 자유를 추구했지만 그의 인생만
큼은 열정으로 가득 찼다. 특히 그는 개와 싸움닭 기르기를 좋아했다. 시간

68

이 날 때마다 싸움닭이 다른 닭들과 어울려 먹이를 쪼아 먹는 모습을 바라보곤 했다. 귀뚜라미 싸움도 진웨린이 즐겼던 취미였다. 그는 귀뚜라미 싸움을 고도의 기술과 예술과 과학이 필요한 놀이라고 생각했다. 그의 집 한구석에는 귀뚜라미를 키우는 통이 여러 개 놓여 있을 정도다.

진웨린은 위에는 용무늬가 있고 아래에는 바다 그림이 있는 청나라 때의 화려한 옷을 좋아했다. 그는 비단에도 매우 관심이 있어 견직물 생산을 활성화해야 한다고 정부에 건의하기도 했다.

이러한 모습 때문에 그는 사람들의 눈에 어린아이 같은 개구쟁이 철학자로 비쳤다.

주광첸(朱光潛, 1897~1986)은 중국의 유명한 미학자다. 그가 유럽에서 유학하던 시절에 중국에서 발간되던 《일반》과 《중학생》이라는 잡지에 편지 형식으로 기고한 적이 있었는데, 나중에 이 원고를 모아 《청년들에게 보내는 12통의 편지(給青年的十二封信)》로 출간하여 큰 인기를 모았다.

이 책을 출간한 지 얼마 지나지 않은 1936년 초에는 소책자인 《아름다움을 말함(談美)》을 저술했는데, 개명서점에서 이 책을 출간하면서 표지에 '청년들에게 보내는 13번째 편지(給青年的第十三封信)'라는 부제를 달았다. 이 책 또한 독자들의 사랑을 받았다.

그런데 얼마 후에 상해출판사에서 주광산(朱光潛)이 쓴 《청년들에게 바침(致青年)》이라는 책을 출간했다. 주광첸의 책과 제목도 비슷하고 저자 이름도 구별하기 어려운데 이 책에도 '청년들에게 보내는 13통의 편지(給青年的十三封信)'라는 부제가 달려 있었다. 《아름다움을 말함》 부제의 '13번째'를 '13통의'로 바꾸었을 뿐 표지 스타일, 제목의 글자체와 위치, 심지어 일부 선 안에 넣은 별들까지 모두 똑같았다.

주광첸은 친구가 보내온 주광산의 책을 보고 자기가 쓴 책인 줄 알았다. 책을 자세히 살펴본 주광첸은 '주광산 씨'께 편지를 쓰기로 했다. 자기와 이름이 비슷한 이 사람에게 허심탄회하게 이야기를 써 내려갔다. 먼저, 주광첸은 이 책을 자기 것으로 오해한 것에 대해 양해를 구했다. 그런 다음 하고 싶은 말을 계속 써 내려갔다.

주광산 선생님, 저는 당신이 누군지 모릅니다. 그러나 위에서 말한 몇 가지 우연의 일치 때문에 당신의 얼굴, 말투, 행동, 모습, 성격 등에 강한 호기심이 생겼습니다. …… 모르는 당신에게 편지를 쓰게 되었습니다. 실례가 될 수 있지만 저도 당신의 독자라는 사실을 기억해주십시오. 그런데도 기분이 상하신다면 당신의 이름이 '주광산'이고 당신이 '청년들에게 보내는 13통의 편지' 쓴 것을 탓할 수밖에요!

또 주광첸은 자신이 '청년들에게 보내는 12통의 편지'를 썼을 때의 상황을 회상하며 글을 이어 나갔다.

그 당시 저는 '어리석고 유치'했습니다. 그러나 솔직하게 글을 썼기 때문에 청년들의 사랑을 받았습니다.

주광첸은 자신의 경험을 이야기했지만 속마음은 주광산이 이것을 읽고 뭔가 깨닫기를 바랐다. 사람은 '솔직'하고 '진실'해야 한다. 그렇지 않으면 어쩌다 인기를 끌 수 있어도 진실이 밝혀진 후에 사람들의 비난을 피할 수 없으며 '비양심'의 대명사가 될 수 있다는 사실을 말이다. 또 주광첸은 편지 끝에 의미심장하게 '당신과 이름이 비슷한 친구가'라고 썼다.
이 편지는 진짜도 가짜도 아닌 '주광산'에게 결국 부치지 못했다. 주광첸은 할 수 없이 저명한 《신보(申報)》에 편지 내용을 공개했다. 그럼에도 불구하고 '주광산'의 '청년들에게 보내는 13통의 편지'는 여전히 잘 팔리고 있다.

악처 덕분에 철학자가 된 소크라테스

소크라테스(Socrates)는 기원전 470년(?)에 태어났다. 그는 고대 그리스의 가장 위대한 철학자 중 한 사람이다. 그런데 이처럼 위대한 철학자의 아내가 악처라는 사실은 누구나 알고 있지만 그 사실을 선뜻 믿기는 어렵다.

그녀는 성격이 포악하고 사람들 앞에서 소크라테스를 자주 난처하게 만들었다. 어느 날, 소크라테스가 몇몇 제자들과 학술 문제를 토론하고 있었는데 그의 아내가 무슨 이유에서인지 갑자기 소리를 지르고 욕을 퍼부었다. 제자들이 놀라 어안이 벙벙한데, 그녀가 이번에는 소크라테스에게 찬물을 끼얹는 게 아닌가. 그 모습을 보고 제자들이 어쩔 줄 몰라 하는데 소크라테스는 도리어 웃으면서 말했다.

"천둥이 친 뒤엔 비가 내릴 줄 알고 있었지."

소크라테스가 이렇게 성질 고약한 아내에게 장가든 이유를 사람들은 이해할 수 없었다. 그것은 그의 제자들도 마찬가지였다. 한번은 그의 제자가 궁금해서 소크라테스에게 물었다.

"스승님, 스승님은 저희에게 자비를 베풀고 인내하고 양보하며 사람의 도리를 분명히 알도록 가르치시는데 사모님은 악처로 소문이 났습니다. 어째서 사모님에게는 이러한 것들을 가르치지 않으십니까?"

소크라테스가 대답했다.

"아내 같은 악처를 상대할 수 있다면 그 어떤 사람도 다 상대할 수 있을 것이라네."

이 심오한 인생철학과 지혜가 담겨 있다. 즉 아주 못된 사람일지라도 그런 사람들이 우리 자신을 수양하는 데 도움이 된다는 사실 말이다!

소크라테스와 그의 아내 크산티페. 소크라테스가 사랑한 미소년 알키비아데스.

철학자들은
왜 삐딱하게
생각할까

철학의 고전 명제는 지혜를 열어주는 열쇠와
같다. 사람들은 명제를 통해 철학자들을 만
나고 그들의 지혜를 배운다. 철학자들의 명제
는 그 독특한 지혜의 매력으로 깊은 곳에서
영혼을 일깨워 인류가 대뇌를 열고 이성적
사고를 계발하여 철학에 흥미를 보이게 한다.

존재는 지각이다. 이 명제는 '존재하는 것은 지각되는 것이다'라는 의미로, 영국의 철학자이자 성직자인 조지 버클리(George Berkeley)가 그의 대표작 《인간 지식의 원리》에서 한 말이다. 엄밀히 말하면, 버클리는 이 말을 한 적이 없고 문장의 부분부분에서 취한 것이다. 이 말의 함의를 이해하려면 버클리가 전후로 무슨 말을 했는지 알아야 한다.

존재하는 것은 지각되는 것이다. 여기에서 '존재'는 모든 존재를 의미하지 않는다. 버클리는 정신(또는 영혼, 자아, 마음)의 존재는 감지할 수 없지만 그럼에도 존재한다고 여겼다. 그러므로 여기에서 존재가 가리키는 것은 정신 이외에 모든 사물의 존재가 된다. 정확하게 이 말을 표현하면 '정신 이외에 존재하는 것은 지각되는 것이다'라고 할 수 있다.

세상의 모든 것은 지각을 통해 인식되고 이해된다. 버클리는 관념의 존재가 지각되는 것에 달려 있다면 사물의 존재를 느끼는 것도 지각되는 것에 달려 있으므로 모든 사물의 존재도 지각되는 것에 달려 있다고 생각했다.

그러므로 사물의 존재는 바로 지각되는 것이며 존재하는 것은 지각되는 것이다. 사물이 관념이라면 관념은 마음에 존재하며 관념 이외에 어떠한 사물도 존재하지 않는다. 그래서 모든 사물은 지각되는 관념 이외에 객관적 존재가 없으며 사물의 존재는 지각되는 것이다.

1710년에 출간한 《인간 지식의 원리》.

사람은 같은 강을 두 번 건널 수 없다. 이 말은 그리스의 철학자 헤라클레이토스가 한 말로 그는 최초로 변화의 철학을 주장했다. 헤라클레이토스는 존재하는 사물을 흐르는 물에 비유하여 사람은 같은 강을 두 번 건널 수 없다고 했다. 왜냐하면 사람이 다시 그 강에 들어갈 때 원래의 강이 이미 변화하여 다른 강이 되었기 때문이다.

헤라클레이토스는 이 명제를 통해 변화에 대한 사상을 밝혔다. 변화하지 않는 사물은 존재하지 않으며 세상의 모든 사물은 계속 변화하고 발전한다. 그러므로 모든 사물은 존재한다고 할 수 있고 또 존재하지 않는다고 할 수 있다. 왜냐하면 존재하는 그 순간에도 변화하여 다른 사물로 바뀌기 때문에 원래의 사물은 존재하지 않는다고 할 수 있기 때문이다.

헤라클레이토스는 간단명료하게 사물의 운동과 변화에 대해 설명했다. 그가 사물의 운동과 변화를 강조했지만 정지를 부정한 것은 아니다. 운동은 절대적인 것이며 정지는 상대적인 것이다. 이 점에 이렇게 의문을 품는 사람이 있을 것이다. 강물이 얼면 건널 수 있지 않은가?

형이상학 측면에서 분석해보면 이 관점은 두 가지 문제점이 있다.

첫째, 정지를 운동과의 관계에서 분리하여 언 강을 정지로 보고 운동의 존재를 부정하여 정지를 절대화한 것으로, 이것은 형이상학의 부동론(不動論)이다.

둘째, 운동을 정지와의 관계에서 분리하여 언 강 자체를 운동으로 보고 정지의 존재를 부정한 것으로, 이것은 형이상학의 상대론이며 궤변론이다.

세상에 똑같은 나뭇잎은 없다. 이 명제는 독일 철학자 고트프리트 빌헬름 라이프니츠(Gottflied Wilhelm Liebniz)가 한 말로 그는 이 말을 빌려 철학과 관련 있는 세계 통일성과 다양성 관계의 원리를 설명했다.

통일된 물질세계는 다양한 형식으로 존재하고 발전한다. 다채로운 물질세계를 구성하는 서로 다른 개체는 각각 자신만의 특징, 즉 개성을 갖고 있다. 이것은 어떤 사물을 다른 사물과 구별하는 것으로, 자신이 갖고 있는 일종의 특수성이라고 할 수 있다.

그러나 사물과 사물 사이는 보편적인 관계, 즉 공통성이 존재한다. 동일한 종류의 사물이 갖고 있는 공통성은 개체 사물의 모든 내용과 특성이 아닌 사물의 공통적인 본질을 포함한다. 다시 말하면 공통성이 개성까지 포괄하는 게 아니며 개성은 공통성보다 훨씬 다채롭고 풍부하다. 마치 '세상에 똑같은 두 장의 나뭇잎은 없다'는 말처럼 말이다.

언뜻 보면 모든 나뭇잎이 똑같아 보이지만 자세히 관찰하면 나뭇잎마다 다르다는 것을 발견할 수 있다. 나뭇잎마다 독특한 무늬를 갖고 있으며 무게와 색깔과 두께도 제각각이며 자기에게 적합한 토양과 필요한 햇빛의 세기 등 각각의 생장 환경이 천차만별이다. 이는 나뭇잎에 포함된 본질적인 것이 다르기 때문이다. 그래서 세상에 완전히 똑같은 두 장의 나뭇잎이 없는 것이다. 나뭇잎도 이러할진대 세상의 다른 물건이야 두말할 나위 없다.

라이프니츠 초상화.

실용이 진리다. 이 명제는 실용주의 진리설로 유명한 미국의 철학자이자 실용주의의 창시자인 윌리엄 제임스(William James)가 제기했다.

진리니까 실용적이며 실용적이니까 진리다.

어떤 관념이 이전의 경험과 지금의 새로운 경험을 연결시키면 우리에게 진정한 이익과 만족스러운 효과를 가져다주는데 윌리엄 제임스는 이것이 진리라고 생각했다. 즉 어떤 관념이 진리인지 아닌지 판단하려면 객관적 현실에 부합하는지가 아니라 실용적인지를 따져보아야 한다는 것이다.

'실용이 진리다'라는 명제는 전형적인 실용주의 진리관이다. 제임스는 이 관점에서 진리의 근원 문제와 진리의 작용을 합쳐서 다루었으며 더 나아가 객관적인 진리를 부정하고 주관적인 진리를 제창했다.

본질적으로 말하면 '실용이 진리다'는 유심론 관점에 속한다. 이것은 진리와 오류 사이의 경계를 모호하게 만들어 진리의 다원론을 야기했다. 이 관점에 따르면 거짓말도 진리가 될 수 있다. 거짓말도 사기꾼에게는 실용적이기 때문이다. 그렇다면 누구의 말이든 결국 다 옳게 된다. 서로 다른 이론과 견해도 각자에게는 모두 실용적이기 때문이다. 그렇다면 오늘 우리에게 실용적이고 진리였던 이론이 내일은 쓸모없거나 해로운 오류가 될 수 있다.

진리는 객관적인 존재로 인간의 주관적 의지에 따라 바뀌지 않지만 실용은 인간의 주관적인 감각에 속한다. 그러므로 인간의 주관적인 감각과 객관적인 존재의 관계를 절대화한 '실용이 진리다'라는 관점은 잘못됐다.

지푸라기 하나가 낙타 등을 부러뜨린다

"지푸라기 하나가 낙타 등을 부러뜨린다"라는 아랍 속담이 있다. 짚을 가득 실은 낙타 등에 마지막에 올린 지푸라기 하나 때문에 낙타의 등이 부러졌다는 뜻으로, 이미 한계에 다다른 상황에서 거기에 무언가를 더하여 결국 사태가 무너짐을 말한다. 이 속담에서 말하고자 하는 것은 철학의 양적 변화와 질적 변화의 변증 관계다. 가벼워 보이는 지푸라기 하나가 낙타 등을 부러뜨리는 도화선이 될 줄 누가 생각이나 했겠는가!

본질적인 측면에서 이야기해보자. 마지막에 올린 지푸라기 하나와 그 전에 쌓아놓은 지푸라기들은 똑같은 지푸라기다. 그래서 아무도 이 작은 지푸라기를 눈여겨보지 않았을 것이다. 그런데 하나하나 지푸라기를 낙타 등에 쌓아 올려 더 이상 쌓지 못하는 순간이 되면 이야기가 달라진다. 이때는 마지막 지푸라기 하나가 관건이 된다.

이 마지막 지푸라기를 낙타 등에 올리면 낙타는 더 이상 무게를 견디지 못하여 무거운 짚에 깔리게 되고, 이 마지막 지푸라기를 낙타 등에 얹지 않으면 낙타가 짚에 깔리는 일은 없다. 이처럼 지푸라기 하나가 완전히 다른 결과를 초래하는 것이다. 여기에서 양적 변화가 일정한 정도에 이르면 질적 변화가 시작된다는 사실을 알 수 있다. 양적 변화는 질적 변화를 일으키는 필수 전제며 질적 변화는 양적 변화가 축적된 필연적인 결과다. 속담의 '마지막 지푸라기'가 바로 양적 변화가 질적 변화를 일으킨 도화선이며 낙타의 등을 부러뜨린 중요한 요소다.

그러나 자세히 생각해보면 낙타를 죽게 한 것은 마지막 지푸라기가 아니라 그 전에 잔뜩 쌓은 짚들이다. 만약 사람들이 낙타가 얼마만큼의 무게를 견디는지 알고 있었다면 낙타는 깔려 죽지 않으며, 마지막 지푸라기 하나도 낙타를 죽게 만든 끔찍한 화의 근원이 되지 않았을 것이다.

제논(Zenon)은 고대 그리스의 수학자이자 스토아학파의 대
표 인물이다. 제논은 최초로 역설을 제기한 사람이라고
말할 수 있다. 그가 제기한 운동과 관련 있는 불가분적인
철학 역설들을 '제논의 역설'이라고 부른다. 이 역설들은
아리스토텔레스의 《물리학》에 기록된 덕분에 후대 사람
들이 알게 되었다.

제논의 스승 파르메니데스는 존재의 부동(不動), 즉 '일자(一者, 나눌 수 없는 실
재)'를 주장했는데 제논은 스승의 학설을 옹호하기 위해 이러한 역설을 제기
했다.

제논의 역설은 여덟 가지가 전해지는데 그중 가장 유명한 것은 이분법 역
설, 아킬레스와 거북이의 역설, 화살의 역설, 경기장의 역설 네 가지다.

이분법 역설은 시간을 유한한 개념, 공간을 무한한 범주로 간주하고 유한
한 시간 안에 무한한 운동을 완성할 수 없으므로 운동은 존재하지 않는다
고 여긴다. 아킬레스와 거북이의 역설은 운동과 정지의 관계를 분할하여 운
동을 절대화하고 객관적 기준을 부정했다. 화살의 역설은 시간의 가분성(可
分性)을 출발점으로 하여 날아가는 화살의 운동을 시간의 누적으로 보았다.
경기장의 역설은 시간과 공간은 불가분적이며 같은 시간 동안 서로 같은 거
리를 이동할 수 있지만 움직임의 양이 다르다고 보았다.

이 역설이 지금은 미적분 개념을 써서 해석되지만 그렇다고 해서 미적분
을 해결하는 데 이 역설을 이용할 수는 없다. 미적분 원리가 존재하는 전제
는 연장(延長)인데 제논의 역설은 연장뿐만 아니라 무연장도 강조하기 때문이
다. 이 역설을 해결할 수 없는 이유는 데카르트와 피에르 가상디(Pierre Gassendi)
를 대표로 하는 기계론이 출현했기 때문이다.

거짓말쟁이의 역설

거짓말쟁이의 역설은 크레타의 철학자 에피메네데스 (Epimenides)가 한 말에서 시작되었다.

모든 크레타 사람은 거짓말쟁이다.

에피메네데스.

이 역설은 정답이 없는 걸로 매우 유명하다. 만약 에피메네데스가 말한 것이 참이라면 자신도 거짓말쟁이가 되는 셈이므로 이 문장은 거짓이 되어 '모든 크레타 사람은 거짓말쟁이'라는 말과 모순이 된다. 반면에 이 말이 거짓이라면 모든 크레타 사람은 다 거짓말쟁이가 아니므로 크레타 사람인 그는 참말을 하고 있는 셈이므로 그 자체로 그의 말은 거짓이 되어 또 모순이다. 그래서 이 문장은 해결 방법이 없다.

거짓말쟁이의 역설은 문장 뜻에서 참이 거짓이 되고 거짓이 참이 되는 순환적 자기모순이 발생하여 문장이 성립될 수 없다. 이러한 원리에서 다음과 같은 명제도 생길 수 있다.

나는 지금 거짓말을 하고 있다.

진실일까, 거짓일까? 만약 이 말이 참이라면 말하는 사람은 문장 그대로 거짓말하고 있는 것을 인정하는 것이므로 이 말은 거짓말이 된다. 반대로 이 말이 거짓이라면 문장이 참(거짓말을 하고 있지 않다)이 되므로 말하는 사람이 한 말이 진실임을 인정하게 되어 이 역시 거짓말이 된다.

이 문장이 역설이 되는 이유는 자기 언급, 즉 자기 자신의 진위에 대한 판단이자 자기 자신이 거짓임을 말하는 명제, 즉 부정(否定) 명제이기 때문이다. 다시 말하면 진실을 말하면서 거짓말을 하고 있고, 거짓말을 하면서 진실을 말하고 있다. 그러므로 어떤 대답을 해도 모두 모순이며 역설이 된다.

악어의 역설은 고대 그리스의 철학자들이 자주 제기했던 흥미로운 역설 중 하나다.

아기를 빼앗은 악어가 아기의 어머니에게 문제를 내서 만약 답을 맞히면 아기를 돌려주고 틀리면 아기를 잡아먹겠다고 했다.

> 악어: 내가 네 아기를 잡아먹을 것 같나?
>
> 어머니: 너는 내 아기를 잡아먹을 거야.

어머니의 대답을 듣고 악어는 결정 불가능한 약속의 역설에 빠졌다. 만약 아기를 잡아먹고 싶었는데 어머니가 답을 맞혔다면 약속에 따라 아기를 돌려주어야 한다. 또 만약 아기를 잡아먹고 싶지 않았는데 어머니도 답이 틀렸다면 약속한 대로 먹기 싫어도 아기를 잡아먹어야 한다. 그러나 이 경우 악어는 아기를 절대로 잡아먹을 수 없다. 왜냐하면 악어가 아기를 잡아먹으면 어머니가 말한 답(내 아기를 잡아먹을 거야)이 맞았다는 것을 인정하는 셈이므로 아기를 어머니에게 돌려줘야 하기 때문이다.

악어가 제시한 약속은 두 가지 내용을 포함하고 있다.

첫째, 어머니의 대답이 맞거나 틀려야 한다는 '전제 조건'이다. 둘째, 악어는 아이를 돌려주거나 잡아먹는 '행동'을 해야 한다. 악어는 전제 조건에 따라 그에 맞는 행동을 결정해야 한다. 여기에서 역설의 문제가 생긴 이유는 어머니가 추측한 대상이 바로 악어의 행동이었기 때문이다. 이것은 악어가 어떤 행동을 취하느냐에 따라 어머니가 추측한 답의 맞고 틀림이 결정된다는 것을 의미한다. 즉 악어는 어머니의 답이 맞게 할 수도 있고 틀리게도 할 수 있다.

사실 악어가 낸 문제는 어머니가 어떤 대답을 해도 결정을 내리지 못하는 역설에 해당한다. 악어가 한 약속은 전제 조건이 결과를 결정할 수 있고 결과가 전제 조건을 결정할 수도 있다. 그러므로 악어는 반박할 수도 없고 이러지도 저러지도 못하는 딜레마에 빠진 것이다.

이야기 속의 어머니는 매우 지혜로웠다. 그녀는 악어가 아기를 잡아먹거나 돌려주는 행동이 전제 조건과 모순이 되고, 악어가 아기를 잡아먹고 싶어 안달이 날수록 절대 잡아먹을 수 없음을 알아차렸다. 그래서 어머니는 '너는 내 아기를 잡아먹을 거야'라고 대답함으로써 악어가 어떤 행동을 취하든 자신이 한 약속을 지킬 수 없게 만들었다.

만약 어머니가 '너는 내 아기를 돌려줄 거야'라고 말했다면 악어는 역설이나 자기모순에 빠지지 않았을 것이다. 아기를 돌려주든 잡아먹든 자신이 한 말에 약속을 지킨 것이기 때문이다. 즉 만약 악어가 아기를 잡아먹는다면 이것은 어머니의 답이 틀렸다는 것을 증명하는 것이므로 아기를 돌려주지 않아도 된다. 만약 아기를 돌려준다면 어머니가 답을 맞힌 셈이므로 악어는 자신이 한 약속을 지킬 수 있었을 것이다.

악어의 역설은 거짓말쟁이의 역설과 비슷한 논리를 갖고 있다. 두 가지 모두 세계적으로 유명한 철학 사변 역설이며, 부정적이면서 '자기 언급' 성격을 가진 문장들이다.

바벨탑은 바빌론탑으로도 불리며 《구약성경》〈창세기〉
제11장에 나오는 개념이다. 바벨탑은 당시 사람들이 힘을
모아 건설한 하늘로 통하는 높은 탑이다.

사람들이 여기저기 옮겨 다니다가 한 들판에 자리를 잡고 이
곳에 도시를 세우고 하늘에 닿는 탑을 쌓으려 하자 이 계획을 막기 위해 하나님께
서 사람들이 쓰는 말을 섞어 서로 소통하지 못하게 했다. 이 때문에 하늘에 가려던
사람들의 계획은 실패했고 사람들은 그 뒤로 각지로 흩어져 살았다.

바벨(Babel)은 히브리어로 '혼돈'을 의미한다. 그래서 이 탑을 바벨탑으로 부
른 것이다. 어떤 사람이 '혼돈'을 '바빌론'으로 번역하여 사람들이 세우려고 했
던 도시를 바빌론성, 탑을 바빌론탑으로 부르게 되었다. 또 바빌론어로 '바
벨'과 '바빌론'은 '신의 문'이라는 의미를 갖고 있다.

바벨탑에는 '하나님의 뜻'과 하나님의 뜻을 거슬러 '세계를 바꾸려 하는
인간'이라는 두 가지의 부조화가 담겨 있다. 자연에 맞서는 인간의 이야기는
영웅의 기백이 있지만 동시에 비극성을 띤다. 오늘날 사람들은 바벨탑을 종
교적인 건축물로 여긴다. 바벨탑 이야기는 인간이 지나치게 거만하고 제멋대
로 굴면 결국 혼란의 결말을 맞게 된다는 교훈을 말하고 있기 때문이다. 또
이 이야기는 우리에게 자연과 조화를 이루고 자연에 순응하는 것이 대대손
손 번창하는 유일한 방법이며 무절제한 요구는 인류의 멸망을 초래한다고
경고하고 있다.

그런데 뒤집어 생각해보면 바벨탑 건설을 도중에 그만두게 된 까닭은 인
간들이 서로 시기하고 질투했기 때문이다. 이 이야기에서 단체의 협동은 믿

음을 기초로 해야 한다는 사실을 알 수 있다. 이것은 현대사회를 살아가는 사람들에게 꼭 필요한 부분이다. 사회 발전을 이루려면 협동 작업이 이루어져야 한다. 또 사람들이 서로 조화를 이루며 살기 위해서는 믿음이 필요하다. 우리에게는 사회를 고쳐나갈 책임이 있으며 나날이 번창하면서도 살기 좋은 따뜻한 사회를 만들어야 한다.

이런 관점에서 보면 바벨탑 이야기는 우리가 잊고 지내는 가치를 되찾으라는 메시지이기도 하다.

서로 오해가 없고 소통을 하며 인간과 자연이 하나가 되는 세계!

사람들은 원래 하늘에 직접 닿는 탑, 즉 바벨탑을 만들려고 했다. 서로 말이 통할 때에는 공사도 순조롭게 진행되었다. 그러나 하나님이 이 계획을 알고 노여워하여 사람들의 언어를 뒤섞어 서로 다른 언어를 쓰게 만들었다. 이 때문에 사람들은 서로 의사소통이 불가능해졌고 의견을 일치시키기 어려웠다.

그러자 사람들이 서로 시기 질투하는 현상이 벌어졌다. 각자 자신의 의견만 고집하고 치고받고 싸우기 일쑤였다. 이것은 단순히 물질적 풍요에 관한 문제가 아니다. 다른 언어를 받아들일 수 있는지, 진심으로 남의 이야기를 들어줄 수 있는지, 서로 존중하고 이해할 마음이 있는지의 문제다. 바벨탑을 끝까지 완성하지 못했다는 것은 인간의 오해가 시작되었음을 의미한다.

불통과 소통은 바벨탑 이야기에서 제시하는 철학 이치 중 하나다. 예나 지금이나 서로 다른 두 개체가 문화 교류를 하는 데는 어느 정도 장애와 어려움이 존재한다. 문화 배경과 언어가 다르기 때문이다. 그러나 사물 사이에도 끊을 수 없는 관계가 존재한다.

사람이나 지역이나 국가는 독립적으로 존재할 수 없으며 교류와 소통을 해야 한다. 불통은 바벨탑 이야기의 한 부분일 뿐이다. 따라서 '진정한 소통'

을 이루는 것이 이 이야기가 우리에게 전하려는 가장 중요한 메시지며 전 세계인이 귀담아들어야 할 주제라고 볼 수 있다.

지금과 같은 국제화 시대에 다문화 교류를 위해 우리는 적극적이고 긍정적인 태도를 지니며 희망찬 미래를 꿈꿔야 한다. 이것은 개인들도 마찬가지지만 서로 다른 문화와 민족 단위에서도 실천해야 한다. 문화 차이를 인정하고 받아들일 때 사회는 조화를 이룰 수 있다.

대(大) **피터르 브뤼헐이 그린 바벨탑.**

바벨탑은 《구약성경》 〈창세기〉 제11장에서 나오는 개념이다. 바벨탑은 당시 사람들이 힘을 모아 건설한 하늘로 통하는 높은 탑이다. 바벨탑에는 '하나님의 뜻'과 하나님의 뜻을 거슬러 '세계를 바꾸려 하는 인간'이라는 두 가지의 부조화가 담겨 있다. 자연에 맞서는 인간의 이야기는 영웅의 기백이 있지만 동시에 비극성을 띤다. 무엇보다 바벨탑 이야기에서 제시하는 철학 이치는 불통과 소통이다. 서로 오해가 없고 소통을 하며 인간과 자연이 하나가 되는 세계! 이 얼마나 좋은가.

자연 순응과 자연 회귀의 차이

무엇이 '자연 순응'인가? 자연 순응은 자아의 반응과 주동적인 참여가 있어야 하며 외부 세계와 상호작용이 이루어져야 한다. 그렇기에 자연 순응은 여유롭고 적극적이며 건강하다. 여기서 순응은 피동적으로 복종하는 게 아니라 적극적으로 따르고 어울린다는 의미다.

'자연'은 세 가지 뜻이 있다. 첫째, '자연계'다. 우리가 보통 말하는 자연 순응의 자연이 바로 이 뜻이다. 자연계의 힘은 무궁하며 자연 순응은 자연을 정복하고자 하는 생각을 바꾸는 것이다. 둘째, '자유로운 것'으로 비인위적인 것을 말한다. 셋째, '당연히 그러한 것'이다. 생명 본원으로 돌아가는 것은 자연 순응의 법칙이다. 자연의 발전 법칙을 알고 행동하는 지혜를 발휘하면 모든 일이 잘 풀리지만, 반대로 모르면서 멋대로 행동하면 벌을 받게 된다. 그러므로 자연 순응은 곧 인간의 일과 자연계의 일에 순응하는 것을 말한다.

먼저 인간의 일에 순응하는 것은 일상생활에서 자연의 도를 따라 일을 하되 침착하고 태연자약하게 하는 것이다. 자연에 순응하는 사람은 적극적인 인생 목표를 갖고 지혜롭고 주동적으로 행동한다. 자연 순응은 한편으로 인생을 대하는 태도며, 다른 한편으로 자연을 존중하고 따르는 것이다. 자연에 순응하는 삶을 살면 좋은 환경과 완벽한 생활 체계를 유지하며 우리의 생활 공간과 행동 방식이 자연과 조화를 이루도록 할 수 있다.

그렇다면 '자연 회귀'란 무엇인가? 이는 인간이 자신이 세운 작은 세상 안에 갇혀 살 수 없으며 언젠가 대자연으로 돌아가야 함을 의미한다. 자연 회귀는 인간 중심의 사고에서 벗어나 자연과 인간이 평등하고 조화로움을 인정하는 것이다. 자연으로 돌아가려면 먼저 자신의 마음으로 돌아가야 한다. 좋지 않은 기분과 작별하고 삶의 어두운 그림자에서 벗어나 마음속의 고민도 훌훌 털어버리자. 불평불만으로 하루를 보내서는 안 되며 마음이 자연으로 돌아갈 수 있도록 마음의 문을 활짝 열어야 한다.

인류의 발전 과정에서도 우리는 자연으로 회귀할 수 있는 길을 찾을 수 있다. 물질의 풍요를 감사하게 생각하면서 동시에 시대의 발전에 경외심을 느끼고 자연의 아름다움을 존중하는 것이다. 고층 빌딩 숲속에 살고 있는 우리에게 자연 회귀는 자동차 매연 속에서 꿋꿋하게 자라나는 가로수에 대한 고마움을 잊지 않게 한다. 또 도시 군데군데 남아 있는 녹음이 무참하게 베어지지 않길 바라며, 단조롭고 무미건조한 사람들 틈에 살면서 감정 없이 주고받는 문자 메시지에 소박하고 순수한 마음을 빼앗기지 않게 하며, 선량한 마음으로 자연을 숭배하고 온 마음을 다해 전통이 숨 쉬는 문화의 흐름을 느끼게 한다. 이것이 바로 자연으로 돌아가는 것이며 대자연 속에서 진리를 깨닫는 것이다. 인류가 진보할 수 있었던 까닭은 대자연의 은혜 때문이다. 자연은 우리에게 지혜를 주었고 생존의 공간을 마련해주었으며 생명 번식의 힘을 부여해주었다.

만물의 근원은 물인가

탈레스.

만물의 근원은 물이다. 이 철학 문제는 옛날부터 지금까지 중국과 서양의 많은 철학자들이 토론한 명제로 철학자 탈레스(Thales)가 제기했다.

그는 만물은 모두 생과 사가 있는데 오직 물만이 영원히 존재하며, 만물은 물에서 기원하고 물로 되돌아가며 물의 습기가 사물 운동의 변화와 발전을 일으키는 힘이라고 생각했다. 물은 어디에나 있으며 물의 원동력이 사물을 운동하고 변화하며 질서정연하게 만든다는 것이다. 탈레스는 물의 원동력을 신기한 힘으로 보았는데 그것은 바로 만물에 존재하는 영혼이다. 이 때문에 그는 물이 만물의 근원이며 만물이 생존하고 변화 발전하는 본질이자 원인으로 보았다.

탈레스 이외에 중국의 관중(管仲)도 물이 만물의 근원이며 모든 것은 물에서 기원한다고 주장했다.

그는 물은 생명과 밀접한 관계가 있으며 최초의 교통 방식으로 인간의 생산 활동에 큰 역할을 한다고 생각했다. 물은 인간을 위해 배라는 교통의 편리를 제공하며, 인간은 물을 통해 처음으로 물자 교류와 문화 전파를 시작했다. 이처럼 관중의 물 근원설은 원인과 질서의 견해를 포함하고 있다.

탈레스와 관중이 제기한 물 근원설은 모두 세계에 대한 감성 인식에서 기원하며 그중에서도 초보적인 추상적 개괄을 포함한다. 즉 물은 만물 중에서 가장 보편 속성을 지닌 물질이다.

하지만 자연과학의 발전에 따라 철학 명제로 여겨졌던 물 근원설은 자연과학의 명제가 되었으며 '물은 만물의 근원이다'라는 명제도 거짓 명제가 되었다.

만물의 근원은 수(數)다. 이것은 고대 그리스 초기의 유명한 철학자 피타고라스(Pythagoras)가 제기한 명제다. 그는 만물은 모두 수며 수야말로 만물의 원형으로, 모든 물질은 수를 모방한 모사본이라고 생각했다.

이에 따르면 수의 원칙은 모든 현상을 통치하고 수량 관계는 사물의 성질을 결정하며 모든 사물은 이미 정해진 수량의 비율을 근거로 구성된 조화로운 질서다. 피타고라스는 만물의 근원인 1이 2를 낳고, 2는 1에 속한 부정 질료며, 1은 원인이라고 생각했다. 그래서 완만한 1과 부정한 2에서 각종 숫자가 만들어진다고 보았다.

수는 점을 만들고 점은 선을 만들며 선은 면을 만들고 면은 입체를 만든다. 피타고라스는 수의 원소를 홀수와 짝수로 나누었다. 홀수는 유한하고 짝수는 무한하며, 수는 이 두 원소로 구성되며 세계도 이 두 원소로 만들어진다. 피타고라스는 수를 물질세계의 기초로 보았으며 또 일부 비물질세계도 수로 여겨 수에 신비한 색채를 부여했다.

피타고라스가 제기한 수 근원설은 인류의 인식 역사에서 매우 큰 진보였다. 이는 그동안 인류가 세계의 생성, 존재, 발전을 구체적인 형상으로 해석한 것에 대한 불만의 표출로, 인류가 복잡한 현상세계를 꿰뚫고 사물 간의 수의 비율 관계를 이해하며 수의 법칙을 내포하게 되었음을 의미한다. 그러나 이 명제도 수의 절대화 경향을 지니고 있다.

여성들을 가르치고 있는 피타고라스.

물질이
먼저인가,
의식이
먼저인가

물질과 의식의 제1성(第一性) 문제는 중대한 이론 문제며 철학의 기본 문제가 포함하는 두 가지 방면 중 하나다. 이 문제는 유물론과 유심론으로 나누어볼 수 있다.

변증법적 유물론은 물질이 첫 번째고 의식이 두 번째라고 생각한다. 물질은 인간의 의식에 의지하지 않으며 인간의 의식에 의해 반영된 객관적 존재다. 물질은 세계의 근원이며 물질이 의식을 결정하고 의식은 물질에 대한 객관적 반영으로 능동 작용을 한다.

한편으로 세계는 객관 존재의 물질세계며 주관 의식은 반드시 객관 존재에 부합해야 한다. 다른 한편으로 정확한 의식은 정확하게 객관 사물을 반영해야 하며 의식이 객관 사물에 반작용하는 것을 나타내야 한다. 이것은 인간이 효과적으로 실천 활동을 하도록 안내하며 객관 사물의 발전에 도움이 된다. 반면에 잘못된 의식은 인간의 활동을 잘못된 길로 이끌고 객관 사물의 발전에 방해가 된다.

이에 비해 유심론은 의식이 첫 번째고 물질이 두 번째며 의식이 물질을 결정하고 물질은 의식과 사유의 파생물이라고 주장한다.

사회주의 현대화 과정에서 물질문명은 정신문명 건설에 물질적 기초와 경제적 기초를 마련해주었다. 이는 물질이 의식에 대한 결정 작용임을 반영하고 있다. 정신문명 건설은 사회주의의 중요한 특징이며 사회주의 현대화 건설의 중요한 목표로 경제 발전과 사회 진보에 큰 정신적 힘을 제공했다. 이것은 의식이 물질에 대한 반작용임을 반영하고 있다.

그러므로 의식이 물질을 결정한다는 유심론 관점은 잘못이며 변증법적 유물론의 관점처럼 물질이 의식을 결정하며, 물질이 첫 번째고 의식이 두 번째며, 의식이 물질에 대해 반작용을 갖고 있다고 말할 수 있다.

백마는 말이 아니다. 즉 백마비마론(白馬非馬論)은 중국 전국시대에 공손룡(公孫龍)이 《공손룡자》〈백마론〉에서 주장한 명제다.

백마는 진짜 말이 아니다. 여기에서 백마는 흰색의 말, 즉 특정 속성을 지닌 동물을 가리키고 말은 말이라는 동물, 즉 생물 분류상의 통칭이다. 이 명제의 관점은 '아니다[非]'에 있다. 여기에서의 의미는 '아니다'지만 '~이다'의 의미는 여러 가지가 있다. 기본적으로 '~에 속하다'의 의미가 있으며 '~을 포함한다', '~와 같다'라는 논리 관계의 의미도 있다. 그러므로 '백마는 말이 아니다'는 백마가 말에 속할 수 있지만 말과 같을 수 없다는 의미다.

철학적으로 이 명제는 일반과 특수, 보편성과 개성의 관계로 나누어볼 수 있다. 일반과 특수의 관계로 보면 말과 백마는 차이가 있다. 일반적인 말은 모든 말에 대한 보편적인 통칭이며 특수한 백마는 털색이 하얀 개성을 지닌 말의 한 종류다.

결론적으로 말하면, 공손룡의 백마비마론은 철학 측면에서 백마라는 특수 개념과 말이라는 일반 개념의 차이를 구별한 것으로 그 둘을 구별한 것은 타당한 요소가 있다. 그러나 그는 본질적으로 백마가 말이라는 것을 부정했다. 이것은 우리가 알고 있는 상식과 어긋나며 그런 이유로 궤변론의 예로 자주 등장한다.

왜 긍정이 곧 부정일까

긍정이 곧 부정이다. 이 유명한 명제는 바뤼흐 스피노자 (Baruch Spinoza)의 실체설에서 기원한다. 스피노자는 실체를 '자신에게 있고 자신을 통해 인식되는 것'이라고 생각했다. 바꾸어 말하면 실체 개념의 형성은 다른 개념의 도움을 필요로 하지 않는다. 실체의 정의로 보면 실체는 다른 물질에 의존하지 않으면서도 독립적으로 존재할 수 있는 것으로 다른 물질에 의해 생기거나 창조되는 게 아니다.

그래서 실체는 무한하다고 말하는 것이다. 무한한 사물에 대해 질적 규정성이 있을 리 없다. 원인은 인간이 사물에 대해 여러 규정을 만드는 동시에 규정 이외에 존재하는 사물을 없애기 때문이다. 이성이 장악하는 사물은 존재의 작은 일부분일 뿐이다. 더 많은 사물은 아무도 모르는 깊은 곳에 숨어 있다. 그래서 어떠한 형식으로든 존재하는 규정이나 긍정은 모두 일종의 제한이 된다. 무한성의 실체 같은 경우는 어떠한 제한도 존재할 수 없다. 그렇지 않으면 그것은 자신을 통해 인식될 수 없다.

결론적으로 말하면 스피노자는 '긍정이 곧 부정이다'라는 명제를 통해 진정으로 원만한 것은 규정할 수 없다고 주장하고 있다. 왜냐하면 규정 자체는 다른 사물이 되는 가능성을 제외하면 원만해질 수 없기 때문이다.

철학적으로 살펴보면 스피노자의 이 관점은 긍정과 부정 사이의 변증 관계를 나타낼 뿐만 아니라 인간의 인식과 언어의 제한성을 드러내고 있다. 사물에 대한 인식은 그것을 부정하는 것에서 이루어진다. 그래서 '긍정이 곧 부정이며 규정이 곧 제한이라고 말하는 것이다. 반대도 마찬가지다. 부정도 사실 긍정이다. 그래서 강한 부정은 긍정이라고 말하지 않는가!

바뤼흐 스피노자의 초상화.

무용지용(無用之用)은 《장자》 〈인간세〉에 나온 말로 원문은
다음과 같다.

> 산의 나무는 스스로 자신을 해치며, 등잔불은 스스로를 태우
> 며, 계피는 먹을 수 있기 때문에 사람들이 베어가며, 옻나무는
> 쓸모가 있기 때문에 사람들이 잘라 간다. 사람들은 모두 쓸모 있음의 쓸모만 알
> 고, 쓸모없음의 쓸모는 아무도 알지 못한다.

무용지용은 '쓸모없는 것의 쓸모'라는 뜻으로 쓸모없는 것이 곧 큰 쓸모임
을 말한다. 철학적으로 살펴보면 '쓸모없는'의 '쓸모'는 과학 지식의 용도를 가
리킨다. 그러나 과학 지식 자체는 실용적인 부분이 없다. 실용적인 것은 기술
이다. 또 '쓸모'에는 보편적 이치가 존재하지만 여기에서는 구체적인 사물을
벗어난 철학을 가리킨다. 그러나 구체적인 사물을 벗어났기 때문에 쓸모없는
것이며 그것이 보편적 이치기 때문에 쓸모 있는 것이다.

철학 자체는 우리에게 이러한 '쓸모없는 것이 쓸모가 있음'을 보여주고 있
다. '쓸모없다'라고 말하는 것은 철학이 구체적인 지식이나 기술과 달리 구체
적인 문제를 해결할 수 없기 때문이다. '쓸모가 있다'라고 말하는 것은 철학
영역의 지식과 행위 과정에서 끊임없는 지혜의 탐구로 진선미의 통일을 이끌
기 때문이다.

그러므로 '쓸모없는 것의 쓸모', 이 말은 궤변이 아니라 실제 경험에서 나온
말이라고 할 수 있다. 사물의 유용과 무용을 구별하는 것은 인간의 경험과
습관을 근거로 하는 것이지 사물에 존재하는 본질적인 규칙에 근거하지 않
는다.

진정한 의미에서 살펴보면 유용은 우주 만물의 자연적인 본성을 인간이 간섭하여 그것들을 인간의 요구에 맞게 변화·발전시킨 것이다. 무용은 모든 객관적 사물이 인간의 요구와 맞지 않아 그것들을 고유의 본질적 속성에 따라 운동하고 변화·발전시킨 것이다. 이로써 보면 유용은 인간에게 유용하고 사물에는 무용하며, 무용은 사물에 유용하고 인간에게는 무용하다.

이 때문에 장자는 '도(道)의 관점에서 만물을 살핀다'고 했다. 본질적인 측면에서 말하면 만물은 모두 이용할 수 있는 측면에서 존재한다. 다만 어디에 이용하느냐가 다를 뿐이다.

'장님 코끼리 만지기'는 불경에 나오는 이야기로 《장아함
경》 19권에서 볼 수 있다. 이것은 단편적인 이해나 국한된
경험을 근거로 사물을 아무렇게나 추측하여 전체를 판단
한다는 의미로, 일부를 전체로 여기거나 단편적으로 문제
를 보는 것을 비유할 때 많이 언급한다. 이 이야기에서 풍
자하는 대상은 바로 시야가 좁은 사람이다. 두 가지 측면에서 생각해보자.

첫째, 철학의 인식론으로 살펴보면 인간의 세계에 대한 인식은 단편적이
고 국한되어 있다. 문제를 볼 때도 사람들은 사물의 전체 모습을 이해하는
게 아니라 자신의 주관적인 추측대로 판단을 내린다. 그 결과 잘못된 인식이
생기고 세계에 대한 인식도 편차가 생기게 된다.

둘째, 철학의 부분과 전체 관계로 살펴보면 장님들이 만진 것은 코끼리의
일부분이다. 그러나 그들은 자신이 만진 곳을 코끼리의 전체로 여긴다. 이는
근본적으로 부분과 전체의 관계를 이해하지 못했기 때문에 발생한 것으로
나무만 보고 숲을 보지 못하는 현상과 같다.

'장님 코끼리 만지기'는 무언가를 보고 판단하기 전에 우선 전체적으로 자
세하게 사물을 인식하고 이해해야 한다는 철학의 이치를 담고 있다.

자신이 이해한 내용만 갖고 쉽게 결론을 내려서는 안 된다. 부분과 전체
의 관계를 파악하면 문제를 정확하게 볼 수 있다. 보이는 것만 믿어서는 안
되며 일부만 보고 전체를 소홀히 해서도 안 된다. 전체적으로 바라보고 전체
와 부분의 관계를 분명하게 이해해야 사물을 정확하게 인식하고 이해할 수
있다.

선(禪)에 대해 말하기를 '말로 할 수 없다. 말로 할 수 없다.'라고 한다. 그것이 바로 선불가설(禪不可說)이다. 선의 경지는 어마어마하여 인간의 생각으로는 미치지 못하며 말로도 나타낼 수 없으므로 오직 마음으로 깨달아야 한다는 의미다. 세상에는 이해는 할 수 있지만 말로 표현할 수 없는 것투성이다. 꽃이 세계며 풀이 천당이며 미소가 속세의 인연이며 생각이 고요함이다. 이 세상 모든 것이 마음의 경지다. 즉 마음에 물(物)이 없다면 꽃은 세계가 될 수 있으며 풀은 천당이 될 수 있다.

한자로 선을 이야기해보자. 선은 한자가 처음 만들어졌을 때 부여받은 의미를 간직해왔다. '禪'의 글자꼴을 살펴보면 왼쪽이 보일 시(示)고 오른쪽이 홑 단(單)이다. '시'는 '나타나다, 드러나다'의 뜻이고 '단'은 '하나'라는 뜻이다. 여기에서 보면 선은 하나에 대한 표현으로 선이 곧 하나다.

그렇다면 왜 하나인가? 지구도 하나고 나라도 하나며 성(省)도 하나다. 그런데 선은 글자꼴이 지닌 함의뿐만 아니라 더 많은 의미를 갖고 있다. 그것이 바로 선심(禪心)과 선의(禪意)다. 선의 마음[心]과 선의 뜻[意]을 말로 표현할 수 있는가? 그것은 불가능하다. 선은 느끼고 체험하여 터득할 뿐이다.

우리가 마음속으로 느끼고 체득하는 것은 분명 문자와 언어를 통해서도 표현할 수 있다. 그러나 문자와 언어도 느낌에 대한 표현 방식일 뿐이지 실제 느낀 것을 똑같이 표현할 수 없다. 누구나 자신이 체험한 것을 언어로 표현하기 어려운 경우가 있었을 것이다. 달리 말하면 똑같은 말이라도 사람들마다 인식하고 이해하는 정도가 다르다. 그렇다면 선은 도대체 무엇인가?

선종의 6조인 혜능대사가 말했다.

물을 마신 자만이 물이 차고 따뜻한지를 아는 것과 같다.

이처럼 선은 말하지 않아도 스스로 알 수 있다. 선 역시 살아 있어서 시시각각 변화하고 있다. 왜냐하면 우리의 체험과 느낌도 살아 있어서 시시각각 변화하고 있기 때문이다. 그러므로 선은 선심과 선의가 중요하다.

가장 중요한 것은 선종에서 강조하는 이심전심과 신화상전(薪火相傳)[14]이다. 선이 흥성할 수 있었던 까닭은 불립문자(不立文字) 때문이다. 불립문자는 '문자를 세우지 않는다'는 뜻으로, 따로 언어나 문자에 의지하여 교리를 세우는 게 아니라 마음으로 도를 깨우침을 말한다. 선종에서 문자는 중요한 게 아니다. 그러나 당·송 교체 시기부터 불립문자의 선종은 '불리문자(不離文字)'로 변하여 문자로 전해지게 되었다. 선은 문자유희와 공염불로 변하여 생명에 대한 체험을 상실하고 점점 쇠퇴했다.

불립문자는 교리를 전수하는 사람뿐만 아니라 불성(佛性)을 배우는 사람들도 문자에 의지하지 않음을 의미한다. 또 불립문자는 언어의 표현 능력에 대한 의심의 태도가 반영된 것으로, 언어와 문자는 뜻을 전달하기도 하지만 뜻을 가리기도 한다. 불학(佛學)과 불교는 가장 정미(精微)하고 심오한 이치며 그것은 불경의 언어와 문자 밖에 있다고 할 수 있다.

최고의 진리는 말로 표현하지 못한다. 선종의 언어는 종교적 언어인 동시에 신도들을 절대적이고 초월적인 사고로 이끌었다. 이 때문에 눈앞의 현상에 얽매이지 않는 이상(離相)과 이경(離境)과 무념과 무심의 학설이 생겼다.

또 참선하는 자는 침묵을 해야 한다. 말이 없는 것도 일종의 교류 방식이다. 무언 속에서 더 자세하게 관찰할 수 있다. 참선하는 자는 모든 것을 이해하지만 많은 말을 하지 않는다. 사실 말을 해도 소용이 없다. 왜일까? 당나라 말기의 승려 시인 관휴(貫休)가 지은 〈서석벽선거옥벽(書石壁禪居屋壁)〉에 그 답이 있다.

선승(禪僧)들 짧은 만남 동안 깨닫는 자 몇이나 될까.

---

14) 불씨를 꺼뜨리지 않고 서로 전한다는 뜻으로, 제자에게 대대로 전수함을 의미한다.

일념에
집착하지
않는다

일념에 집착하지 않는다. 이것은 '생각 내려놓기'를 말한다. 바로 부처가 말한 '일념을 내려놓으면 모든 것이 편안하다'라는 뜻과 상통한다.

여기에서 일념이 가리키는 것은 무엇인가?《예기》〈예운(禮運)〉에서 말한 칠정(七情), 곧 기쁨[喜], 노여움[怒], 슬픔[哀], 두려움[懼], 사랑[愛], 미움[惡], 욕망[欲]이다. 또는 오온(五蘊)[15]일 수도 있다. 아니면 이것들이 전부 아닐 수도 있다. 문제는 바로 집착이다. 칠정과 육욕(六欲)[16]은 원래 나쁜 게 아니었다. 단지 마음속의 지나친 집착 때문에 나쁜 것으로 변했다.

지나친 집착 때문에 해서는 안 되는 줄 알면서도 하는 것이다. 지나친 집착 때문에 머무르면 안 되는 줄 알면서도 억지로 만류하고, 지나친 집착 때문에 얻지 못할 줄 알면서도 구하려고 애를 쓴다. 집착에 따라 일념에 얽매이는 정도가 달라진다. 아무런 가치도 없는 일에 지나치게 고집을 부리지 말고 자신과 다른 사람에게 더 큰 여지를 남겨두어야 한다. 그러나 늘 스스로 '너무 집착하기' 때문에 매번 자신을 극한의 상황으로 몰고 가 되돌릴 수 없게 만든다.

내려놓기, 사람들은 무의식적으로 이것을 '잃어버리는 것'과 똑같다고 여기며, 내려놓기가 소극적인 행위라고 생각한다. 그러나 내려놓아야 진정한 해방과 자유를 얻을 수 있다. 일념을 내려놓으면 모든 것이 편안하다. 불가의 이 말은 여러 면에서 많은 것을 의미하고 있다.

그렇다. 인생에서 당한 모든 곤혹스러운 일들을 만약 마음에서 내려놓으

---

15) 불교 용어로 생멸·변화하는 모든 것을 구성하는 다섯 요소. 곧 육체의 색온, 감각의 수온, 개념 또는 표상의 상온, 마음 작용의 행온, 인식의 식온을 이른다.

16) 눈, 귀, 코, 혀, 몸, 뜻의 여섯 가지 근원을 통하여 일어나는 여섯 가지 욕정. 색(色), 미모, 애교, 말소리, 이성의 부드러운 살결, 사랑스러운 인상에 대한 탐욕이다.

면 하늘이 드넓어지고 땅이 광활해짐을 느끼고, 인생에서도 견디기 힘든 일들이 더 이상 일어나지 않을 것이다. 이것이 바로 중국 속담에서 말한 '한 걸음 물러나면 더 넓은 세상을 볼 수 있다'는 것이다. 일리 있는 말이다.

내려놓아야 비로소 해탈의 경지에 오를 수 있다. 내려놓기, 이것은 바로 생활의 지혜다. 내려놓기는 어쩔 수 없이 하는 게 아니라 마음이 그렇게 움직이기 때문에 편안하게 저절로 하는 것이다. 내려놓기는 포기가 아니라 포용이자 깨달음이다.

인생도 마찬가지다. 어떤 일들은 지나치게 마음에 담아둘 필요가 없으며, 어떤 물건들은 몇 년 동안 집 안에 쌓아둘 필요가 없다. 내려놓아야 할 때 내려놓아야 집착에서 벗어날 수 있으며 나의 행복과 즐거움을 지킬 수 있다. 내려놓기의 의미를 이해하고 일념에 집착하지 않아야 진정한 즐거움과 행복을 얻을 수 있다. 일념으로 가득 찬 마음을 내려놓을 수 있으면 모든 일에서 해탈과 자유를 얻을 수 있다.

하지만 아이러니하게도 우리 인생에서 가장 어려운 일이 바로 내려놓기다. 자신이 좋아하는 것들을 내려놓기란 쉽지 않다. 문제는 자신이 좋아하지 않는 것들도 내려놓지 못하고 있는 것이다. 이 때문에 사랑과 증오의 생각이 마음속에 늘 도사리고 있으며, 이 때문에 해탈과 자유의 경지에 오르지 못한다. 수행은 생각처럼 쉬운 일이 아니다.

그러므로 우리는 스스로 인생의 주인공이 되어 자신의 번뇌를 다스리고 자신에게 소중한 것들, 사람과 일을 포함하여 하나도 예외 없이 포기할 줄 알아야 한다. 그렇게 되면 '마음에 막힘도 거리낌도 없고 어떤 두려움도 없으며 전도되어 헛된 꿈같은 일을 멀리하여 열반에 이르게 되는' 무아(無我)의 경지에 이를 것이다. 인간 세상의 사물은 변화무상하므로 애지중지하는 사물에 지나치게 집착하면 끝까지 내버리지 못하게 된다.

꽃 한 송이에서 비롯된 염화미소

염화미소는 염화일소(拈華一笑)라고도 한다. 이것은 《대범천왕문불결의경(大梵天王問佛決疑經)》에 나오는 불교 용어다. 부처의 염화미소는 2500여 년 동안 전해 내려온 비밀로, 당시 마하가섭(摩訶迦葉)만이 그 뜻을 깨닫고 미소로 답했다. 이것은 선종의 시작을 알리는 사건이었다.

어느 날 대범천왕이 영산에서 석가모니에게 설법을 청했다. 대범천왕은 뭇사람을 이끌고 연꽃을 석가모니에게 바쳤다. 예식이 끝나고 난 뒤 사람들이 물러나 자리에 앉자 석가모니가 연꽃 한 송이를 들고 아무 말 없이 대중들에게 보였다. 사람들은 그의 행동이 무슨 뜻인지 깨닫지 못하여 서로 얼굴만 쳐다보았는데 제자 마하가섭만이 그 뜻을 깨닫고 미소로 화답했다. 그러자 석가모니가 말했다.

나에게는 우주를 두루 비추고 만물을 포함하는 정심(精深)의 불법과 생사를 식멸(熄滅)하고 윤회를 초탈하는 미묘한 심법이 있으니 모든 거짓 형상을 벗어나 정과(正果)를 닦을 수 있다. 그중 오묘한 부분은 말로 설명하기 어렵다. 이에 나는 이심전심, 교외별전(敎外別傳)[17]을 종지로 한 가르침을 마하가섭에게 전하노라.

말을 마치고 석가모니는 평생 사용했던 자신의 가사와 발우를 마하가섭에게 물려주었다. 이후 마하가섭은 중국 선종에서 '서천제일대조사(西天第一代祖師)'의 반열에 오르게 되었다.

---

17) 선종에서, 부처의 가르침을 말이나 글에 의하지 않고 바로 마음에서 마음으로 전하여 진리를 깨닫게 하는 법.

그러나 성당(盛唐)[18] 이전의 선종 조사들은 시조인 달마(達磨)로부터 6조인 혜능에 이르기까지 염화미소를 제기하지 않았으며, 《경덕전등록》, 《전법정종기》, 《벽암록》 등의 전적에도 이와 관련된 기록이 없다. 당나라 덕종(德宗) 말년에 이르러 혜거(慧炬)가 지은 《보림전》에 처음으로 염화미소가 제기되었고, 송나라 때 심오한 문제들에 대해 활발하게 토론하기 시작하여 《연등회요》, 《무문관》, 《인천안목》, 《오등회원》 등의 선종 관련 서적에 그 내용이 보인다. 그중 보제(普濟)의 《오등회원》 〈칠불·석가모니불〉의 한 대목을 살펴보자.

석가가 영산에서 꽃을 집어 들고 약간 비틀어 보였다. 제자들은 뜻을 몰라 가만히 있는데 오직 가섭존자가 미소를 지어 보였다. 석가께서 말씀하시기를 "나에게는 정법안장(正法眼藏)[19], 열반묘심(涅槃妙心)[20], 실상무상(實相無相)[21], 미묘법문(微妙法門)[22], 그리고 불립문자, 교외별전이 있느니라. 이것을 마하가섭에게 부촉하노라." 했다.

선종은 이심전심을 첫 번째 종지로 삼았는데 이는 두 가지 의미를 포함한다. 첫째, 선에서 깨닫는 이치에 대해 분명하게 이해했다는 뜻이다. 둘째, 서로 말없이 마음으로 깨닫고 이해한다는 뜻이다. 이것은 스승과 제자 사이에 말을 하지 않아도 생각과 감정이 마음으로 통함을 뜻한다.

염화미소는 선종의 이치다. 이심전심은 외적 표현도 중요하지만 선종의 법

18) 사당(四唐)의 둘째 시기. 현종 2년(713)에서 대종 때까지의 시기로 이백, 두보, 왕유, 맹호연과 같은 위대한 시인이 나왔다. 이 시기에 당나라 시가 가장 융성하였다. 사당은 시의 발달을 기준으로 나눈 중국 당나라 역사의 네 시기다. 송나라 엄우가 초당, 성당, 중당, 만당으로 나눈 것을 이른다.
19) 이심전심으로 전하여지는 석가모니의 깨달음을 이르는 말. 진리를 볼 수 있는 지혜의 눈으로 깨달은 비밀의 법이라는 뜻이다.
20) 생불멸의 진리를 주관적으로 표현한 것으로 절묘한 깨달음의 불심.
21) 영원불멸의 진리.
22) 진리를 아는 마음.

마하가섭.

맥은 결국 꽃 한 송이에서 시작되었음을 말한다. 석가모니가 꽃을 들자 마하가섭이 미소를 지어 보였다. 이 아름다운 순간에 오직 깨달음만 있을 뿐이다. 선종의 법맥은 이렇게 따뜻하고 아름답게 '마음'으로 전해 내려왔다.

연꽃은 불교를 대표하는 꽃이다. 연꽃은 꽃이 핌과 동시에 열매가 열리는 독특한 특성이 있다. 그래서 우주 변화의 실상을 상징한다. 또 연꽃은 흙탕물 속에서 자라지만 더러워지지 않아 맑고 깨끗한 마음의 불성을 상징한다. 맑고 깨끗한 마음은 사물을 대할 때 조리가 분명하다. 사람들은 모두 불성을 지니고 있다. 보살은 세속에서 중생들과 함께 지내면서 더러운 진흙탕에 있어도 더러워지지 않는다. 연뿌리는 속이 비어 있는 듯이 보이지만 비어 있지 않다. 그래서 세계의 본성을 상징한다. 선종의 오묘한 도는 언어나 문자로 표현할 수 없으므로 염화미소 속에 숨겨진 뜻으로 중생들의 몽매함을 깨우쳤다.

석가모니가 전한 것은 실제로 고요하고 편안하며 아름다운 마음의 상태다. 이러한 마음 상태는 탁 트이고 얽매이지 않으며 태연자약하고 모든 것을 초탈하며 세상과 함께 영원히 존재한다. 열반 과정의 경지는 말로 표현할 필요가 없다. 오직 마음으로 이해하고 깨달아야 도달할 수 있다. 마하가섭의 미소는 그가 설법을 듣고 진리를 깨달아 마음속에 일어나는 기쁨을 깨달았음을 의미한다. 마음으로 이해하는 것은 사람과 사람 사이의 가장 완벽하고 아름다운 침묵이다.

장주(莊周, 장자)의 나비 꿈, 이것은 《장자》〈제물론(齊物論)〉
에 나오는 이야기로 만물을 평등하게 관찰하는 장자의
제물 사상을 드러낸 유명한 이야기다.

옛날에 장주가 꿈에 나비가 되었다. 훨훨 경쾌하게 날아다니
는 나비였는데 스스로 즐겁고 뜻에 만족스러워 자기가 장주인 것을 알지 못했
다. 얼마 있다가 꿈에서 깨어보니 갑자기 장주가 되어 있었다. 장주의 꿈에 장주
가 나비가 된 것인지 나비의 꿈에 나비가 장주가 된 것인지 모르겠다. 장주와 나
비는 분명한 구별이 있으니 이처럼 장주가 나비가 되고 나비가 장주가 되는 것을
물(物)의 변화, 즉 물화(物化)라고 한다.

꿈을 꾸고 난 뒤 장자는 철학 명제 하나를 제기했다.

인식 주체로서 인간은 정확히 현실과 환상을 구분할 수 있는가?

장자는 현실이 경계든 환상의 꿈이 또 다른 경계든 두 가지는 서로 다
르다고 생각했다. 즉 우리의 일반적인 상식으로는 장주는 장주고 나비는
나비다. 그러나 장자는 장주와 나비 모두 운동 중의 현상이며 형태라고 생
각했다.

장주의 나비 꿈은 두 가지의 철학 명제를 설명하고 있다. 하나는 사유 존
재의 문제다. 이야기 속에서 장주는 자신이 꿈을 꾼 것인지 나비가 꿈을 꾼
것인지 자신과 나비 사이의 진실과 허구를 알 수 없었다. '인생은 덧없는 꿈
과 같다'는 허상 속에서 자아를 잃어버리고 이 때문에 그는 존재의 진실성을

의심하게 되었으며 인간의 존재 의미와 가치 추구의 근거를 상실했다.

다른 하나는 생사물화(生死物化)다. 장주의 나비 꿈은 중국철학의 낙관주의 정신을 구현하고 생사의 사이에 꿈이라는 독특한 소통 방식을 제공했다. 망각을 통해 삶이 죽음의 경지에 들어가며 '꿈꾸는 것'으로 삶과 죽음이 소통한다. 그래서 죽음에 대한 두려움과 공포를 없애준다. 생과 사는 서로 허구가 되며 꿈속인지 현실인지 알 수 없고 현실과 꿈은 마침내 생사를 함께하여 '제물'의 최고 경지에 이르게 된다.

장자가 말한 물화의 본질은 망아(忘我)다. 장주의 나비 꿈은 외물에 대한 의심 속에서 심미의 망아의 경지에 이르렀다. 장주의 망각은 자신뿐만 아니라 명리(名利)를 좇지 않고 인생은 덧없는 꿈과 같다는 사실을 꿰뚫어보았으며 장주 자신의 마음을 초월했다고 말할 수 있다. 장자는 자신이 꾼 꿈에서 자신이 나비로 변한 것인지 나비가 자신으로 변한 것인지에 관한 사건의 묘사와 탐구를 통해 몇 가지 철학적 의미를 제기했다.

첫째, 자아 상실에서 물화 망아까지의 초월을 다루었다. 장주는 꿈에서는 매우 즐거웠지만 꿈에서 깬 뒤 기뻐하는 말 한마디도 없었다. 그러나 감정상의 희열은 언어 밖에 가득 넘쳤다. 이는 장주가 자신의 마음에 대한 호방한 초월을 실현했기 때문이다. 기대의 슬픔, 즉 인생은 꿈처럼 덧없다는 것과 자아를 잃는 비극을 벗어 던지고 용감하게 자신을 증명하고 꿋꿋하게 자신의 길을 걸어갔다. 자아 상실에서 물화 망아까지 장주는 세속을 초월하여 진정한 경지에 이르렀다.

둘째, 인생에 대한 대범한 생사관이다. '장주의 나비 꿈'은 장주가 생명을 추구하고 만물 자연과 일체가 되며 생명에 순응하고 삶과 죽음을 대하는 초탈함과 태연함을 말하고 있다. 인생이라는 길 위에는 온갖 도전이 가득 차 있고 매순간 삶과 직면하게 되는데, 이때 우리는 편안하게 미소 짓고 여유롭게 행동해야 진정한 인생을 경험할 수 있다. 현재를 살아가면서 이러한 대범한 생사관은 한 번쯤 깊이 생각해볼 만하다.

장주의 나비 꿈은 장주의 대표적인 시화(詩化) 철학으로 장주는 이를 통해 인간이 진실과 허구, 생사물화를 확실하게 구분할 수 없다는 관점을 제기했다.

《장자》〈제물론〉에 나오는 장주가 꾼 나비의 꿈을 묘사한 그림. 이것은 전국시대 도가학파의 대표 인물인 장자의 이야기로, 장자의 제물 사상을 잘 드러낸 유명한 이야기다.

어느 날, 장주가 나비가 된 꿈을 꾸었다. 한 마리 나비가 되어 자유롭게 세상을 날아다니면서도 자신이 원래 장주임을 알지 못했다. 그러나 잠에서 깨어보니 자신은 분명 장주였다. 장주 자신이 꿈에서 나비로 변한 것인지 나비가 꿈에서 장주 자신으로 변한 것인지 알 수 없었다. 하지만 장주와 나비 사이는 분명 구별이 있을 것이다. 이것이 바로 물화(物化)다.

이야기 속에서 장자는 낭만적인 상상력으로 꿈속에서 자신이 나비로 변한 것과 꿈에서 깬 뒤 나비에서 다시 자신으로 변한 사건을 묘사하였고 빼어난 필치로 인간이 진실과 허구, 생사물화를 확실하게 구분할 수 없다는 관점을 제기했다.

득의망언이란 무엇인가

득의망언(得意忘言)은 《장자》〈외물〉에 나오는 말이다.

통발은 물고기를 잡기 위한 도구인지라 물고기를 잡으면 통발은 잊어버리며, 올무는 토끼를 잡기 위한 도구인지라 토끼를 잡으면 올무는 잊어버린다. 이와 마찬가지로 말이라고 하는 것은 뜻을 알기 위한 도구인지라 뜻을 알고 나면 말을 잊어버린다.

본래 이것은 말은 뜻을 드러내는 것이므로 이미 뜻을 알았으면 더 이상 말이 필요 없음을 의미했는데, 이후에는 서로 마음이 통하면 설명이 필요 없음을 이르게 되었다. 득의망언은 왕필이 창시한 정시현학(正始玄學)[23]의 귀무(貴無)학파 주장으로, 말은 뜻을 온전하게 전할 수 없다는 의미의 언부진의(言不盡意) 사상에서 기원한다. 왕필은 말[言], 형상[象], 뜻[意]은 순차적인 관계여서 '뜻이 형상을 낳고, 형상이 말을 낳는다'고 보았다. 그는 말은 뜻을 나타내는 도구지만 그것을 지나치게 구속해서는 안 된다고 생각했다.

언부진의는 바로 말이 뜻을 '전달'할 수 있다는 의미지 뜻을 '다' 드러낼 수 있다는 게 아니다. 이것은 인간에게 줄곧 존재한 상대적 인식 수단과 절대적 인식 대상, 무한한 인식 목표와 유한한 인식 도구 사이의 모순을 구현했다.

이 때문에 사물을 인식하려면 우선 본체를 정확하게 파악해야 하고, 이치를 대하는 태도 또한 이치를 터득했으면 쓰고 썼으면 잊어야 한다. 즉 득의망언의 길을 가야 한다.

형상을 잊어야 뜻을 얻을 수 있고 말을 잊어야 형상을 얻을 수 있다. 이것이 바로 득의망언이다.

---

23) 중국 위나라 정시 연간에 하안, 왕필이 창시한 현학의 한 갈래. 정시현학 핵심 이론은 무(無)이며, '모든 유는 무에서 시작하며 무명으로 형상이 없을 때가 곧 만물의 시작'이라고 여겼다.

'지자요수 인자요산(智者樂水 仁者樂山)'은 지혜로운 자는 물을 좋아하고, 어진 자는 산을 좋아한다는 뜻으로 《논어》〈옹야(雍也)〉에 나온 말이다. 지혜로운 자는 총명하고 지식이 있는 사람으로, 일의 이치를 훤히 알아 물과 같이 두루 통하고 막힘이 없으므로 물을 좋아한다. 어진 자는 덕이 있는 사람으로 산과 같이 중후하고 늘 그 자리에 있으므로 산을 좋아한다.

사람들은 산과 물 같은 객관적 존재인 자연물에 인간의 정신이 깃들어 있다고 생각한다. 그래서 그러한 자연물을 좋아하고 사랑하며 참되고 아름다운 존재로 여긴다. 이 문장에서 알 수 있듯이 자연물은 인간의 도덕적 지조와 정신적 품격의 상징이다.

사람들은 주관적인 도덕 측면에서 자연경관에 감정을 불어넣어 자연의 아름다움을 깨달았다. 즉 자연의 아름다움은 인간의 주관적인 정신의 투영으로 사람들은 자연을 선하고 아름답게 여겼다. 이처럼 공자의 '지자요수 인자요산'은 철학과 과학이 조화를 이룬 것이다.

그래서 사람들은 '산은 물과 조화를 이루고 산을 좋아하는 자는 물을 좋아하는 자'와 조화를 이루게 했다. 어진 자와 지혜로운 자는 모두 '요산요수'의 경지를 이룬 사람들이다.

도가 하나를 낳고 하나는 둘을 낳고 둘은 셋을 낳고 셋은 만물을 낳는다

도(道)는 중국 고대 철학의 중요한 범주로 노자가 처음 제기했다. 그는 도를 통해 세계의 본원과 규칙을 설명했다. 노자가 말한 것과 뜻이 다르지만 다른 철학 유파에서도 도를 자주 거론했다. 노자가 말한 도는 만물이 존재하기 이전에 존재하는 우주의 본원이자 법칙이며, 공자가 말한 도는 중용의 도, 즉 방법이다. 반면에 불가에서 말한 도는 불교의 최고 진리인 중도(中道)를 가리킨다.

처음에 사람들은 하늘[天]을 만물 생성의 근원으로 보았는데 이때는 도의 관념이 생기기 전이었다. 그 이후 노자가 추론을 통해 '만물은 도로 말미암아 생겨난다'는 사실을 밝혀냈는데 이때 도가 처음으로 언급되었다. 《노자도덕경》에 다음과 같은 말이 있다.

도가 하나를 낳고 하나는 둘을 낳고 둘은 셋을 낳으며 셋은 만물을 낳는다.

도는 도 자체의 법칙에 근거하여 혼돈의 상태로 변화하고 이어서 음과 양을 만든다. 음양의 두 기(氣)가 서로 작용하여 화기(和氣)를 형성하고 음양의 두 기에 화기가 더해져 우주의 만물을 만든다. 노자는 우주 만물이 세 가지 기, 즉 음양의 두 기와 화기로 만들어진다고 보았다. 이것으로 도는 우주보다 먼저 있었으며 도로 말미암아 물질이 만들어졌음을 알 수 있다.

노자의 도에 관한 관점은 후대에 큰 영향을 미쳤으며 중국철학사에서 도가가 제기한 도는 여러 학파에서도 수용했다. 각 학파의 학설마다 주장한 내용은 다르지만 도는 우주 본원과 보편 법칙의 대명사가 되었으며 우주의 본원과 법칙을 탐구하는 데 촉진제 구실을 했다.

4

철학자의
품격

세계의 문명이 발전하는 과정에서 철학자들은 아주 오래전에도 존재했고 미래의 우주 세계에도 존재할 것이다. 철학자들은 '지혜'의 방패와 '비판'의 검을 들고 진리를 추구하며 세계와 인류의 본질을 탐색한다. 동서양을 대표하는 철학자들은 철학 정신의 창시자이자 수호자다. 철학자들은 극소수에 불과하지만 많은 사람들의 등대와 북두칠성이 되어 인류의 문명을 이끌고 험한 파도를 건너 지혜의 언덕을 향해 나아간다.

탈레스는 고대 그리스의 과학자이자 철학자로 서양 사상사에 최초로 이름이 기록된 사상가다. 기원전 7세기에서 기원전 6세기에 활동했던 탈레스는 '철학과 과학의 아버지'로 불린다. 그는 관찰과 이성 사유로 세계를 해석하여 '물 근원설'을 제기했다.

만물의 근원은 물이다.

탈레스는 세계를 구성하는 물질의 근원이 물이라고 밝혔으며, 고대 그리스에서 만물의 근원에 대한 철학 문제를 처음으로 제기했다.

탈레스는 이성주의 정신을 창시하여 '철학의 선구자'로 불린다. 그는 다신론자여서 세상은 영혼으로 가득 차 있으며 돌에도 영혼이 있다고 믿었다.

이것을 증명하기 위해 탈레스는 자석과 호박(琥珀)으로 실험을 했다. 그는 이 두 물체가 다른 물체를 끌어당기는 것을 보고 두 물체 내부에 눈에 보이지 않는 생명력, 즉 영혼이 깃들어 있으며 모든 만물에 영혼이 있다고 주장했다.

탈레스는 과학과 철학에서 이정표 역할을 한 인물이며 이후의 철학 발전에도 튼튼한 기초를 마련해주었다. 그래서 후대 사람들은 탈레스를 인류 역사상 최초의 과학자로 여겨 '과학의 아버지'라고 불렀다.

기원전 6세기에 활동한 파르메니데스는 서양철학사에서
'존재' 개념을 최초로 언급한 사상가다. 그는 크세노파네
스(Xenophanes)의 제자로 소크라테스 이전 철학자 중 가장
대표적인 인물이다. 스승의 영향을 받은 파르메니데스는
감각이 진실성을 갖고 있음을 부정하고 감각이 우리를
속인다고 생각했다. 그러나 모든 인지(認知)를 부정한 게 아니라 이성 사유를
통해 진실한 사물의 존재를 파악하려고 했다.

파르메니데스는 진정한 실재는 바로 존재로, 존재는 만물의 시작인 '일자
(一者, the one)'며 '일자'는 영원불변하고 유일무이하며 나눌 수 없고 불생불멸의
기본 특성을 갖고 있다고 생각했다. 그래서 파르메니데스는 헤라클레이토스
의 '만물은 흐른다'는 관점을 반박했다.

바뀔 수 있는 사물은 없다. 우리의 감각기관으로 인식하는 것은 믿을 수 없다.

파르메니데스는 감각기관이 느끼는 사물은 모두 진정한 존재가 아니며
진정한 존재는 오직 이성 사유를 통해 파악할 수 있다고 여겼다. 이처럼 파
르메니데스는 '존재와 사유 관계'의 철학 명제를 최초로 제기했다.

사유와 존재는 같다.

파르메니데스는 존재하는 것과 사유의 대상이 동일하다고 보았다. 그의
이론에 근거하여 설명해보자.

어떤 사람이 생각을 할 때 그는 분명 어떤 구체적인 대상, 즉 존재를 생각

아테네 학당의 파르메니데스.

하고, 어떤 명칭을 사용할 때 그 명칭은 틀림없이 어떤 존재하는 사물의 이름일 것이다. 따라서 사유와 언어는 단독으로 존재할 수 없으며 사유와 언어 바깥에 있는 객체 존재를 필요로 한다. 또 그때와 지금 모두 어떤 사물을 똑같이 생각하고 어떤 대상을 똑같이 말할 수 있었다면 이 사물과 대상은 모든 시간 안에 존재하고 있을 것이다. 여기에서 변화는 사물의 생성과 소멸을 포함하므로 '존재'는 변화가 없다는 결론이 나온다.

철학사에서 파르메니데스는 매우 중요한 인물이다. 그는 형이상학적 논증 방식을 창시하여 후대의 형이상학 학자에게 많은 영향을 끼쳤으며 헤겔도 이 방식을 사용했다. 이 때문에 후대 사람들은 파르메니데스가 논리를 만들었다고 여겼지만 실제로 그가 창시한 것은 논리에 기반을 둔 형이상학이었다.

안티스테네스(Antisthenes)는 고대 그리스의 철학자로 소크라테스의 제자 중 한 사람이다. 그는 키니코스(Cynicos)학파의 창시자로 기원전 5세기에서 기원전 4세기에 활동했다. 안티스테네스는 아테네 출신이지만 어머니가 노예였기 때문에 비(非)아테네인으로 분류되었다. 그러나 이것은 그가 철학에 대한 열정을 불태우는 데 아무런 문제가 되지 않았다.

토머스 스탠리의 《철학사》에 묘사된 안티스테네스.

청년 시절, 안티스테네스는 소피스트의 거장인 고르기아스(Gorgias)의 제자가 되어 소피스트의 학설을 전수받았다. 이후에 그는 소크라테스의 제자가 되었으며 자신이 소크라테스 정신의 계승자라고 생각했다. 안티스테네스는 도시국가에서 비아테네인 전용인 키노사르게스(kynosarges) 체육관에서 철학을 강의했다. 키노사르게스는 '흰 개'라는 뜻으로 키니코스학파의 명칭도 여기에서 유래했다.

안티스테네스의 학설은 주로 소크라테스가 중시한 덕(德)의 사상을 계승하여 윤리학에 집중되어 있다. 그는 미덕만이 추구해야 할 목표며 육체적 고통과 노력을 통해 얻는 쾌락만이 참된 행복으로 여기고 모든 편안함과 향락을 경멸했다. 이것이 바로 키니코스학파의 윤리 핵심이다.

안티스테네스는 박학다식하고 다재다능하여 많은 철학 이론을 주장했고 많은 저작을 남겼다. 그는 플라톤의 이데아설에 반대하고 지식과 지혜를 중시하여 지혜로운 사람이 국가를 통치해야 한다고 주장했다. 그의 윤리학 이론은 후계자들이 계승하여 높은 수준으로 발전시켰다.

인간을 소우주로 여긴 유물론자 데모크리토스

데모크리토스는 기원전 5세기에서 기원전 4세기에 활동한 고대 그리스의 유물론 철학자이자 원자 유물론의 창시자 중 한 사람이다.

만물의 근원은 원자와 허공이다.

원자는 더 이상 나눌 수 없는 물질의 입자며 우주의 모든 사물은 허공 속에서 끊임없이 운동하고 있는 원자로 구성되어 있다. 즉 원자가 결합하면 사물이 생성되며 사물의 소멸은 곧 원자의 소멸을 의미한다.

원자는 끊임없이 운동하고 있으므로 운동을 원자 고유의 속성으로 볼 수 있다. 허공은 빈 공간이지만 원자가 운동하는 유일한 장소다. 거대한 우주에 공간이 없으면 '운동'이 일어날 수 없다. 존재들 사이의 틈을 허공이 채우고 있으며 바로 그곳에서 운동이 발생한다.

이처럼 데모크리토스는 존재하는 원자뿐만 아니라 없는 것인 허공도 실제로 있다고 인정했다. 세계는 원자가 허공에서 운동하고 있기에 만들어진 것이다. 우주 안의 무수한 세계는 생성과 소멸을 끊임없이 반복하며, 인간이 존재하는 이 세계도 그 안에서 변화하고 있는 것 중 하나다.

인간을 구성하는 원자와 우주를 구성하는 원자는 모두 가장 작은 입자며 동일한 종류의 원자다. 다시 말하면 우주를 구성하는 원자는 다른 배열과 조합을 통해서 인체를 구성할 수 있다. 이러한 측면에서 '인간은 소우주다'라고 말했다.

기원전 5세기, 한 그리스 철학자가 남이탈리아에 있는 아테네 식민 도시인 투리오이의 법전을 제정했는데 이 사람이 바로 프로타고라스(Protagoras). 프로타고라스는 당시 그리스 노예제도의 중심지인 아테네를 여러 번 방문했는데 이때 민주파의 최고 정치가 페리클레스와 친교를 맺어 투리오이 건립에 적극 참여했다.

프로타고라스는 고대 그리스 북부 트라키아 지방의 아브데라 출신으로 평생 여러 지역을 돌면서 가는 곳마다 제자를 받아들여 자신의 사상과 변론술을 전수했다. 프로타고라스는 당시에 가장 존경받았던 소피스트였다. 그러나 그는 만년에 자신이 심혈을 기울여 저술한 《신들에 관하여》에서 신의 존재를 부정하여 이 때문에 신성모독으로 기소되고 이 책도 불태워졌다.

신들에 관한 한 나는 그들을 본 적이 없다. 그들이 존재하는지 존재하지 않는지도 모르며 그들이 어떤 모습을 하고 있는지도 모른다.

프로타고라스는 재판 전에 바다 건너 시칠리아섬으로 도망가다가 배가 침몰해서 익사한 것으로 추정된다. 프로타고라스의 저서는 단편적으로 남아 있는 몇몇 저술 외에 거의 실전(失傳)되었다. 그의 철학 사상은 플라톤의 《대화》 중에서 〈프로타고라스〉와 〈테아이테토스〉에 전해지고 있다.

프로타고라스는 헤라클레이토스의 '만물은 흐른다'는 사상을 받아들여, 변화하는 이 세계에 대한 감각은 진실하며 만물은 모두 끊임없이 운동하고 변화한다고 생각했다. 그는 사람들의 감각은 믿을 수 있으며 각자의 감각을 근거로 세계의 모든 사물에 대해 서로 다른 판단, 즉 참과 거짓의 구분을 결정한다고 여겼다.

인간은 만물의 척도다.

프로타고라스가 제기한 이 유명한 명제는 사물의 존재 여부가 인간의 감
각에 따라 상대적으로 달라진다는 뜻으로, 우리가 사물을 '어떻다'라고 느끼
면 사물이 곧 그러한 것이 됨을 말한다. 프로타고라스는 또 '지식이 곧 감각
이다'라는 관점을 제기하여 인간의 감각을 통해 지식을 얻을 수 있다고 주장
했다.

데모크리토스와 프로타고라스.

소크라테스는 고대 그리스의 유명한 사상가이자 철학자
며 교육가다. 그는 플라톤, 아리스토텔레스와 함께 '고대
그리스 3대 성현'으로 일컬어지며 후대 사람들은 그를 서
양철학의 창시자로 여겼다.

소크라테스는 아테네의 평범한 가정에서 태어났다. 납
작한 코에 툭 튀어나온 눈, 게다가 두꺼운 입술! 소크라테스는 추남이었지만
그 누구보다 신성하고 위대한 철학 사상을 남겼다. 그는 대부분의 시간을 거
리에서 보내면서 사람들과 다양한 문제에 대해 토론하기를 좋아했다.

무엇이 용기인가? 무엇이 미덕인가? 무엇이 민주인가? 무엇이 진리인가? 당신은
어떤 지식과 기술을 갖고 있는가? 당신의 직업은 무엇인가? 당신은 정치가인가?
만약 정치가라면 당신은 통치학에 대해 무엇을 할 줄 아는가? 당신은 교사인가?
무지를 가르치는 사람 앞에서 당신은 자신의 무지를 어떻게 극복하는가?

토론의 궁극적인 목적은 사람들에게 비판을 통해 무엇이 진정한 정의와
선인지 찾고, 그렇게 함으로써 영혼을 개조하고 도시국가를 구해야 함을 인
식시키기 위해서였다. 소크라테스는 말했다.

나의 어머니는 산파였다. 나도 어머니처럼 다른 사람의 정신적인 산파가 되어 다
른 사람들이 자신이 갖고 있는 진리를 끌어낼 수 있도록 도울 것이다.

기원전 5세기에서 기원전 4세기에 활동했던 고대 그리스
의 플라톤은 서양 문화의 위대한 사상가이자 철학자 중
한 사람이다. 플라톤은 유럽 철학사에서 최초로 객관적
유심론의 체계를 세웠으며, 이를 기반으로 한 그의 교육
사상은 《국가》와 《법률》에 실려 있다.

객관적 유심론의 창시자인 플라톤은 《국가》에서 유럽 심리학 역사상 최
초로 영혼을 지(知), 정(情), 의(意) 세 가지로 나누어 설명했다. 그는 세계를 '이
데아 세계'와 '현상세계'로 구분했다. 이데아 세계는 영원히 존재하는 세계며
인간의 감각기관을 통해 알 수 있는 현실 세계는 이데아 세계의 그림자에 지
나지 않는다. 현실 세계는 현상에 의해 만들어지며 모든 현상은 시공간 등의
요소 때문에 변화한다. 이 관점에서 출발하여 플라톤은 이데아설과 기억설
(상기설)의 인식론을 제기하고 이를 교육 이론의 철학적 기초로 삼았다.

플라톤은 인간의 모든 지식은 타고난 것으로 지식은 잠재적으로 인간의
영혼에 존재한다고 생각했다. 그러므로 지식은 세계 물질에 대한 학습이 아
니라 이데아 세계에 대한 기억에 불과하다. 교육의 목적은 구체적인 사물의
감성을 계발하며 학생들의 기억을 상기시켜 반성과 사유를 통해 영혼 안의
고유한 지식을 회복함에 있다. 이것으로 보면 플라톤의 교육 인식은 선험론
이라고 할 수 있다.

아리스토텔레스는 플라톤의 제자이자 알렉산드로스 대왕의 스승이다. 그는 세계 역사상 가장 위대한 철학자이자 과학자며 교육가로 그리스 철학의 집대성자이기도 하다.

기원전 366년, 17세의 아리스토텔레스는 아테네로 가서 플라톤의 아카데미에서 20년 동안 학문을 배웠다. 아버지의 영향을 받은 아리스토텔레스는 생물학과 실증 과학에 흥미를 가졌으며 플라톤의 영향으로 철학적 추리에도 관심을 보였다. 플라톤이 세상을 떠난 뒤 아리스토텔레스는 아테네에서 2년 동안 머물렀다.

플라톤의 뒤를 이은 아카데미의 새로운 학장 크세노크라테스(Xenocrates)는 플라톤주의자로 플라톤 철학, 그중에서 수학을 계승했는데, 아리스토텔레스는 이를 받아들일 수 없어 곧 아테네를 떠나 각지를 유랑했다.

스승은 귀하다. 그러나 진리는 더욱 귀하다.

이것은 아리스토텔레스가 한 말로 그와 스승인 플라톤의 관계를 잘 표현했다. 플라톤은 이데아는 실물의 원형으로 그것은 실물에 의지하지 않고 독립적으로 존재한다고 여겼다. 아리스토텔레스는 플라톤의 제자였지만 스승이 지지했던 유심론의 관점을 반대하고 이데아를 현실 세계 안으로 끌어들여 세계가 각종 사물의 형상과 질료에 의해 만들어진다고 주장했다. 여기에서 '질료'는 사물을 구성하는 재료며 '형상'은 사물의 개별적인 특징이다.

이를테면 여기에 닭이 있다고 하자. 닭이 날개를 퍼덕이고 꼬끼오 울며 알을 낳는 것 등이 닭의 형상이다. 그러나 이 닭이 죽으면 형상도 더 이상 존재하지 않고 남은 것은 닭이라는 질료뿐이다. 여기에서 질료는 닭이 날개를 퍼덕일 수 있는 전제로 반드시 필요한 장치다. 형상은 날개를 퍼덕이고 알을 낳는 닭이 '닭'이 되는 내적 원인이지만 만약 질료가 없다면 진정한 '닭'이 될 수 없다.

아리스토텔레스는 철학에 조예가 깊었을 뿐만 아니라 천문학, 지질학, 동물학, 생리학, 발생학, 지리학, 해부학, 물리학에도 정통했다. 한마디로 그는 고대 그리스의 학문 분야를 총망라했다. 아리스토텔레스는 일생 동안 170여 권의 저서를 저술했다. 그의 저작들은 방대한 서양철학의 체계를 세웠으며 도덕, 미학, 논리와 과학, 정치와 현학도 포함하고 있다. 이 때문에 아리스토텔레스를 백과전서식 철학자로 불렀다.

터툴리안(Tertulian)으로도 불리는 테르툴리아누스(Quintus Septimius Florens Tertullianus)는 북아프리카 카르타고에서 태어났다. 이교도였던 그는 약 195년에 기독교로 개종했다. 테르툴리아누스는 유명한 기독교 철학자이자 최초로 라틴어로 신학을 연구한 신학자로서 서양 신학 발전에 큰 공헌을 한 인물이다.

그는 그리스와 라틴 문화에 바탕을 둔 교육을 받았으며 철학, 의학, 문학도 섭렵했다. 특히 법률 소송에도 뛰어난 능력을 보였다. 테르툴리아누스는 주로 사변적인 기독교 신학과 이단에 반대하는 작품을 써서 신학 활동을 했다. 그래서 그를 '그리스 최후의 기독교 변증론자', '최고의 라틴 교부'라고 일컫게 되었다.

기독교의 신인양성(神人兩性)과 삼위일체 두 가지 교리에 대한 테르툴리아누스의 설명은 동서양 교회 정통 교리의 기초를 튼튼하게 해주었다.

그는 이성은 한계가 있으며 사람들이 이 한계와 충돌하면 곧 신앙을 믿고 미래를 개척한다는 사실을 알게 되었다. 테르툴리아누스는 인성(人性)의 능력 중에 감성 이외에 이성이 있으며, 인간의 감각기관이 도달할 수 없는 극한을 이성을 통해 보완할 수 있다고 여겼다. 또 이성 위에 신앙이 있어 이성이 도달하지 못하는 극한을 신앙을 통해 보완할 수 있다고 여겼다.

테르툴리아누스가 살아 있을 당시에는 원본의 신약 서신이 존재하고 있었는데 그는 이 기독교 경전을 《신약성경》이라고 불렀다. 그는 자신의 저서에 《신약성경》의 1800여 부분을 인용했으며 적극적으로 기독교 교회의 학설을 변호하고 그리스 철학과 로마 변론의 형식을 통해 자신의 신앙을 펼쳤다.

교부(敎父)철학 시기에 테르툴리아누스는 아우구스티누스(Aurelius Augustinus)에 버금가는 신학자이자 북아프리카 신학의 대표 인물이었다. 또 그는 라틴어로 신학을 쓴 최초의 작가로 현존하는 그의 작품은 대부분 196년에서 212년 사이에 완성되었다.

테르툴리아누스는 기독교 역사의 긴 과정에서 중요한 지위를 차지했으며 해박한 학문과 치밀한 사고, 풍부한 감성, 예리한 관찰력으로 무장한 문장으로 진리를 밝혀냈다. 테르툴리아누스는 자신이 살았던 시대에 역사의 한 획을 긋는 훌륭한 업적을 남겼으며 정통 신학의 토대를 마련했다.

테르툴리아누스.

스콜라(schola)철학은 유럽 중세기에 통치 지위를 확보한 철학으로 고대 기독교 신학의 변천과 발전을 바탕으로 발생했다. 스콜라철학의 발생과 발전은 서유럽 봉건제도의 형성 및 발전과 밀접한 관련이 있다.

토마스 아퀴나스(Thomas Aquinas)는 13세기 스콜라철학의 대표자 가운데 한 사람으로, 사후에 그는 '천사와 같은 박사' 또는 '전능한 박사'로 불렸다. 그는 자연신학 제창자 중 한 사람이자 토마스 철학 학파의 창시자였으며, 그의 이론은 기독교가 오랫동안 철학을 연구할 수 있었던 중요한 근거가 되었다. 토마스 아퀴나스의 신학은 아리스토텔레스 철학에 뿌리를 두고 있으며, 이 위대한 철학자는 기독교도들의 마음속에 교부와 같은 권위를 지닌 인물로 아로새겨져 있다.

토마스 아퀴나스의 저작은 총 글자 수가 1500만 자가 넘을 정도로 매우 많은데 그중 대다수 작품은 철학 관점을 포함하고 있다. 이를테면 《존재와 본질에 관하여》, 《명제집 주석》, 《진리에 대하여》, 《자연의 원리들에 대하여》, 《보에티우스의 삼위일체론 주석》이 그렇다. 그 밖의 대표 작품으로 《신학대전》과 《대이교도대전》이 있다. 또한 아리스토텔레스 저작의 주석서인 《분석 후서 주석》, 《형이상학 주석》, 《영혼론 주석》, 《정치학 주석》, 《윤리학 주석》, 《감각과 감각물에 관한 주석》, 《원인론 주석》을 남겼다.

토마스 아퀴나스가 중세기의 가장 중요한 철학자라는 사실은 의심할 여지가 없다. 토마스주의는 스콜라철학의 최고 성과일 뿐만 아니라 중세철학과 신학의 가장 완벽한 체계다. 토마스 아퀴나스는 당시는 물론이고 후대의 칸트, 헤겔 등에게도 매우 큰 영향을 끼쳤으며, 그의 철학적 업적은 이미 칸트와 헤겔을 능가했다.

기독교 교회는 토마스 아퀴나스를 역사상 가장 위대한 스콜라철학자이자 중세철학의 집대성자로 여긴다. 1879년에 교황 레오 13세는 〈영원하신 아버지〉 회칙을 공포함으로써 철학을 가르치는 모든 교회의 교육기관에서 철학과 신학 체제로서 아퀴나스의 철학 체계가 부흥하기를 도모했고, 그의 철학 체계를 유일하고 정확한 체계로 삼았다. 이후 토마스 아퀴나스의 철학은 교회의 신학교뿐만 아니라 일반 신도들이 다니는 대학교에서도 교육의 기준이 되었다.

토마스 아퀴나스.

조반니 보카치오(Giovanni Boccaccio)는 14세기 르네상스 시기의 인문학자다. 그는 대표적 저작인 《데카메론》에서 부패한 기독교 교회와 타락한 성직자를 비판하고 '행복은 인간에 있다'를 주장하면서 인간성 해방을 선언했다.

보카치오의 철학 사상은 《데카메론》에서 구현되었다. 《데카메론》은 문학 형식을 취했지만 실제로는 작자의 철학 사상을 담고 있다. 금욕주의는 자연의 법칙과 인성을 거스르는 것이며 인간은 사랑을 하고 현세의 행복을 누릴 수 있는 권리가 있다. 보카치오는 많은 이야기 중에서 젊은 남녀가 봉건 계층의 관념을 타파하고 돈과 권력을 멸시하며 행복을 쟁취하기 위해 투쟁하는 것을 열정적으로 찬미했다.

《데카메론》은 봉건제도의 특권을 비판하고 사회 평등과 양성평등을 옹호하며 인간의 이상을 적극적으로 펼쳐야 함을 주장했다. 또 건강하고 아름다우며 총명하고 용감하고 다재다능하며 여러 방면에서 조화롭게 발전할 것을 강조했다. 보카치오는 풍부한 삶의 지식과 예술적 힘으로 수백 개의 서로 다른 계층과 뚜렷한 개성을 지닌 인물을 그려내어 이탈리아의 다양한 사회상을 보여주었으며 르네상스 초기의 자유사상을 드러냈다.

르네상스의 선구자 보카치오는 단테(Alighieri Dante)와 더불어 인성의 해방을 위해 고군분투한 인물이다. 보카치오는 《데카메론》, 단테는 《신곡》이라는 문학의 방식으로 각각 자신의 철학 사상을 펼쳤다.

1533년 프랑스 남부 페리고르 지방의 몽테뉴에서 태어난 미셸 몽테뉴(Michel Montaigne)는 16세기 르네상스 후기의 사상가로, 프랑스 계몽운동 이전의 비평가이자 여러 민족의 문화, 특히 서구 문화를 연구한 학자다.

16세기에 활동했던 수많은 작가 중 몽테뉴처럼 현대인의 존경을 받는 이도 드물 것이다. 특히 몽테뉴의 사상과 감정은 사람들이 그를 16세기에 살았던 현대인으로 여길 정도로 시대를 앞섰다. 그의 대표적인 산문인 《수상록(Les Essais)》은 깊이 있는 사상을 담아내어 '사상의 보고(寶庫)'로 불린다.

몽테뉴는 1592년에 세상을 떠났지만 17세기에도 명성이 자자했다. 영국의 베이컨도 몽테뉴의 영향을 받아 《수상록(The Essays)》을 집필했다. 우리가 수필을 '에세이(essay)'라고 부르는 것도 이들의 저작에서 유래했다. 17세기 프랑스는 고전주의 시대로 문학에서도 높은 완성도를 요구할 정도로 창작 법칙이 매우 엄격했다. 사람들은 구성도 허술하고 조리가 없는 《수상록》이 사람들의 취향과 어울리지 않는다고 비평했다.

그러나 18세기에 이르러 몽테뉴는 다시 명성이 높아지기 시작했다. 저명한 작가이자 철학자인 드니 디드로(Denis Diderot)는 그의 수필, 특히 그 '조리가 없는' 점을 매우 좋아했으며 '이것이야말로 자연스러운 표현'이라고 여겼다.

400여 년이라는 시간의 검증을 통해 역사는 몽테뉴가 셰익스피어(William Shakespeare), 소크라테스, 미켈란젤로(Buonarroti Michelangelo)처럼 불후의 인물임을 증명했다. 몽테뉴의 《수상록》은 그가 말한 것처럼 '세상에서 똑같은 유형과 제재 중에서 유일무이한 것'이다.

르네 데카르트는 16세기 프랑스의 철학자이자 서양 근대 철학 사상의 창시자로 방법론적 회의론을 주장하고 대륙 합리주의 철학을 개척했다.

데카르트는 과학의 목적이 인류에게 행복을 가져다주고 인류가 자연의 통치자가 되도록 함에 있다고 강조했다. 또 그는 스콜라철학과 신학을 반대하고 모든 것을 의심하는 방법론적 회의론을 제기했다. 그는 사유를 독립된 정신 실체의 속성으로 보고 연장성을 독립된 육체 실체의 속성으로 보았다. 즉 정신은 사유를 하고 육체는 넓이, 부피 등의 연장성이 있어서 어떤 공간을 차지한다는 것이다. 이것은 형이상학 또는 본체론 입장에서 설명한 것으로 데카르트는 전형적인 이원론자였다.

나는 생각한다. 그러므로 나는 존재한다.

이것은 데카르트의 가장 중요한 철학 사상이다. 데카르트는 주위의 모든 일과 사물을 의심할 때 자신이 생각하고 있다는 사실만큼은 어떠한 경우에도 의심할 수 없다고 여겼다. 왜냐하면 아무리 자신의 존재를 의심하려 해도 자신이 존재하지 않는다면 의심할 수 없으므로 자신이 의심한다는 것, 즉 생각한다는 것은 자신의 존재를 증명하는 것이기 때문이다. 비록 만질 수 없고 볼 수 없지만 존재한다는 것은 느낄 수 있다.

데카르트는 신의 존재를 증명하려 했다. 그는 신이 유한한 실체의 창조자며 부정할 수 없는 근본적 원인이라고 생각했고, 이를 바탕으로 합리론을 주장했다. 기계적 세계 이외에 정신세계가 존재하며, 기하학의 추리 방법과 연역법을 철학에 적용하여 철학도 수학처럼 확실하고 분명한 개념만이 진리라고 여기고 '본유(本有) 관념'을 제기했다. 이는 경험과는 무관하게 태어날 때부터 존재하는 관념을 의미한다. 이러한 이원론적 관점은 이후 유럽인의 근본적인 사유 방법이 되었다.

　데카르트는 유럽 근대 철학의 창시자 중 한 사람으로 헤겔은 그를 '근대 철학의 아버지'라고 불렀다. 데카르트는 어떤 학파에 속하지 않고 독자적으로 자신의 사상을 주장했으며 유물론과 유심론을 결합하여 독창적인 이론을 만들었다. 데카르트는 신을 창조자로 생각했지만 자연과학에서는 그 역시 진보적인 의미를 지닌 기계론자였다.

이 그림은 데카르트가 스웨덴의 크리스티나 여왕과 철학을 토론하는 장면으로,
피에르 루이뒤메닐이 그림을 그리고 닐스 포르스베르크가 모사했다.
그림 오른쪽 아래 테이블에 앉아 있는 크리스티나 여왕의 오른쪽 인물이 데카르트다.

데카르트는 유럽 근대 철학의 창시자 중 한 사람으로, 헤겔은 그를 '현대 철학의 아버지'라고 불렀다. 데카르트는 어떤 학파에 속하지 않고 독자적으로 자신의 사상을 주장했으며 유물론과 유심론을 결합하여 독창적인 이론을 만들어 완벽한 철학 체계를 세웠다.

17세기에 활동한 프랜시스 베이컨은 고전 경험론의 창시자로서 그의 사상은 성숙하고 풍부한 철학적 이치를 담고 있다. 베이컨은 미신 숭배자가 아니라 이성주의자며 궤변학자가 아니라 경험론자다.

베이컨은 왕권신수 제도를 반대하여 왕권을 제한하자고 주장했다. 그는 중세기 스콜라철학에 대해, 그들이 인간에게 저지르는 잘못된 인식의 가상(假象)을 없애고 진정한 과학을 위한 길을 마련해야 한다고 주장했다. 또한 고대 유물론의 전통을 계승하고 자연계가 물질이라는 것을 인정했다. 모든 사물을 구성하는 최소 단위가 분자며 이것은 사물의 기본 성질로, 실물의 형태가 각각 다른 까닭은 분자의 배열과 조합이 다르기 때문이며 운동은 물질 고유의 가장 중요한 특성이라고 보았다.

베이컨의 철학적 공헌은 유물론적 경험론의 기본 원칙을 제기한 데 있다. 그는 사물의 운동 규칙과 규정성을 형식이라 부르며 감각을 인식의 출발이자 모든 지식의 원천으로 보았다. 또 귀납법을 중시하여 귀납법의 작용과 의의를 강조하고 그것을 유일하고 정확한 방법이라고 여겼다.

베이컨은 근대 철학사에서 한 획을 그은 인물로 고대 유물론에서 근대 유물론으로 전환한 선구자이지만 철학 사상이 한계를 지닌 것도 사실이다. 베이컨은 자연과학 중에서도 고립되고 정지된 연구 방법을 철학으로 옮겨와 유럽 근대 철학을 편협하게 만들었다. 그의 철학은 신학적인 면을 갖고 있으며 이성의 진리와 계시의 진리, 즉 이중 진리를 주장하여 신의 존재와 영혼 불멸 등의 종교 사상을 인정했다.

요한 고틀리프 피히테(Johann Gottlieb Fichte)는 독일 작센주 라메나우의 작은 마을에서 태어났다. 가정 형편이 어려웠던 피히테는 12세 때 그 지역의 귀족인 밀티츠(Freiherr von Miltitz) 남작의 도움으로 당시 유명했던 포르타 귀족 학교에 들어가 수준 높은 교육을 받았다.

1780년, 피히테는 예나 대학에 입학하여 신학을 공부하다가 다음 해에 라이프치히 대학으로 옮겨 철학과 법률을 공부했다. 대학을 졸업한 뒤에는 취리히에서 몇 년 동안 가정교사로 일했다.

1790년, 피히테는 라이프치히로 돌아와 칸트철학을 처음으로 접한 후 본격적으로 철학 연구의 길로 들어섰다. 다음 해에 피히테는 한 달 남짓 만에 쓴 〈모든 계시에 관한 비판의 시도〉라는 논문을 들고 쾨니히스베르크에 있는 칸트를 찾아갔다. 논문을 읽은 칸트는 그를 칭찬하면서 논문을 출판할 수 있도록 출판사를 소개해주었다. 그런데 출판사 측의 실수로 피히테의 이름이 빠진 채 책이 출판되었고 사람들은 이 책을 칸트의 작품으로 생각했다. 후에 칸트는 책의 저자가 피히테라는 사실을 밝혔고 이때부터 피히테의 명성이 높아졌다.

1794년, 피히테는 예나 대학의 교수를 맡았는데 얼마 지나지 않아 무신론을 선전했다는 의혹을 받아 그곳을 떠났다. 1799년, 그는 베를린으로 가서 가정교사 일을 하면서 지식학 체계를 수정하고 공개 강의를 했다. 1805년, 피히테는 에어랑엔 대학 교수가 되었고, 1810년에는 베를린 대학이 설립되자 교수로 초빙되어 초대 총장으로 선출되었다.

피히테의 주요 저작으로 《독일 국민에게 고함》, 《인간의 사명》, 《지식학의 원칙에 따른 자연법의 기초》, 《수강자를 위한 수고(手稿)로서의 전체 지식학의 기초》,《학자의 사명에 관한 몇 차례의 강의》,《지식학의 원칙에 따른 도덕이론의 체계》 등이 있다.

피히테의 일생은 민주와 자유를 위한 투쟁이었다. 청년 시절, 피히테는 봉건 전제제도에 맹렬한 공격을 퍼부었다. 그는 프랑스 대혁명에서 한 줄기 희망을 발견하고 모든 사회 구성원들이 평등할 수 있는 '이성 왕국'의 건립을 주장했다.

나폴레옹이 독일을 점령하자 피히테는 14주 동안 일요일마다 대학에서 '독일 국민에게 고함'이라는 열정적인 연설을 했다. 그의 강연으로 독일 국민들의 애국심이 고취되었고 민주주의 사상의 불꽃이 곳곳에서 퍼져나갔다.

말년에 피히테의 사상은 보수적으로 변하여 봉건 세력과 타협하는 경향을 보였다. 그가 이렇게 변한 원인은 당시 독일의 경제와 정치 상황, 자산계급의 나약함 때문이었다.

요한 고틀리프 피히테.

모리스 쿠엔틴 데 라
투어가 1735년에
그린 볼테르 초상화.

볼테르는 자유와 평등을 외친 18세기 계몽사상가이자 철학자며 '프랑스 사상의 아버지'다.

볼테르는 그의 자유해방 정신을 바탕으로 모든 유럽을 정복하고 진보적인 입헌군주제를 수립할 것을 주장했다. 플라톤의 철인 통치를 계승하여 입헌군주의 이상을 실현하고자 철학자가 이끄는 '진보적인' 군주 통치 국가로 바꾸되 군주에게 지배당하는 것을 원치 않았다. 볼테르는 사상은 자유로워야 하며 군주와 협력을 하게 되면 평등과 자유의 제도는 탁상공론이 된다고 여겼다.

볼테르는 자연신론자로 서로 다른 종교와 신앙에 대해 너그러운 태도를 지녀야 한다고 주장하고, 인간의 정욕과 악습을 제재하는 수단으로서 종교는 꼭 필요하다고 보았다. 볼테르는 국가는 다스려야 하고, 국민은 통치해야 하며, 종교는 존재할 필요가 있다고 생각했다.

볼테르의 사상은 그가 유럽에서 활동했을 때 가장 빛을 발했다. 그는 모든 사람이 인정한 사상의 지도자이자 안내자다. 볼테르는 평생 전제주의와 봉건 특권을 반대하고 자유와 평등 및 입헌군주제를 추구했다. 그의 사상은 모든 계몽운동 사상을 대표하고 민중의 지혜를 일깨웠으며 모든 세대에 두루 영향을 끼쳤다.

몽테스키외는 18세기 프랑스의 계몽사상가이자 사회학자며 삼권분립론 및 법학 이론의 창시자다. 또 볼테르와 마찬가지로 자유와 평등을 주장했다.

몽테스키외는 귀족 출신이지만 당시의 정치를 맹렬하게 공격하여 자신의 정치사상과 철학 사상을 하나로 통합했다. 몽테스키외는 왕권신수설의 관점을 정면으로 돌파하여 국민은 종교와 정치의 자유를 누려야 하며, 법의 정신과 내용은 모든 국가에 매우 중요하다고 주장했다.

그는 법치를 보장하는 수단으로 삼권분립을 제기했다. 즉 입법권과 행정권, 사법권이 각각 국가기관으로 나뉘어야 하며 이 세 가지는 서로 견제하면서 권력의 균형을 이루어야 한다고 보았다.

몽테스키외는 자연신론자로서 신을 세계의 창조자로 여겼다. 그러나 세계는 자연법칙의 지배를 받기 때문에 신도 자연법칙을 바꿀 수 없고 신의 활동도 자연법칙의 제약을 받아야 한다고 생각했다.

몽테스키외는 기독교의 파렴치한 죄상을 낱낱이 드러내기도 했다. 종교 세계관이 인간 사회에 끼치는 위험성을 제기하여 이교도를 박해하는 종교의 잔혹한 행위를 강하게 비판했다. 그는 종교마다 서로 존중하고 간섭하지 않아야 한다고 주장했다.

사회 역사관에서 보면 몽테스키외는 유심론자다. 그는 인류 역사의 운명은 입법자의 의지에 따라 바뀐다고 보았다. 그는 신흥 자산계급의 입장에 서서 사회 개혁을 실시하고 '진보적인 군주'를 앞세운 입헌군주제를 만들며 삼권 분립으로 군주의 권력을 제한하여 국민의 정치 자유 및 생명과 재산의 안전 보장을 주장했다.

이마누엘 칸트는 18세기 독일의 사상가이자 철학자며 고전 철학의 창시자다. 칸트의 업적은 전기와 후기로 나눌 수 있는데, 전기에는 자연과학을, 후기에는 고전 철학을 연구했다.

자연과학을 연구하던 시기, 칸트는 태양계가 만들어진 과정을 설명한 이론, 즉 성운설을 제기하고 《보편적인 자연사와 천체론》을 발표했다. 칸트의 주요 성취는 철학에서 찾아볼 수 있다. 그는 유명한 3대 비판 이론을 제기하고 그 이론을 《순수이성비판》, 《실천이성비판》, 《판단력비판》으로 출간했다.

《순수이성비판》은 인식론을, 《실천이성비판》은 윤리학 및 도덕, 의지와 관련 있는 지식을, 《판단력비판》은 미술과 감성을 서술했는데 이 세 책의 내용은 각각 심리학의 지(知), 의(意), 정(情)의 과정을 구현했다.

《순수이성비판》은 '우리는 무엇을 알 수 있는가'에 대한 답변이다. 칸트는 자연과학을 통해 지식을 얻고, 철학은 우리가 지식을 유익하게 사용할 수 있도록 도와주며, 이 외에는 다른 용도가 없다고 답했다.

《실천이성비판》은 《순수이성비판》의 목적이자 귀결점이다. 여기서 말하는 '실천이성'은 실천하는 주체의 의지를 가리키며 실천이성에 대한 '비판'은 도덕 행위로 규정된 '의지'의 본질 및 그것들이 따르는 원칙을 고찰하는 것이다. 이 저작은 '순수 실천이성의 원리론'과 '순수 실천이성의 방법론' 두 부분을 포함하고 있다. 또 인간의 주체성 문제를 부각시키고 인격의 존엄성과 숭고함을 강조하여 강렬한 인본주의 정신을 드러냈다.

《판단력비판》은 '우리는 무엇을 희망할 수 있는가'에 대한 답변이다. 칸트는 신의 존재를 증명하기 위해 신의 존재를 상정하는 것을 도덕적 필연으로 여겼다. 최종 목적인 도덕은 도덕적 세계 원인이 있어야 하고 그것이 바로 신이다. 즉 그는 신의 존재를 객관적 증명이 아닌 도덕론적으로 증명했다. 칸트는 '판단력 비판'을 하면서 인간의 정신 활동의 목적과 의의, 작용 방식에 관심을 가졌다.

칸트의 철학은 사물이 인간에게 영향을 끼치는 게 아니라 인간이 사물에 영향을 끼치고 현실 세계를 구성하므로 인간이 사물보다 훨씬 중요하다고 주장했다.

《순수이성비판》 1781년판.

드니 디드로는 18세기 프랑스의 유물론 철학자이자 무신론자다. 또한 백과전서파의 창시자로 그의 주장은 형이상학과 변증법의 요소를 지니고 있다.

디드로는 1749년에 발표한 《맹인에 관한 서한》에서 무신론 사상을 드러냈다. 디드로는 촉각을 사물의 존재 여부를 판단하는 기준으로 삼지 않고 이론 사유의 영역으로 더 깊이 파고들었다. 세계를 하나의 큰 계통으로 상정하고 여기에 존재하는 것을 시간과 공간, 물질뿐이라고 가정했다. 물질 자체는 다른 힘의 도움 없이 스스로 운동할 수 있으며, 운동은 물질의 속성이므로 물질과 운동은 분리할 수 없다고 생각했다.

《백과전서》 표지.

디드로의 자연관은 전환의 관념을 포함하고 있다. 자연 사물은 서로 전환될 수 있으며 모든 변화를 '순수 수량 증가'로 보았다. 원소로 조합된 사물은 변화를 통해 서로 바뀔 수 있으며 순환할 수 있다.

인식론에서 디드로는 감각론을 강조하여 이성 속에 나타나는 것은 감성 인식에서 나온다고 여겼다. 인식의 기원에 대해 그는 선험론과 사변적 형이상학을 반박했다.

디드로는 유물론적 철학 관점을 지지하면서 동시대의 유물론자들에게 결여된 변증법 사상을 갖고 있었다. 그래서 일부 학자들은 디드로를 과도기적 유물론자로 여겼다. 디드로의 대표작인 《백과전서》는 계몽 시대의 기본 정신을 담고 있으며, 프리드리히 엥겔스(Friedrich Engels)는 그를 '진리와 정의를 위해 모든 생명을 바친 위대한 철학자'라고 평했다.

루트비히 포이어바흐(Ludwig Feuerbach)는 19세기 독일의 철학자로, 기독교를 비판한 그의 사상은 사회적으로 큰 영향을 끼쳤다. 독일에서 교회와 정부 간의 분쟁 시기에 활동했던 극단주의자들이 그의 관점 중 일부를 받아들였다.

1841년, 포이어바흐는 《기독교의 본질》에서 기독교에 대한 견해를 거듭 밝혔다. 인간은 스스로를 자신의 사고 대상으로 삼을 수 있으며 종교를 무한자에 대한 의식으로 보았다. 종교는 무한에 대한 의식 속에서 이해할 수 있으며 의식이 있는 주체가 본성의 무한성을 인식의 대상으로 삼을 수 있다. 그는 신이란 인간의 내적 본질이 외부로 투사되어 독립적인 존재자로 생각한 것에 불과하다고 주장했다.

포이어바흐는 신을 '지성적 존재', '도덕적 존재 또는 법률', '사랑이라는 형식의 존재'로 여기고 이러한 신의 면모는 인간 본성의 다양한 욕구에 대응하기 위한 것이라고 주장했다.

그는 또한 종교의 허위와 신학의 본질을 분석했다. 인간이 만약 계시와 기적을 믿는다면 인간의 진리에 대한 연구를 망칠 뿐만 아니라 세례식, 성찬식 등의 종교의식을 믿고 미신까지 믿는 결과를 초래한다고 생각했다.

포이어바흐는 헤겔 철학을 준(準)종교적이라고 평하고 기계론적 유물론을 제기했다. 자연계는 모든 물질의 감성적인 유형의 총체이자 유일한 객관적 실재다. 또 '비생산, 비창조적인' 실체이자 영원한 실체다. 자연계는 법칙에 따라 발전하며 인간은 그것을 바꿀 수도 제어할 수도 없다. 물질과 의식의 관계에 대해 그는 물질이 제일성이고 의식이 제이성이며 물질이 의식을 결정하고 의식은 물질의 반영이라고 주장했다.

포이어바흐의 사상은 철학에서 독일 고전주의의 형이상학적 유물론에 속한다. 그의 인본주의 철학은 유물론 역사상 절정을 이루었으며 자연계로 존재를 대체하면 사회 존재는 없어진다고 주장했다. 그는 인간의 본질을 생물학상의 본질로 여겼다. 이러한 사상은 독일의 고전 유물론 사상 중에서 진보적인 특성을 지니고 있다.

루트비히 포이어바흐.

아르투어 쇼펜하우어는 19세기 독일의 철학자로 칸트가
현상계와 물자체를 구분한 것을 계승하여, 물자체는 직
관을 통해 인식할 수 있으며 그것을 의지라고 확정했다.
쇼펜하우어는 비(非)이성주의 철학을 창시했으며 그의 비
관주의는 후대에 더욱 인정을 받았다.

삶은 고통이다.

쇼펜하우어는 비관주의는 낙관주의와 대립적인 소극적 인생관으로, 악은
통치 세계의 결정적인 힘이며 인생은 고통을 받을 운명이며 선과 정의는 전
혀 의미가 없다고 여겼다. 그의 비관주의는 '생존 의지'가 인간에게 고통을 초
래한다고 생각했다.

불행은 인생의 보편적인 법칙이고 비관은 인간의 본질이며 선은 소극적이
고 악은 적극적이다. '생존 의지'는 모든 가치를 잃게 만들며 인생은 꿈과 같
이 덧없고 자살은 살고 싶다는 의지의 표현이다.

쇼펜하우어는 고통을 받아들이는 것을 삶의 직접 목적으로 여기는 것 외
에 인생에는 다른 목적이 없다고 여겼다. 고통은 생활의 요구, 즉 의욕에서
발생하므로 불행은 필연적이며 행복과 만족은 욕망이 원만하다는 의미를 내
포하고 있으므로 이러한 쾌락은 우리가 원하는 쾌락이 아니다.

쇼펜하우어는 불행과 고뇌를 느낄 때 타인의 처지가 나보다 못하다고
생각하는 것만큼 좋은 위로가 없다고 여겼다. 이 관점은 남의 불행을 나의
행복으로 여기는 것처럼 보이지만 자신을 고통 속에서 잠시나마 벗어나게
해준다.

이 밖에도 비관주의는 또 다른 긍정적인 면이 있다. 주위의 환경은 자신을 고통스럽게 만들지만 욕망이 만족되면 인간은 삶의 의지와 생각들을 잃게 된다. 이러한 이유로 삶의 고통은 사람들에게 스트레스를 주는 게 아니라 역경 속에서도 살아가며 앞으로 나아갈 수 있는 힘이 된다.

쇼펜하우어의 사상은 삶의 어두운 면에서 빛을 보게 했다. 그의 비이성주의 철학과 비관주의 철학은 사람들의 사유를 철학의 신대륙으로 이끌었다. 사는 것은 비록 고통스럽지만 목표가 있다면 즐거움이 없지 않을 것이다.

젊은 시절의 아르투어 쇼펜하우어.

프리드리히 니체(Friedrich Wilhelm Nietzsche)는 19세기 말 독일의
철학자로 종교, 도덕, 철학 영역에 많은 견해를 제기했으
며 그의 사상은 실존주의와 후기현대주의에 많은 영향을
끼쳤다.

니체는 서양 현대 철학의 창시자며 뛰어난 시인이자
산문가로 최초로 서구의 현대사회를 비판했다. 니체 철학은 당시에 '행동 철
학'으로 여겨졌으며 개인의 요구와 욕망을 최대한 발휘할 수 있게 해야 한다
고 주장했다. 그의 철학은 모든 것을 우습게 여기고 비판했다.

니체는 극단적인 반(反)이성주의자로 힘에 대한 의지와 이성의 서로 다른
특성을 비교했다. 이성은 냉정하고 정확하며 논리성이 있는 반면 힘에 대한
의지는 격정적이고 욕망이 가득하며 투쟁성이 있다.

니체는 생명이 있는 곳에 힘에 대한 의지가 있으며 이것이 현실적인 인생
이라고 생각했다. 비록 인생은 짧지만 힘에 대한 의지만 있다면 정신적인 강
자가 되어 자신의 가치를 실현할 수 있다.

힘에 대한 의지는 최고의 가치 척도다. 니체는 인생의 가치를 인정하고 세
상의 불평등을 변호했다. 그의 생각에, 인류와 자연의 생명은 동등한데 강
자는 늘 소수고 약자는 늘 다수였다.

니체는 계급 제도를 인정했으며 초인(超人) 사상을 제기했다. 그의 목표
는 사람을 새로운 사람, 즉 초인으로 만드는 것이다. 초인은 구체적인 사람
이 아니라 허구적인 형상으로 대지, 바다, 번개와 같은 기세와 풍격을 지니
고 있다.

니체는 초인이 현실적인 인생에 가치와 목표를 제시한다고 생각했다. 초인
은 인간의 자아 초월이며, 초인의 인생 목표는 권력에 대한 의지를 실현하고

자아를 확장하여 모든 것을 지배하는 사람이 되는 것이다. 초인은 인간의 최고 가치며 모든 전통적인 도덕 가치를 경시한다.

니체 철학의 가장 중요한 점은 인생에 관심을 갖고 생명의 의미를 해석한 것이다. 즉 생명과 인생은 가장 일차적인 것으로 철학의 근본은 인생을 다루는 것이지 정치와 학술을 다루는 게 아니라고 보았다.

(왼쪽부터) 니체가 사랑했던 여인 루 살로메, 친구 폴 레, 프리드리히 니체.

프리드리히 엥겔스는 독일의 사회주의 이론가, 철학자, 작
가이자 마르크스주의의 창시자 중 한 사람이다. 또 카를
마르크스(Karl Marx)의 가장 친한 전우이자 국제공산주의운
동의 지도자다.

1820년 11월 28일, 엥겔스는 독일 라인주 바르멘(지금의
부퍼탈 시의 일부)에서 방직공장 사장의 아들로 태어났다. 어린 시절 바르멘 사립
학교에서 공부하다가 1837년에 자본가로 키우려는 아버지의 뜻에 따라 학교
를 그만두고 1년 후 브레멘에 있는 공장에 들어갔다. 당시 독일은 민족 통일
과 민주혁명을 이루어야 하는 임무에 직면해 있었다.

엥겔스는 민주주의 정치사상과 사회 개혁에 빠져 자발적으로 청년독일파
의 일원이 되어 반체제적 철학 운동에 참가했다. 1839년 봄, 이 조직의 간행
물인 《독일전보》에 〈부퍼탈 통신〉을 기고하여 노동자에게 동정심을 갖고 봉
건제도와 종교적 경건주의의 어두운 면을 폭로했다.

1842년, 22세의 엥겔스는 노동자 계급 출신의 메리 번스(Mary Burns)와 동거
를 시작했다. 그러나 그는 결혼 제도에 얽매일 생각이 없었다. 그는 《가족,
사유재산 및 국가의 기원》에서 그 이유를 밝혔다.

결혼은 나에게 일종의 의식 같은 것이다. 전부 쓸데없는 짓이고 필요 없는 것이다.

엥겔스는 이처럼 결혼 제도를 반대했기 때문에 평생 결혼을 하지 않았다.

1844년 8월 말, 엥겔스는 파리에서 마르크스라는 평생의 동지를 만났다.
두 사람은 만나자마자 서로 의기투합했다. 엥겔스는 마르크스주의 철학, 과
학사회주의, 정치경제학 이론에 공헌한 바가 크며 군사이론에도 조예가 깊었

다. 엥겔스와 마르크스는 이전의 군사이론을 비판적으로 계승하고 실천적 혁명을 바탕으로 전쟁, 군대, 군사, 학술 및 군사학과 관련 있는 학설을 제기하여 프롤레타리아 군사과학의 기초를 다졌다.

1895년 8월 5일, 엥겔스는 암으로 세상을 떠났다. 27일에는 그의 유언에 따라 화장한 유해를 유골함에 넣어 도버 해협에 수장했다.

마르크스(왼쪽)와 엥겔스.

1844년 8월 말, 엥겔스는 파리에서 마르크스라는 평생의 동지를 만났다. 두 사람은 만나자마자 서로 의기투합했다. 엥겔스는 마르크스주의 철학, 과학사회주의, 정치경제학 이론에 공헌한 바가 크며 군사이론에도 조예가 깊었다. 엥겔스와 마르크스는 이전의 군사이론을 비판적으로 계승하고 실천적 혁명을 바탕으로 전쟁, 군대, 군사, 학술 및 군사학과 관련 있는 학설을 제기하여 프롤레타리아 군사과학의 기초를 다졌다.

스위스의 유명한 언어학자 페르디낭 드 소쉬르(Ferdinand de Saussure)는 현대 언어학의 시조이자 구조주의 창시자다. 대표작인 《일반언어학강의》은 기본 언어학 사상, 연구 시각과 방법론의 모든 보편성과 심각성을 구현함으로써 20세기 구조주의의 중요한 사상적 근원이 되었다.

소쉬르의 언어학 사상은 시대성을 갖고 있으며 언어 계통에 대한 설명을 통해 세계를 바라보는 새로운 방식을 제공했다. 이것이 바로 구조주의의 방법과 원칙이다.

그는 구조주의의 관점에서 출발하여, 세계는 단독의 사물로 구성되는 게 아니라 각종 관계를 맺음으로써 구성된다고 주장했다. 이미 정해진 상황에서 어떤 물질 요소의 본질은 의미가 없으며, 그것과 이미 정해진 상황 속의 다른 요소들 사이에 존재하는 관계에 진정한 의미가 있다고 보았다.

세상의 모든 사물의 존재 의미는 관계로 결정된다. 만약 전체에 대해 인식이 있다면 반드시 전체에서 출발하여 관계 요소를 나누어야 한다. 또 이러한 요소는 서로 관계가 있으며 친밀한 관계가 존재한다.

소쉬르의 사상은 구조주의의 중요한 바탕이 되었다. 비록 구조주의의 체계와 이론을 완벽하게 세우지 못했지만 구조주의의 기본 사상이 되었음은 자명하다. 구조주의를 통해 1912년 독일의 형태심리학인 게슈탈트(Gestalt)학파가 형성되었다. 이것은 《일반언어학강의》와 거의 같은 시기에 출현했다. 소쉬르의 언어 사상의 출현은 동시대의 학술 사상 발전에 더욱 중요한 영향을 끼쳤다.

오귀스트 콩트(Auguste Comte)는 실증주의의 창시자이자 현대 사회학의 시조다. 그는 프랑스 남부의 독실한 가톨릭 집안에서 태어났다. 어려서 몸이 허약했지만 남들보다 뛰어난 지능으로 열성적으로 공부하여 16세에 파리 이공 대학에 입학했다. 콩트는 대학에서 수학과 공학을 중점적으로 공부하고 자연과학과 계몽사상가의 작품을 읽었다.

청년 시절에 공상적 사회주의 사상가인 앙리 드 생시몽(Henri de Saint-Simon)과 친분을 맺어 그의 비서로 일했다. 생시몽과 절교한 뒤에는 자신의 실증철학을 세우고 《실증철학강의》를 완성했다. 후기의 저작으로 《실증정치체계》, 《주관적 종합》 등이 있다.

콩트의 실증주의는 감각 경험을 강조하고 형이상학의 전통을 배척했으며 지식의 객관성을 세우는 것을 목적으로 했다. 사람은 관찰이나 감각을 통해 경험을 해야 자신이 처한 객관적 환경과 외부 사물을 제대로 인식할 수 있다는 것이다. 그는 사람마다 교육 수준이 다르지만 그들이 감각 경험을 검증하는 원칙에 실증주의를 사용하면 큰 차이가 없다고 여겼다.

콩트는 인간은 태어날 때부터 모든 것을 아는 게 아니며 반드시 학습을 통해야 여러 가지 상황에서 지식을 얻을 수 있다고 생각했다. 직접적이거나 간접적인 감각을 통해 경험을 해야 하며, 한 단계 나아가 학습 과정에서 경험해보지 못한 지식을 추론해야 하고, 경험을 초월하는 것은 진정한 지식이 아니라고 보았다. 콩트는 노동운동에도 힘을 쏟았다. 노동자들의 입장에서 과학교육과 실증철학을 선전했다. 그는 노동자들의 상황을 이해했지만 노동자의 폭력 투쟁을 반대하고 계급 간의 조화를 주장하며 사회 개량을 추진했다. 말년의 콩트는 종교적인 경향으로 흘러 신이 없는 인도교(人道敎)를 창시하여 인도주의 선전에 온 힘을 쏟았다.

에른스트 마흐(Ernst Mach)는 19세기 말에 활동한 오스트리아의 물리학자이자 철학자로, 체코의 프라하 대학과 오스트리아의 그라츠 대학에서 수학과 물리학 교수를 역임했다. 마흐는 자연과학 방면에서 물리학, 심리학, 생리학 등을 섭렵하고 독창적인 공헌을 남겼다. 그는 《감각의 분석》, 《역학의 발전, 그 역사적·비판적 고찰》, 《인식과 오류》 등에서 자신의 철학 관점을 자세하게 설명했다.

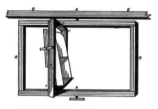

에른스트 마흐가 운동 경험을 연구하기 위해 설계한 회전의자.

마흐 본인은 자신을 철학자라고 인정하지 않았지만 후대 사람들은 그를 경험비판론, 즉 마흐주의[25]의 창시자로 여기고 있다. 그는 자연과학 방법론과 인식 심리학 등도 연구했는데 이는 실증주의의 특징이다. 그러나 마흐는 초기의 실증주의자보다 입장이 훨씬 분명했다. 또 그는 반(反)형이상학 태도에 있어서는 더욱 철저하여 경험 이외에 실재가 존재한다는 것을 인정하지 않았다.

마흐는 비판 정신을 지닌 이론물리학자로 물리학 발전에 큰 영향을 끼쳤다. 그는 아이작 뉴턴의 절대시간과 절대공간을 비판했으며 관성을 새롭게 해석했다. 이러한 성취는 알베르트 아인슈타인이 세운 상대성이론의 선구적인 역할을 했으며 아인슈타인의 만유인력 장(場) 방정식의 중요한 근거가 되었다. 이후 아인슈타인은 마흐의 물리학 이론을 '마흐의 원리'라고 불렀다.

마흐의 과학 인식론은 자연과학자들 사이에서 큰 반향을 일으켰으며, 미국의 물리학자 퍼시 윌리엄스 브리지먼(Percy Williams Bridgman)과 양자역학의 코펜하겐(Copenhagen)학파 등의 물리학자들이 마흐의 영향을 받았다.

---

25) 마흐 등을 대표로 하여 19세기 말에 주로 오스트리아에서 일어난 주관주의적·불가지론적 관념론의 한 형태. 유물론에 반대하고, 직접 경험하는 감각 요소만 실재하기 때문에 과학적 기술은 감각으로 환원할 수 있어야 한다고 주장했다.

쇠렌 키르케고르(Søren Aabye Kierkegaard)는 19세기에서 20세기에 활동한 덴마크의 종교철학 심리학자이자 시인이며 현대 실존주의 철학의 창시자다. 나아가 현대 인본심리학과 후기현대주의의 선구자다.

키르케고르는 덴마크의 수도 코펜하겐의 부유한 목사 집안에서 태어났다. 그는 코펜하겐 대학에서 신학을 공부했는데 물리철학, 특히 헤겔학파에 대한 비판으로 이름이 알려졌다.

그의 철학의 핵심은 개인 생활의 체험을 통해 개성의 원칙과 신에 대한 신앙을 증명하는 데 있다. 키르케고르는 존재란 번뇌·고통·고독·정욕·절망·열정 등의 감정으로 구성된 개인의 존재며, 개인은 끊임없이 자신을 초월하여 신을 향해 가며 '절대자'인 신과의 관계에서 자신을 규정해야 한다고 주장했다.

그의 철학 사상은 대부분 문학작품과 일기, 격언의 형식으로 표출되었다. 그의 사상은 제1차 세계대전 이후 독일과 프랑스에 큰 영향을 끼쳤으며 실존주의의 탄생과 발전에 선구적인 역할을 했다. 그의 주요 저서로 《이것이냐 저것이냐》 등이 있다.

키르케고르는 인간의 존재를 세 가지 단계, 즉 감성적 단계, 윤리적 단계, 종교적 단계로 묘사했다. 감성적인 인간은 향락주의자거나 생활 체험에 열정적인 사람이다. 그들은 주관적이고 창의적이며 세계에 전혀 부담과 책임을 느끼지 않으며 인간 세상은 가능성으로 차 있다고 여긴다.

이성적인 사람은 현실적이며 세계에 부담과 책임을 느끼고 도덕적 의무와 보편적 법칙을 따른다. 이 때문에 감성적인 사람과는 달리 이 세계는 곳곳이 제한적이며 불가능으로 가득 차 있다고 생각한다. 불가능에 직면하면 이성적인 사람은 금방 포기해버리고 잃어버린 것들 때문에 평생 슬퍼한다.

사람들은 이럴 때 '신앙의 도약'을 해야 종교적인 단계로 올라갈 수 있다. '무한한 신이 모든 것을 가능하게 해준다.' 이성적으로 판단하면 이것이 불가능하다는 것을 알지만 신앙이 있어야 사람들은 희망을 되찾을 수 있다.

1843년 출간된 《이것이냐 저것이냐》 덴마크어판.

에드문트 후설(Edmund Husserl)은 독일의 유명한 철학자로 20세기 현상학파의 창시자이자 근대의 가장 위대한 철학자 중 한 사람이다.

후설은 메렌주 프로스니츠(Prossnitz, 지금의 체코 프로스테요프)에서 유대인 상인의 아들로 태어났다. 후설은 라이프치히 대학, 베를린 대학, 빈 대학에서 공부하면서 물리학, 천문학, 수학을 전공했다. 1882년에 빈 대학에서 수학 박사 학위를 취득했고, 후에 철학자 프란츠 브렌타노(Franz Brentano)의 영향으로 철학에 몰두하기로 결심했다.

후설이 일생 동안 추구한 목표는 철학을 '엄밀한 학문'으로 만드는 것이었다. 철학은 반드시 철저한 정신을 지니고 있어야 한다. 즉 모든 지식의 근원과 기원을 찾아야 한다. 이 근원은 '사물'에 있으며 우리가 통상적으로 말하는 현상 안에 있다. 현상을 근거로 삼는 것은 엄밀한 과학으로서의 철학의 개념이라고 여긴 것이다. 후설은 사물과 현상의 본질적인 구조로 돌아가 엄밀한 과학철학을 세울 수 있는 방법론을 찾았는데 이것이 바로 현상학이다.

후설은 20세기 가장 영향력 있는 철학자 중 한 사람이다. 프랑스의 모리스 메를로퐁티(Maurice Merleau-Ponty)와 자크 데리다(Jacques Derrida), 독일의 한스게오르크 가다머(Hans-Georg Gadamer)도 후설 철학의 영향을 받았다.

후설은 1938년 세상을 떠났다. 이 당시 그의 저술은 7권으로 그리 많지 않았지만 방대한 양의 미 출간 원고를 남겼다. 그의 아내가 유고를 벨기에의 루뱅 대학으로 옮겨 보관했고, 이후 대학에서 후설연구소를 설립하고 1950년부터 유고를 편집하여 《후설 전집》을 간행하고 있다. 그가 남긴 유고는 약 4만 장에 달하는 엄청난 양으로 이 사업은 지금도 계속되고 있다.

마르틴 하이데거(Martin Heidegger)는 20세기 독일의 유명한 철학자로 후설의 현상학에 영향을 받아 인간의 생존에 대한 문제를 제기했다. 그는 철학을 서구의 전통적인 형이상학과는 다른 영역으로 이끌었으며 실존주의, 현상학, 해석학, 정치 이론, 후기현대주의, 심리학, 신학 등의 영역에 중요한 영향을 끼쳤다.

하이데거는 1889년 독일의 작은 마을인 메스키르히에서 태어났다. 18세 때 프란츠 브렌타노의 논문 〈아리스토텔레스에 있어서 존재자의 다양한 의미에 대하여〉를 읽고 처음으로 철학에 충동을 느껴 실존주의 문제에 관심을 갖게 되었다.

1909년, 신부가 되기 위해 프라이부르크 대학 신학부에 입학했고, 1911년에 철학으로 진로를 바꾸었다. 1933년 3월, 당시 흥기하던 국가사회주의를 지지하고 나치에 입당했다. 같은 해 4월, 프라이부르크 대학 총장으로 취임했는데 모든 교직원들을 데리고 히틀러에 충성하겠다는 선서를 했다. 하이데거와 히틀러의 파시즘과의 관계가 서양 이론계에서 화제가 되었지만 이것은 그의 철학과 무관했다. 말년에 하이데거는 동양철학에 흥미를 가졌다.

하이데거의 실존주의 이론은 존재와 시간의 관계를 논증했다. 그는 '존재의 의미'에서 문제를 제기하여 '존재'는 모든 종속 관계를 초월하며 가장 보편적인 개념이라고 생각했다. 하이데거는 현존재, 즉 '다자인(Dasein)'의 기본 문제를 제기했다. 현존재는 '나의 존재'이자 '세계 안에 존재'한다. 세계는 물질의 단순한 집합이 아니며 직접 관찰할 수 있는 대상도 아니다. 현존재인 인간은 세계에 내던져진 존재로 자신의 의지와 상관없이 세상일에 몰두하는데 이것은 기분, 언어, 이해로 나뉘어 전개된다. 인간이 홀로 떨어져 있는 것은 인간 존재의 특수한 형식이며 타인과의 '공존'이 인간 존재의 본질적인 모습이다.

하이데거는 철학뿐만 아니라 과학에도 정통했는데, 만년에 과학기술을 비판하고 철학의 종말을 표명했다. 하이데거는 일생 동안 많은 저서를 남겼다. 주요 저서로 《존재와 시간》, 《형이상학이란 무엇인가》, 《진리의 본질》, 《휴머니즘에 관하여》, 《숲길》, 《언어로 가는 길 위에서》 등이 있다. 그의 저서들은 두말할 것 없이 사상계의 진귀한 보물이며, 하이데거는 자신의 사상을 통해 자신의 가치를 증명했다.

시몬 드 보부아르는 20세기 프랑스의 유명한 실존주의 작가이자 여권운동의 창시자 중 한 사람이며 철학자 장 폴 사르트르의 평생의 파트너였다.

보수적인 부르주아 집안에서 태어난 보부아르는 어릴 때부터 사상적 독립심이 강했으며 부모가 정해놓은 직업과 결혼 문제를 일체 거부했다. 파리 고등사범학교에서 교수 자격시험을 준비하던 시절에 사르트르를 만났고, 철학에 깊은 관심이 있던 두 사람은 평생의 동반자가 되기로 약속하고 계약 결혼 생활을 시작했다.

두 사람의 사랑은 서로에 대한 존중과 믿음을 바탕으로 했으며 상대방이 다른 사람과 사랑에 빠져도 간섭하지 않기로 했다. 그들의 사랑은 사람들이 생각하는 사랑을 초월했지만 매우 강렬했다. 사르트르 사후에 그녀는 《작별의 의식》을 집필했다. 이 책은 그녀와 사르트르의 계약 결혼에 대한 추억과 그들의 강렬했던 사랑이 담겨 있다.

《제2의 성》은 그녀의 가장 대표적인 작품으로 여권운동계에서 '성경'으로 여겨진다. 그녀는 천성적인 성별 이외에 여성의 모든 '여성'적 특징은 모두 남성 중심 사회에서 만들어졌다고 주장했다. 여성은 남성보다 체력적으로 약하므로 힘이 필요하면 스스로 약자로 느끼며, 남성은 법률로써 여성의 지위를 낮은 수준으로 정해놓고 여성이 자유에 대해 공포를 느끼게 만든다. 그렇기 때문에 이러한 불평등한 사회구조에서 여성은 남성에게 기꺼이 복종하는 것이다.

보부아르는 모계사회에서 부계사회로 넘어오면서 남성이 다시 권력을 획득한다는 엥겔스의 의견에 반대했다. 그녀는 역사적으로 여성이 권력을 차지한 적이 없으며 모계사회일지라도 여성은 여러 방면에서 여전히 약자였다고

사진은 1960년 쿠바에서 보부아르와 사르트르가 체 게바라를 만나
이야기를 나누는 장면이다.

보부아르는 20세기 프랑스의 유명한 실존주의 작가이자 여권운동 창시자 중 한 사람이며 사르트르 평생
의 파트너였다. 보부아르는 대표작 《제2의 성》에서 천성적인 성별 이외에 여성의 모든 '여성'적 특징은 모
두 남성 중심 사회에서 만들어졌다고 주장하고, 여성의 진정한 해방은 자유와 선택의 권리를 획득하고 제
2의 성에서 벗어나 남성과 대등한 인간이 되는 것이라고 생각했다.

생각했다. 여성이 그동안 맡았던 아내와 어머니 역할은 남성이 여성에게 강
제적으로 부여한 것이지 결코 여성이 원한 게 아니었다. 그녀는 여성의 진정
한 해방은 자유와 선택의 권리를 획득하고 제2의 성에서 벗어나 남성과 대등
한 인간이 되는 것이라고 생각했다.

미셸 푸코(Michel Foucault)는 프랑스의 철학자로 '사상 체계의
역사학자'로 불린다. 그는 철학, 역사학, 사회학 등에 큰
영향을 끼쳤으며 후대 사람들은 그를 후기구조주의자로
여긴다.

　미셸 푸코의 일생은 여행과 뗄 수 없다. 그는 이곳저곳
을 여행하면서 권력과 지식의 관계를 연구하고, 이러한 관계가 다른 역사 환
경에서도 드러난다는 사실을 밝혔다. 그는 역사를 인식의 계열로 나누고 이
인식을 어떤 문화 안에서 나타나는 일정한 형식의 권력 분포라고 정의했다.

　푸코는 권력을 단지 물질상 또는 군사상의 위력이나 고정불변의 것이 아
니라 모든 사회 속에서 작용하는 '유동적 흐름'으로 보았다. 권력은 지식을
통해 드러나며 '다른 사람은 어떠하다'라든지 '그들은 왜 이러한가'라고 말할
수 있는 것도 권력이 작용했기 때문이다. 권력은 형식이 아니라 사회 기구를
통해 표현된 일종의 진리이자 자신의 목적을 사회에 행사하는 방식이다.

　푸코는 역사 발전 과정에서 지식과 권력의 관계 및 권력이 어떻게 언어를
통해 드러나고 각종 규칙의 수단에 적합하게 바뀌는지 연구하고 사회의 각
구조에 권력을 투입하는 방법에 관심을 가졌다. 이러한 사상은 당대 사회학
발전에 큰 영향을 끼쳤다.

존 듀이(John Dewey)는 미국의 유명한 철학자이자 사상가며 실용주의를 대표하는 인물이다.

1859년 미국 버몬트주 벌링턴시의 식료품 상인 집안에서 태어났으며, 1879년에 버몬트 대학을 졸업했다. 1882년 4월, 그는 《사변철학》 잡지에 처녀작인 〈유물론의 형이상학적 가설〉이라는 철학 논문을 발표하고 평생 철학 연구를 하기로 결심했다. 1884년에는 존스홉킨스 대학에서 철학 박사 학위를 취득하고 몇몇 유명한 대학에서 철학 교수를 역임했다.

존 듀이는 올더스 레너드 헉슬리(Aldous Leonard Huxley)와 헤겔 사상의 영향을 받아 후에 실용주의로 완전히 돌아서서 실용주의 확산을 위해 적극적으로 노력했다. 그는 자신을 수장으로 하는 시카고(Chicago)학파를 창시했는데 이는 미국 실용주의 운동 중에서 도구주의학파에 속한다. 존 듀이의 실용주의 사상의 특징은 실용주의를 자연과학, 과학적 방법론과 통일시키려고 한 점이다.

실용주의는 인식이 경험에서 기원한다고 생각한다. 사람들이 인식할 수 있는 것은 경험에서만 얻어지며 경험의 배후에 있는 것은 알 수 없고 의미 없는 것들이므로 깊이 고려할 필요가 없다. 사람들은 경험의 범위 밖을 벗어나서 어떠한 인식도 할 수 없고 문제를 해결하려면 경험에 의존해야 한다. 진리는 경험에 대한 해석이다. 만약 해석하여 이해가 되면 그것이 진리며 우리에게 쓸모 있는 것이다. 그러므로 우리가 일반적으로 말하는 객관적 진리는 존재하지 않는다.

실용주의는 이성주의와 경험주의 사이에서 중간 입장을 취했다. 실용주의자는 사실에 충실했지만 신학 관점을 반대하지 않았다. 철학을 추상적인 변론에서 개성주의로 격을 낮추고 여전히 종교 신앙을 지켜나갔다. 그렇기 때문에 실용주의는 찰스 다윈(Charles Robert Darwin) 사상을 인정하고 종교, 즉 유물론과 유심론을 인정했으며 어떠한 이론도 쓸모가 있으면 실용주의의 진리가 될 수 있다고 여겼다.

듀이는 실용주의 철학과 교육학 사상을 선전하여 미국 실용주의에서 가장 영향력 있는 인물이 되었다. 그 후 실용주의는 '인본주의', '논리경험주의', '도구주의', '신기(神奇)학파', '논리학파' 등 많은 갈래로 파생되었다. 20세기 초 실용주의는 미국에서 일종의 운동으로 발전하여 멀리 유럽 대륙까지 퍼져 지금도 전 세계에 영향을 끼치고 있다.

존 듀이.

자크 데리다는 20세기 프랑스의 유명한 철학자, 기호학자, 문예이론가, 미학가로 해체주의의 창시자이자 후기 구조주의의 대표 인물이다.

1930년 알제리 엘비아르의 유대인 집안에서 태어났으며, 사상가의 요람이라 불리는 파리 고등사범학교에서 수학했고, 이후 서구 해체주의의 대표 인물이 되었다.

데리다의 사상은 20세기 후기에 거대한 파란을 일으켰다. 그는 유럽과 미국 철학계에서 가장 화제를 낳은 인물 중 한 사람이며, 그의 사상은 후기 현대 사조의 중요한 이론적 원천이 되었다. 그의 사상의 핵심 개념은 바로 '해체'다. 이것은 예술, 언어학, 사회과학, 정치학, 인류학, 심지어 건축 등의 영역에도 침투했다. 데리다는 학술 저작이 40권이 넘을 정도로 다작의 사상가였다.

서구의 전통적인 형이상학 사상은 플라톤의 '신의 말씀' 문제에 대한 해석에서 시작되었다. 플라톤은 진리의 근원을 로고스, 즉 신의 말씀으로 여겼다. 데리다는 로고스라는 개념을 중심으로 서구 형이상학의 전통이 전개되어온 것을 로고스중심주의[26]라는 용어로 표현했다.

로고스중심주의는 세상 만물의 존재가 로고스와 관련이 있다고 보는 관점이다. 그러므로 가장 이상적인 방식은 직접적으로 '생각'을 하고 말 매개체의 간섭을 최대한 피해야 한다고 보았다. 말을 잃으면 생각을 기록할 방법이 없기 때문에 말의 의미는 최대한 투명해야 하고 자연스럽게 진리의 대변인이 되어야 한다고 생각했다. 말은 글보다 훨씬 뛰어나고 말을 하는 사람도 '여기'

---

26) 로고스가 서구의 사회, 문화, 사상 등의 영역을 지배해왔음을 의미하는 것으로 이 용어는 자크 데리다가 처음으로 사용했다.

에 있으므로 정확하게 '의도'를 해석하며 잘못된 해석을 피할 수 있다.

　데리다는 로고스중심주의의 해체 방법을 제기했다. 그는 말이 글보다 본원적 의미에 가깝다고 여기는 서구의 형이상학을 비판하고, 이것을 해체하기 위한 방법으로 문자학을 세워 글의 우월성을 부각시켰다. 즉 글은 기호학의 의미에서 반복성을 지니고 있다. 듣는 사람이 말하는 사람의 의도를 파악하지 못하면 기호학의 도움으로 그 의도를 이해할 수 있다. 다시 말하면 말하는 사람의 의도가 전달되지 않는 상황에서도 사람들은 기호를 통해 그 의도를 수신하고 이해할 수 있다.

　데리다의 해체주의는 구조주의와 현상학의 대안으로 발생했다. 해체는 파괴가 아니라 행동으로서의 방책이다. 데리다의 해체주의는 로고스중심주의와 언어중심주의를 반대하고, 이원(二元) 대립의 사고 세계를 종식시키고 해석의 다양성과 유한성을 주장함으로써 기존의 음성 중심적인 형이상학을 해체시켰다. 이처럼 데리다의 사상은 프랑스인의 급진적인 반(反)전통 경향을 드러내었다.

공자와 맹자(孟子)는 중국 춘추전국시대 유가의 집대성자
로 두 사람 모두 인애(仁愛) 사상을 중시했지만 구체적인
표현 방식에서 뚜렷한 차이를 보이고 있다. 그 차이를 살
펴보자.

첫째, 사람들을 교육하는 태도다.

유가의 창시자인 공자는 돈후한 유자(儒者)이자 장자(長者)다. 관용은 공자
의 평생 신조며 가장 화가 났을 때도 그저 "도(道)가 행해지지 않으니 내 뗏목
을 타고 바다를 항해하려 한다"[27]고 했다. 그러나 원칙에 있어서는 정의에 부
합하고 올곧은 말만 했다.

반면에 맹자는 개인과 사회는 서로 밀접한 관계가 있다고 여겨 곤경에 처
한 백성을 구제하는 것을 자신의 임무로 삼고 부패한 제후들에게 아첨하지
않았다.

> 지금 세상을 당하여 나 말고 그 누가 하겠는가. ―《맹자》〈공손추하(公孫丑下)〉
> 부귀가 마음을 방탕하게 하지 못하며 빈천이 절개를 옮겨놓지 못하며 위무(威武)
> 가 지조를 굽히게 할 수 없다. ―《맹자》〈등문공하(滕文公下)〉

이처럼 맹자는 유자의 풍모 중에서도 강한 모습을 보이고 있다. 이러한 맹
자의 인의 사상은 후대에 많은 학자들이 계승했다.

둘째, 인(仁)에 대한 견해다.

공자는 유학이라는 빌딩의 기초를 다진 자며, 맹자는 그 빌딩을 세우고
완성한 자다. 공자는 "춘추(春秋)에 의로운 전쟁이 없었다"는 맹자의 말에 '인'

---

27) 《논어》〈공야장〉에 나오는 말이다.

의 사상을 제기했지만 '인'의 사상을 형상화하고 구체화한 적이 없다. '인'은 공자 당시에 단지 추상적인 개념이었다.

반면 맹자는 '인'의 기초에 불인지심(不忍之心)[28]으로 '인'을 형상화하고 성선 설을 세워 인에 대한 주장을 펼쳤으며, 나아가 인정(仁政), 곧 '어진 정치'의 개 념을 제기했다. '인'에서 '인정'으로 사상을 넓힌 것은 맹자의 관심이 단순히 사회도덕에 머물지 않고 정치까지 확장됨을 의미한다. 이러한 비약은 '인'의 개념을 더욱 공고히 하고 어진 정치를 시행할 수 있도록 했다.

셋째, 구체적인 정치 시행 방법이다.

공자의 정치 강령은 비교적 간단하고 일차적인 데 비해 맹자는 자세하고 구체적이다. 공자는 천하를 다스리는 방법으로 예(禮)와 악(樂) 두 가지를 벗어 나지 않았다. 그가 강조한 '예'는 본분을 벗어나지 않는다는 의미로, 군주는 군주답고 신하는 신하다우며 부모는 부모답고 자식은 자식다운 것이다. 그 의 '악'은 《논어》〈선진(先進)〉의 한 대목에서 볼 수 있다. 공자가 자로(子路), 증 석(曾晳), 염유(冉有), 공서화(公西華)에게 사람들이 자신들을 알아준다면 어떤 일 을 하고 싶은지 묻자, 증석이 다음과 같이 대답했다.

기수(沂水)에서 목욕하고 무우(舞雩)에서 바람 쐬고 노래하면서 돌아오는 것입 니다.

공자는 네 사람의 대답 중에서 오직 증석의 말만 인정했다.

간단히 말하면, 공자가 생각한 정치는 정부를 간소화하고 인의 정치를 시 행하는 것이다. 공자도 물론 경제 발전과 적절한 형벌의 사용에 찬성했다. 다 만 지나친 형벌을 반대했을 뿐이다.

---

28) 차마 하지 못하는 마음.

맹자는 "백성이 가장 귀중하고 사직이 그다음이고 군주는 가벼운 것이다"라고 했으며 독부(獨夫)[29]를 죽일 수도 있다고 여겼다. 또 맹자 역시 '악'으로 국가를 다스리고 백성을 교화할 수 있다고 생각했다. 《맹자》 〈양혜왕하(梁惠王下)〉에 다음과 같은 말이 있다.

지금 세속의 음악이 선왕(先王)의 음악과 같다.
군주는 마땅히 백성들과 즐거움을 함께해야 한다.

맹자가 살던 전국시대는 각 나라에서 지나치게 형벌을 사용했기에 맹자는 형벌 사용을 찬성하지 않았다. 그는 '상서(庠序, 학교)의 가르침을 따르고 부모를 섬기는 효와, 형과 어른을 섬기는 제(悌)의 의리로써 거듭 가르치는'방책의 교화를 찬성했다.

이처럼 공자와 맹자는 그들이 살았던 시기와 생활환경이 달랐기 때문에 사상의 차이가 생길 수밖에 없었다. 그러므로 공맹의 도를 옳고 그름으로 구분할 수 없다. 그러나 두 사람이 제창한 유가의 핵심 사상은 똑같이 '인'이었다.

---

29) 《맹자》 〈양혜왕하〉의 주(注)에 "사해(四海)가 돌아오면 천자가 되고 천하가 배반하면 독부가 된다"라는 말이 있다. 독부는 폭군, 잔악한 통치자를 의미한다.

《주역》은 《역》 또는 《역경》으로 불린다. 중국에서 가장 오
래된 문헌 중 하나며 유가에서는 오경(五經) 중에서도 으
뜸으로 여겼다. 《주역》은 본래 고대의 《연산(連山)》, 《귀장
(歸藏)》, 《주역》을 포함했지만 《연산》과 《귀장》은 이미 소실
되었다.

공자는 유가 사상의 창시자다. 유가 경전의 오경 안에 《주역》이 포함되어
있으므로 유학이 발생하는데 《주역》의 음양 관계의 영향을 받았을 것이다.
공자는 《주역》 사상의 영향을 받아 '인(仁)'으로 '예(禮)'를 해석했으며 유가 사
상의 정신인 중용의 도를 발전시켰다.

일설에 주공(周公)이 《주역》을 편찬했다고 한다. 주공은 주나라 문왕(文王)
의 넷째 아들로 무왕(武王)의 동생이자 공자가 가장 존경한 성인이다. 정전법
을 시행하고 예악을 제정했으며 명덕신벌(明德愼罰)[30]의 법제를 주장하고 《주
역》을 저술하여 하늘의 뜻에 순응했다고 전해온다.

《주역》은 심오하고 정밀한 사상이 담긴 작품으로 공자도 중년 이후에 《주
역》을 연구했다. 《논어》 〈술이(述而)〉에 다음과 같은 구절이 있다.

공자께서 말씀하셨다. "하늘이 나에게 몇 년의 수명을 빌려주어 《주역》을
배우게 한다면 큰 허물이 없을 것이다."

공자가 《주역》을 연구를 했기에 《주역》은 유가 경서 중에 중요한 전적이
되었으며 《시경》, 《상서》, 《주례》, 《춘추》와 함께 오경에 속하게 되었다.

---

30) 덕을 밝히고 형벌을 신중하게 내림.

순자(荀子) 역시 유가의 학자로 전국시대의 유명한 사상
가다. 그러나 그는 공자나 맹자와 달리 성악설을 주장
했다.

순자는 경험과 인사(人事)에 치중했다. 그는 사회질서
와 인위적인 노력을 중시했으며 신비주의 사상에 반대했
다. 앞서 말했듯이 공자와 맹자 사상의 핵심은 인(仁)과 의(義)다. 순자는 공맹
사상을 계승한 후 이를 종합하여 예(禮)와 법(法)을 제기하고 사회규범을 중시
했다. 순자는 공자를 성인으로 여겼지만 맹자의 사상에 반대하여 자신이야
말로 공자 사상의 계승자라고 생각했다. 그러나 순자가 제기한 성악설은 공
맹의 본성에 대한 관점과 매우 다르다.

순자는 인간은 태어나면서 자연적인 욕망을 지니며 만약 욕망을 채우지
못하면 서로 시비를 걸고 싸운다고 생각했다. 그래서 '인간의 본성은 악하다'
는 성악설을 주장했다. 선량한 사람은 없으므로 반드시 성군과 예법의 교
화를 통해 악한 본성을 변화시키고 인위적인 노력으로 선한 행위를 이끌어
야 한다. 인성론 입장에서 보면 순자의 사상은 공맹의 사상과 다소 다르지만
똑같이 유가 사상의 범주에 속한다. 다만 독특한 견해 때문에 성악설이라는
별도의 학설이 생긴 것이다.

공자와 맹자가 수신(修身)과 치국(治國) 방면에서 제기한 실천 규범과 원칙은
구체적이면서 동시에 이상주의적 색채를 띠고 있다. 공자는 극기, 수신, 위인
유기(爲仁由己)[31] 등을 강조했다. 반면 맹자는 성선(性善)을 바탕으로 측은지심(惻

---

31) 인을 행하는 것은 자기 자신에게 달려 있음.

隱之心)[32], 수오지심(羞惡之心)[33], 사양지심(辭讓之心)[34], 시비지심(是非之心)[35], 구기방심(求其放心)[36]을 확충하여 인간의 본성과 타고난 재능을 회복하고 '어진 정치'의 이상을 실현해야 한다고 주장했다.

공맹과 비교하면 순자의 사상은 현실주의 경향이 짙다. 그는 예의도덕 교육을 중시하면서 정치와 법률 제도의 징벌 작용도 강조했다. 순자는 지식론의 입장에서 제자백가의 이론을 비판적으로 흡수하여 천인지분(天人之分)[37]의 자연관, 화성기위(化性起僞)[38]의 도덕관, 예의로써 다스리는 사회 역사관을 형성하고 그것을 기초로 춘추전국시대의 철학을 총괄했다.

순자의 사상은 비판과 수용의 정신을 모두 포함하고 있다. 그래서 그는 전국시대의 백가쟁명으로부터 학술 교류와 융화로 나아가는 역사적 흐름을 구현했다. 또한 현실 세계의 변화에 주의를 기울이고 일의 성취와 업적을 중요시하여 실용 정신을 구현했다.

---

32) 불쌍히 여기는 마음. 인의예지 가운데 인에서 우러나온다.
33) 옳지 못함을 부끄러워하고 착하지 못함을 미워하는 마음. 인의예지 가운데 의에서 우러나온다.
34) 겸손히 남에게 사양하는 마음. 인의예지 가운데 예에서 우러나온다.
35) 옳고 그름을 가릴 줄 아는 마음. 인의예지 가운데 지에서 우러나온다.
36) 잃어버린 선한 마음을 찾음.
37) 하늘과 사람은 구별이 있음.
38) 본성을 변화시켜 인위적인 노력을 기울임으로써 악을 교정할 수 있음.

법가 사상을 집대성한 한비자

전국시대에 태어난 한비(韓非, 한비자)는 한나라의 귀공자로 법가 사상의 집대성자다. 그는 스승인 순자에게 유학을 배웠으며 순자의 성악설 영향을 받았다. 그러나 형명과 법술을 좋아하고 황로지학(黃老之學)[39]의 영향을 받은 그의 사상은 순자의 사상과는 큰 차이가 있었다.

한비자는 법가 사상을 계승하여 전국시대 말기에 법가의 집대성자가 되었다. 그는 진(秦)나라의 위세가 대단한 데 비해 한나라는 날로 쇠퇴하는 것을 보고 여러 번 왕에게 상소를 올려 간언을 했지만 왕은 들은 체도 하지 않았다. 한비자는 울분 속에서 《고분(孤憤)》, 《오두(五蠹)》, 《내외저(內外儲)》, 《설난(說難)》 등을 저술하여 강국의 방법과 법가 사상을 체계적으로 서술했다. 이 저술들은 진나라에 전해졌는데 진왕 영정(嬴政)은 이 책에서 말하는 법가 사상의 치국강병술을 채택하여 육국(六國)을 멸망시키고 천하 통일을 이루었다.

한비자의 법가 사상은 새로 만든 게 아니다. 유가와 도가의 사상을 부분적으로 흡수하고 전국시대 말기의 통치 상황을 분석하여 집대성한 것이다.

유가 사상은 예악(禮樂)의 교화를 중시하여, 맹자는 인간의 본성은 본래 선한 것으로 후천적인 환경의 영향을 받아 악하게 변한다고 생각했다. 이 때문에 유교에서는 예악의 교화를 받은 사람은 선한 본성을 유지하여 군자가 되고 그렇지 않은 사람은 소인이 된다고 보았다.

순자는 인간은 본래 악하다는 성악설을 주장하여 세상에는 군자와 소인뿐만 아니라 악인이 있다고 생각했다. 사람은 천성적으로 악의 본성이 있으므로 예악의 교화를 통해 악을 제거하고 선을 보존하여 악이 완전히 없어지면 군자가 되고 그렇지 않으면 소인이 된다. 이때 소인이 악인으로 되는 것을

---

39) 황제의 사상과 노자의 사상을 결합해 발전한 학문의 경향.

막기 위해 형법이 필요하다. 순자의 관념에서 예악은 군자와 소인을 구분하고 형법은 소인이 악인이 되는 것을 막아주는 역할을 한다.

한비자는 순자의 성악설을 계승하여 세상에 군자가 있을 수 없다고 여겼다. 그래서 정치 방면에서 예악 교화의 무용론을 제기했다. 어떻게 교화하든 사람들은 군자가 될 수 없기 때문이다. 오히려 형법을 강조하여 사람들이 악인이 되는 것을 막아야 하며 이것이 사회 발전에 더 도움이 된다고 보았다.

한비자의 '법'의 개념은 황로지학의 영향을 받았다. 법은 형법일 뿐만 아니라 정치 수단이자 권모술이며 나라를 다스리는 방법 중 하나다. 한비자는 법가 사상으로 자신의 정치적 주장을 펼쳤으며 이것은 통일 대업에 훨씬 이로운 학설이었다.

법가 사상가 한비자.

《손자병법》을 집필한 손무

손무(孫武)는 중국 고대의 유명한 군사가로 사람들은 그를 높여 손자(孫子), 병성(兵聖), 백세병가지사, 동방병학비조로 불렀다.

춘추시대에 오나라의 장군으로 임명되어 오자서(伍子胥)와 함께 왕을 보좌했다. 일찍이 왕명을 받들고 초나라를 공격하여 크게 승리하고 오나라의 위엄을 널리 떨쳐 오왕을 춘추오패 중 한 사람으로 만들었다.

손무는 평생 전쟁에서 쌓은 군사 경험을 바탕으로 고대 병가 사상을 집대성한 《손자병법》을 집필했다. 《손자병법》은 중국 최초의 병법서며 후대에 병학의 성전(聖典)으로 불릴 만큼 세계에서 가장 뛰어난 병법서의 전형이다.

《손자병법》의 〈시계편〉, 〈작전편〉, 〈모공편〉은 작전, 전시 동원, 출정 준비 등을 다룬 것으로 계획이 치밀할수록 승률이 높아진다는 내용을 담고 있다. 출병 전에 적군과 아군의 조건을 비교하여 전쟁의 승패를 가늠하고, 거시적으로 전쟁의 승패를 좌우할 수 있는 정치 및 군사 작전을 치밀하게 짜서 승패에 결정적인 작용을 하게 만드는 것이다.

〈군형편〉, 〈병세편〉, 〈허실편〉은 작전 지휘, 전투력, 전쟁 물자, 병력 배치, 사기(士氣) 등을 다룬 것으로 이것들을 조절하여 아군의 사기는 높이고 적군의 사기를 떨어뜨린다는 내용이다. 〈군쟁편〉, 〈구변편〉, 〈행군편〉은 어떻게 적군의 기선을 제압하고 상황마다 어떠한 전략전술을 펼치며 행군 중에 어떻게 진을 치고 적의 동태를 살필지에 관한 것이다.

〈지형편〉과 〈구지편〉은 지형 및 지형에 맞는 전술을 짜는 방법을, 〈화공편〉과 〈용간편〉은 특수 전술과 간첩 전술 등의 내용을 담고 있다.

《손자병법》은 병가 사상뿐만 아니라 작전 내용에 철학적 이치를 담고 있어서 상업과 인간관계, 정치 등 여러 방면에 적용되었다.

관중은 춘추시대 제나라의 유명한 정치가이자 군사 전략가며 사상가다. 그는 주나라 목왕(穆王)의 직계 후손으로 어려서 아버지를 여의었고, 생계를 유지하기 위해 벗인 포숙아(鮑叔牙)와 함께 장사를 하며 살았다.

훗날 포숙아의 추천으로 제나라 재상이 되었고, 환공(桓公)을 보좌하여 그를 춘추시대 최초의 패주로 만들었다. 이 때문에 관중을 '춘추 최고의 재상'이라 부르게 되었다. 관중이 지은 《관자(管子)》에서 그의 정치사상과 철학 사상을 엿볼 수 있다.

철학 사상 면에서 보면 관중은 제나라 도가학파의 대표 인물이다. 그는 《심술(心術)》, 《백심(白心)》, 《내업(內業)》 등에서 도가의 정기설(精氣說)을 체계적으로 서술했는데 이것은 노자의 도(道)를 '정기'로 바꾸어 설명한 것이다. 도는 형태가 없고 감각기관으로 직접 인식할 수 없다. 도는 만물의 근원이지만 말할 수도, 볼 수도, 들을 수도 없으며 존재하지 않는 것 같지만 세상의 모든 사물이 존재하는 법칙이다.

노자가 제기한 도는 모호하고 불확실했는데 관중은 도를 정기로 바꾸어 구체적으로 서술했다. 관중은 도는 일종의 정기로 만물과 인간은 모두 이 정기에 근원한다고 보았다. 관중은 또한 정기로 물질과 의식의 관계를 해석했다. 의식을 지닌 사람 역시 정기로 말미암아 태어나며 귀신도 정기로 말미암아 생긴다고 여겼다.

만물의 정기는 생명을 만드는데 땅에서는 오곡을 낳고 하늘에서는 별이 된다. 천지 사이에 흘러 다니는 것을 귀신이라 하고…….

이처럼 관중은 귀신을 보통의 물(物)로 여기고 그것이 초자연적 존재임을 부정했다.

관중은 인식 대상이 인식 주체의 외부에 존재한다고 여겼다. 그는 사람들이 지식 추구의 욕망을 갖고 있지만 이미 알고 있는 사물을 이해하지 못한다고 생각했다. 인식 대상과 인식 주체가 동일하지 않아 주관으로 자아 이외의 어떠한 사물도 인식할 수 없기 때문이다. 이러한 이유로 관중은 인식 과정에서 주체는 주관적인 억측을 버리고 외부 사물을 인식의 근거로 삼으며 모든 인식은 외부 사물을 반영한 진실한 것이어야 한다고 주장했다.

유가에서 맹자를 아성(亞聖)으로 부른다. 맹자는 중국 고
대의 유명한 사상가이자 정치가며 유가학파를 대표하는
인물이다. 공자의 유학 사상을 계승하고 발전시켜 지은
《맹자》는 맹자를 공자에 버금가는 유가종사(儒家宗師)의 지
위에 오르게 했다. 이 때문에 사람들은 그를 아성으로
불렀으며 공자와 더불어 공맹으로 일컬었다.

맹자의 선조는 노나라 귀족이었으나 후에 집안이 몰락
하자 노나라에서 추나라로 옮겨 살았다. 맹자는 세 살 때
아버지를 여의었는데 그의 어머니는 그를 매우 엄격하게
가르쳤다. 유명한 맹모삼천지교와 맹모단직(孟母斷織)[40]의
고사는 오랜 세월 동안 미담으로 전해왔으며 이후 가정
교육의 본보기가 되었다.

아성으로도 불리는 맹자.

맹자가 살던 시대는 제후국 사이에 전쟁이 끊이지 않
았다. 맹자는 제후들의 잔혹한 통치를 보고 제후들에 대
한 믿음을 잃었다. 그는 인심이 타락하고 마음의 본성을 잃어 사람들이 야
만적으로 변했다고 생각했다. 이에 맹자는 공자의 인애 사상의 영향을 받아,
사람의 본성은 천성적으로 악한 게 아니라 선량한 본성이 가려져 악해진 것
이므로 혼란한 사회를 구제하기 위해 인간의 본성과 인의의 마음을 회복해
야 한다고 주장했다.

맹자는 공자의 인애 사상을 발전시켜 성선설과 인정(仁政), 왕도(王道) 등의 이
론 및 민본 사상을 제기하고 이것으로 어지러운 세상을 바로잡으려 했다.

---

40) 맹자의 어머니가 베를 끊었다는 뜻으로, 맹자가 학업을 중단하고 집으로 돌아오자 어머니가 짜고 있던 베를 잘
라서 학문을 중도에 그만둔 것을 훈계한 일을 이르는 말. 맹모단기, 단기지계라고도 한다.

도가 사상의 체계는 노자에서 비롯되어 장자에 이르러 발전했기에 사람들은 노자와 장자를 도가 사상의 대표 인물로 생각한다. 전국시대에 도가를 대표하는 또 다른 주인공이 바로 열자(列子)다. 이름은 어구(御寇)이며 전국시대의 유명한 사상가다. 열자는 황제(黃帝)[41]와 노자 사상의 영향을 받아 청정무위를 주장했다. 그러나 그는 성품이 너그러우며 세상을 구제하고 백성들을 돕는 데 힘써 오히려 유가에 더 어울리는 사람이었다.

열자가 저술한 《열자》는 총 8권으로 《충허경(冲虛經)》이라고도 하며 후대에 도가의 중요한 서적으로 꼽혔다. 《열자》에 민간 종교 신앙과 도가의 신선 신화 등이 실려 있는데 이는 후대에 장생불사를 추구하는 사람들에게 큰 영향을 끼쳤다.

열자의 도가 사상은 노자나 장자와 다소 차이가 있다. 노자와 장자는 세상을 벗어나 도를 닦는 것을 중요시했지만 열자는 세상에서 도를 닦을 것을 주장했다. 즉 열자는 시끌벅적한 저잣거리와 묘당에 있어야 성정의 수양에 이롭다고 생각했다.

대은자(大隱者)는 저잣거리에 숨어 지낸다.

복잡하고 시끄러운 저잣거리를 은거지로 삼고 성정에 따라 행하며 외물에 동요하지 않는 것이야말로 도가 수양의 최고 경지다.

---

41) 중국 고대 전설상의 제왕. 삼황(三皇)의 한 사람으로, 처음으로 곡물 재배를 가르치고 문자·음악·도량형 따위를 정하였다고 한다.

열자가 추구한 최종 목표는 허(虛)와 멸(滅)이다. 육체와 마음, 만물의 표상은 모두 수도 과정에서 허무로 변하는데 마음은 육체가 소멸하여 고요해진 뒤에 순수하고 온전하게 보존될 수 있다. 열자가 말한 허와 망(亡)은 마음이 없어지는 게 아니라 도교에서 몸만 남기고 혼백이 빠져나가 신선이 되는 일과 같다. 즉 자유를 속박하는 모든 외부의 사물에서 벗어나 세속을 초탈하는 허무의 경지를 추구하는 것이다.

유가 문화를 부흥시킨 동중서

동중서(董仲舒)는 전한 시기의 철학자다. 한 무제(漢武帝)가 치국에 대한 방책을 올리라고 명을 내리자 동중서가 《거현량대책(擧賢良對策)》에서 '천인감응(天人感應)'[42], '대일통(大一統)'[43]의 학설과 '파출백가 독존유술(罷黜百家 獨尊儒術)'[44]의 주장을 펼쳤다.

그는 자연과 인사(人事)는 천명의 제재를 받으므로 천명이 반영된 정치 질서와 정치사상은 하나가 되어야 한다고 여겼다. 동중서의 유가 사상은 한 무제의 집권 통치를 더욱 탄탄하게 했으며 당시의 정치와 경제를 안정시키는 데 큰 역할을 했다.

동중서의 철학 사상은 '천인감응'에 드러나 있다. 이는 신학 목적론 체계의 핵심으로 두 가지 내용을 담고 있다.

첫째, 재이견고설(災異譴告說)이다. 동중서는 자연재해가 통치자의 잘못에서 비롯되었다고 여겼다. 즉 천자가 하늘의 뜻을 거슬러 어질지도 의롭지도 않은 짓을 저질렀기 때문에 하늘이 재앙과 이변을 일으켜 꾸짖는 것이다. 이것은 동중서가 《춘추번로(春秋繁露)》〈필인차지(必仁且智)〉에서 말한 "견책했는데도 알지 못하면 위엄으로써 두렵게 한다"와 같은 의미다.

둘째, 천인동류설(天人同類說)이다. 《춘추번로》〈동류상동(同類相動)〉에 다음과 같은 말이 있다.

하늘에 음과 양이 있으며 인간에게도 음과 양이 있다. 천지의 음기가 일어나면 인간의 음기가 응하여 일어나며, 인간의 음기가 일어나면 하늘의 음기가 응하여

---

42) 하늘과 땅, 사람이 서로 연결되어 있다고 생각하는 믿음.
43) 중앙집권적 황제 일개인에게 권력을 집중하고 그 권력을 강화해야 한다는 주장.
44) 백가를 폐출하고 유가만 존중함.

일어나니 그 도(道)는 하나다.

동중서는 기(氣)를 매개로 기에 형(刑)과 덕(德)의 작용이 있다고 보았다. 즉 양이 덕이고 음이 형벌이다. 마찬가지로 인간의 도덕 행위도 기의 변화를 일으켜 서로 감응하는데 《춘추번로》 〈천지음양〉에서 그 내용을 볼 수 있다.

세상이 다스려지고 백성이 화목하며 뜻이 안정되고 기가 바르게 되면 천지의 교화는 정밀해지고 만물의 아름다움이 일어난다.

동중서는 하늘을 신으로 형상화하여 천인감응설로 무한한 군주의 권력을 설명하고 군부(君父)의 존위와 그 통치에 이론적 근거를 마련해주었다.

동중서의 또 다른 철학 사상으로 천인합일이 있다. 천인합일은 중국 고전 철학의 근본 관념 중 하나로 '천'은 자연을 대표한다. 천인합일은 두 가지 의미를 담고 있다. 첫째, 하늘과 사람은 하나다. 그러므로 우주와 자연은 대천지(大天地)고 사람은 소천지(小天地)다. 둘째, 천인상응(天人相應)이다. 사람과 자연은 본질적으로 서로 통하므로 모든 인사(人事)는 자연법칙에 순응하여 자연과 조화를 이룬다.

동중서는 새로운 역사 환경에서 백여 년 동안 쇠퇴했던 유가 문화를 부흥시키고 중국 고전 문화 속 각 유파의 사상을 흡수하여 새로운 사상 체계를 만들었다.

이정(二程)은 송대 이학의 창시자인 정호(程顥)와 정이(程頤)
형제를 가리킨다. 정호는 명도선생(明道先生), 정이는 이천
선생(伊天先生)으로 불리며 두 사람의 저서로 《이정집》이
있다.

정호, 정이 형제는 이(理)를 우주의 본체로 삼고 만물
이 '이'로 말미암아 생겨난다고 주장하여 '심즉리 이즉심
(心卽理 理卽心)'을 제기했다. 모든 객관 사물은 마음[心]으로 본 결과며, 먼저 마

정호(왼쪽)와 정이 형제.

정호와 정이 형제는 송대 이학의 창시자로 이정(二程)으로 불린다. 정호, 정이 형제는 이(理)를 우주의 본
체로 삼고 만물이 '이'로 말미암아 생겨난다고 주장하여 '심즉리 이즉심'을 제기했다. 모든 객관 사물은 마
음으로 본 결과며, 먼저 마음이 있고 그 후에 각종 사물의 형체가 생겨난다. 또 천지가 인애로 가득차야
사람과 사물 사이의 경계가 없어져 천인합일의 최고 경지에 이를 수 있다는 것이다.

음이 있고 그 후에 각종 사물의 형체가 생겨난다. 또 천지가 인애로 가득 차야 사람과 사물 사이의 경계가 없어져 천인합일의 최고 경지에 이를 수 있다는 것이다.

그들은 '이'와 '기'가 결합하여 인성이 생긴다고 보았다. '이'의 방면에서 보면, 자연의 '기'는 청탁(淸濁)과 후박(厚薄)이 있으며 이에 따라 사람도 현우(賢愚)와 선악으로 나뉜다. 이것이 바로 기질지성(氣質之性)으로 사람은 '기'의 청탁에 따라 현우가 결정된다. 사람은 각각 천부적인 기질이 다르지만 뜻을 돈독히 하고 배움을 즐기면 우둔한 사람도 지혜로운 사람이 될 수 있다. 심리 인식 방면에서 이정은 장재(張載)의 견문지지와 덕성지지를 계승했다.

이정은 이학 방면에서 명확한 관점과 이론을 제시하여 이학의 체계를 구축했다. 또 전통적인 유가 사상을 기본으로 도가 사상의 천도설을 수용했으며 '이'를 인간의 행위와 만물이 운동하는 유일한 법칙이라고 여겼다. 이러한 이론은 남송의 주희(朱熹)를 거쳐 중국철학 사상 가장 유명한 송명이학을 이루었다.

신선술의 체계를 세운 갈홍

갈홍(葛洪)은 호가 포박자(抱朴子)로 동진(東晉)의 도사이자 의학자며 연금술사다. 삼국시대에 신선의 술법을 닦던 갈현(葛玄)의 손자로 소선옹(小仙翁)으로 불린다. 관내후(關內侯)로 봉해졌으나 후에 나부산에 은거하면서 단약을 만들고 도를 닦았다.

대표 작품으로 《신선전》, 《포박자》, 《주후비급방(肘後備急方)》, 《서경잡기》 등이 있다. 그중 《포박자》 〈내편〉은 금은단약을 제조하는 방법 등 화학과 관련된 다양한 지식을 구체적으로 서술하고 다양한 물질의 성질과 변화를 소개하여 화학 이론의 발전에 큰 영향을 끼쳤다.

갈홍은 학파를 창시하지 않았지만 도교를 대표하는 인물임은 분명하다. 당시 사람들이 신선의 설법을 믿지 않자, 갈홍은 철학과 학술을 이용하여 지식의 한계성을 논증하고 신선이 실제로 존재한다고 강조했다. 그는 사람들에게 신선이 되는 방법을 알려주면서, 도를 닦아 신선이 되는 일이 더 이상 불가능한 일이 아님을 알게 했다.

갈홍은 신선이 되기 위한 방법으로 네 가지를 제시했다. 첫째, 정신 수양으로 마음을 잘 다스려야 하며 둘째, 이론 수양으로 여러 가지 양생술을 두루 익히며 셋째, 의학 수양으로 단약을 복용하며 넷째, 도덕 수양으로 선을 쌓고 공(功)을 이루어야 한다. 그는 이 네 가지를 할 수 있으면 신선이 될 수 있다고 주장했다.

갈홍의 신선술은 명확한 이론 체계를 갖추고 있으며 도교의 신선 이론을 확립하여 세상 사람들에게 신선이 되는 구체적인 방법을 제시했다. 또 세속과 신선계를 이어주는 다리 역할을 했으며 도를 닦고 단약을 제조하는 데 합리적인 근거를 제공했다. 갈홍의 신선술은 도술과 법술뿐만 아니라 신선이 되려는 자들의 도덕적 품행과 인격의 수양도 강조했다.

한유(韓愈)는 당나라의 문학가이자 당송팔대가 중 한 사람이며 유가 사상의 대표 인물이다.

수·당 시기에 유학은 급격히 쇠락했고 조정의 황제는 물론 민간의 백성들까지 모두 불교와 도교에 빠졌다. 한유는 당나라 중기에 일어난 안사의 난 이후로 유가 사상이 쇠퇴하여 인간이 탐욕스럽게 변하고 충효예의 정신이 사라졌음을 깨달았다. 이에 먼저 도통(都統), 곧 유학의 도를 전하는 계통을 세울 것을 제기하고 유학의 회복을 임무로 여겨 불교를 비판하고 다시 유가 사상의 통치 지위를 확립하고자 했다. 한유는 유가를 보편적으로 적용할 수 있는 도덕 규칙으로 여기고 그 구체적인 내용으로 유가에서 중시한 인(仁), 의(義), 도(道), 덕(德)을 내세웠다. '인'은 백성에 대한 군주의 사랑이며, '의'는 행동의 준칙이며, '도'는 천도를 따르는 것이며, '덕'은 정신 수양을 의미한다.

고대의 군주들은 이 네 가지로 천하를 다스렸으며 이 유학의 도는 요임금이 순임금에게 전해주고 계속해서 우왕, 탕왕, 문왕, 무왕, 주공, 공자, 맹자에게 전해 내려왔다. 맹자 이후에 유학이 더 이상 전해지지 않았는데, 한유는 이렇게 전해 내려온 순서를 도통으로 삼았다. 그는 자신을 맹자 이후 도통의 계승자로 생각하여 문학 창작을 통해 글에 도를 싣는 문이재도(文以載道)의 유가 사상을 펼쳤다.

소식은 〈조주한문공묘비〉에서 다음과 같이 한유를 칭송했다.

한유의 문장은 8대의 쇠약함을 일으켰다.

이처럼 한유의 문장과 도통 사상은 송·명 시기의 성리학에서 더욱 중시되어 유학 교육의 중심이 되었다. 이로 인해 유가 사상은 새로운 내용으로 발전했으며, 유학 교육은 행위와 도덕에까지 미쳤다.

장재는 북송의 사상가이자 관학의 창시자며 송나라 이학의 창시자 중 한 사람이다. 호가 횡거(橫渠)여서 횡거선생으로도 불린다. 그의 저서는 명·청 시대에 철학의 대표작으로 여겨져 과거 시험의 필독서로 선정되었다.

장재는 우주의 근원이 기(氣)며 '기'의 본체인 태허(太虛)는 형태가 없다고 보았다. 우주는 시작도 없고 끝도 없는 과정이며 그 안에는 성하고 쇠함, 오르고 내림, 움직임과 멈춤 등 모순적인 대립 운동으로 가득하다. '기'가 모여 만물을 생성하고 '기'가 흩어지면 만물이 태허로 변화한다.

장재는 우주 만물의 모순을 인식하여 모순 현상을 '하나와 둘'의 관계로 설명했다.

한 사물이면서 둘인 것이 '기'다. 태허는 한 사물이고 태허의 '기'에 따라 음양이 작용하여 만물이 변화한다.

이처럼 장재는 하나와 둘은 밀접한 관계가 있으며 서로 의지하면서 존재한다고 보았다. 그래서 그는 백성을 동포로 보고 만물을 동류로 보는 민포물여(民胞物與) 사상을 주장했다. 즉 천지는 만물과 인류의 부모이고, 천지인(天地人) 세 가지는 '기'가 모여 만들어졌으며, 만물과 천지지성(天地之性)[45]은 하나임을 의미한다. 또 인식 방면에서 장재는 견문지지(見聞之知)와 덕성지지(德性之知)를 구분해야 한다고 주장했다. 전자는 감각과 경험으로 얻어지는 지식이며, 후자는 수양을 통해 이를 수 있는 정신적 경지로 이 경지에 들어간 사람은 만물의 법칙을 깨달을 수 있다.

---

45) 모든 사람이 본디부터 가지고 있는 착하고 평등한 천성. 본연지성이라고도 한다.

죽림칠현은 위진 시기 일곱 명의 명사로 혜강, 완적, 산도 (山濤), 상수(向秀)[46], 유영(劉伶), 왕융(王戎), 완함(阮咸)을 가리 킨다. 이 일곱 사람은 당시 산양현의 대나무 숲에 모여 술을 즐기며 청담으로 세월을 보냈기 때문에 죽림칠현으 로 불린다.

죽림칠현은 위진현학의 대표 인물들로 그들은 노장사상을 숭상하고 유가 의 예법에 구애받지 않으며 자유로운 인생을 추구했다. 그러나 철학 사상에 서 일곱 사람의 주장은 조금씩 차이가 있다.

혜강, 완적, 유영, 완함은 노장사상을 신봉하여 술을 마시고 단약(丹藥)을 제조하며 청정무위를 주장했다. 또 관직에서 물러나 은거하면서 도교의 법 과 선의(仙意)를 추구하며 유교에서 벗어나 자연을 따르는 삶을 살았다. 산도 와 왕융은 노장을 중심으로 유가 사상을 흡수했고, 상수는 유가와 도가의 하나 됨을 주장하여 유가의 예법과 도가의 자연을 모두 중시했다.

정치에 대한 그들의 생각은 더욱 뚜렷한 차이를 보인다. 혜강, 완적, 유영 등은 위나라에서 관직 생활을 한 까닭에 난을 일으켜 정권을 차지한 사마염 (司馬炎)를 맹비난했으며, 사마염이 서진(西晉)을 세운 뒤에도 비협조적인 태도를 취했다. 혜강은 사마염의 회유를 거부하다 결국 처형당했으며, 완적과 유영 은 술에 취해 미치광이인 척하면서 소극적인 방식으로 저항했다.

상수는 회유를 당해 사마염 정권에서 벼슬살이를 했고 완함도 서진의 조 정에서 산기시랑을 맡았다. 산도는 중년 이후에 관직에 나아가 사마염을 보 좌하여 상서이부랑, 시중, 사도 등을 역임하여 서진 정권의 고위 관리가 되었

---

46) 성(姓)일 경우, 상으로 발음한다.

그림은 1681년경 가노 단신(Kano Tanshin)이 그린 죽림칠현이다.

죽림칠현은 위진 시기 일곱 명의 명사로 혜강, 완적, 산도, 상수, 유영, 왕융, 완함을 가리킨다. 이 일곱 사람은 당시 산양현의 대나무 숲에 모여 술을 즐기며 청담으로 세월을 보냈으므로 죽림칠현으로 불린다.

다. 왕융은 칠현 중에서 가장 어렸지만 공명심은 그 누구보다 높았다. 서진이 들어선 후 오랜 기간 동안 시중, 이부상서, 대사도 등의 고위직을 역임했고 무제(武帝)와 혜제(惠帝)를 섬겼다.

죽림칠현은 비록 정치에서 서로 다른 태도를 취했지만 한때 세속과 인연을 끊고 거문고와 술을 즐기며 문학과 철학을 담론하여 중국 고대의 지조 있고 고결한 학자의 상징이 되었다.

주희는 북송 정호와 정이의 이학 사상을 계승하고 발전 시킨 송대 이학의 집대성자다. 주희는 '이'가 세계의 본질이라는 '이' 우위의 이기이원론을 완성했다.

그에 따르면, 천지지성은 '이'가 드러난 것으로 완전무결한 선이지만 기질지성은 맑기도 하고 탁하기도 하여 선과 악이 공존한다. 이 두 가지 중 하나라도 없으면 인간이 될 수 없다. 이후 천지지성과 기질지성의 관계는 도심(道心)과 인심(人心), 즉 심성론과 연결되었다.

도심은 천리(天理) 또는 정의에서 나오는 것으로 인의예지의 마음이며, 인심은 형기(形氣)[25]의 사리(私利)에서 나오는 것으로 인간의 욕망을 말한다. 도심과 인심의 관계는 모순적이면서 통일적이다. 인심은 도심의 명령을 따르고 도심은 인심을 통해 드러나므로 도심과 인심은 주종 관계라 할 수 있다.

주희는 심성론에서 천리와 인욕 문제를 탐구했다. 인심에는 사욕이 있어 사회에 위험을 야기하지만 도심은 천리이므로 사회 발전에 도움을 준다. 그래서 주희는 인욕을 없애고 천리를 보존하자는 주장을 내세웠다.

'기'를 해석하는 문제에서 주희는, 천리는 '기'를 의지하여 만물을 생성하며 '기'는 하나에서 둘이 되고 결국에는 음양이 된다고 주장했다. 동적인 것은 '양'이고 정적인 것은 '음'이며 여기에서 다시 금(金), 목(木), 수(水), 화(火), 토(土)의 다섯 가지 '기'가 생기며 이것들이 합쳐져 만물을 생성한다.

주희는 또 《대학》에 나오는 격물치지(格物致知)라는 명제를 두고, 지행(知行) 관계의 이론 문제를 탐구했다. 그는 사람은 천성적이고 선험적인 지식을 갖고 있지만 보고 들으면서 얻는 지식도 중요하다고 보고 먼저 그 사물의 이치를 연구해야 그 재능을 궁구할 수 있다고 강조했다. 그래서 사회 효용 면에서 볼 때 '행'이 '지'보다 더욱 중요하다고 보았다.

---

25) 겉으로 보이는 형상과 기운.

왕양명.

왕양명(王陽明)은 이름이 수인(守仁)으로 양명선생으로도 불린다. 명나라의 유명한 철학자로 이정, 주희, 육구연(陸九淵) 이후의 또 다른 유학 대가이자 심학(心學)학파의 창시자다. 왕양명은 사맹(思孟)학파[25]의 진심(盡心)과 양지(良知), 육구연의 심즉리 학설을 기초로 주희의 '이'를 비판적으로 흡수하여 왕학(王學), 즉 양명심학을 창시했다.

왕학은 지행합일과 치양지(致良知)[26]를 기본 사상으로 하고 마음을 중심 이론으로 내세워 양지로 마음을 해석했다. 마음은 왕학의 근본으로 물(物), 사(事), 이(理), 의(義), 선(善), 학(學) 등은 모두 내 마음 안에 있다고 보았다. 심즉리는 송대 이학의 범주를 심학으로 이끌었다. 왕양명은 양지는 마음의 본체로 모든 사람이 천성적으로 지니고 있다고 생각했다. 즉 배우지 않아도 알 수 있는 선험적인 도덕적 판단 능력이라고 여겼다.

왕양명의 심학은 주체 의식의 능동성을 강조하고 인격의 정신과 힘을 인정했다. 그는 성인(聖人)이 되는 학문을 통속화하고 대중화하여 누구나 치양지를 통해 성인의 경지에 이를 수 있도록 했다. 그가 설파한 '사람은 누구나 성현'이라는 가르침은 바로 이러한 이치를 담고 있다.

왕양명의 철학 이론이 송대 이학의 핵심을 흡수했기에 심학은 명대에 발전한 이학으로 여겨졌다. 또 그는 불교 선종의 영향을 받았으며 유불도(儒佛道)의 사상에 정통하여 송대 이학의 집대성자로 불렸다.

---

25) 중국 전국시대의 유가 사상가 가운데 형식보다 정신을 중히 여기는 일파. 사는 자사(子思)로, 공자의 손자인 공급(孔伋)의 자(字)이고, 맹은 맹자를 이른다.

26) 모든 사람이 가지는 선천적·보편적 마음의 본체인 양지를 실현하는 일.

5

세상을 뒤흔든
이 한마디

철학은 다양한 학문 체계를 포함한다. 이 체계 속에 들어 있는 철학 명언은 간단명료한 말이지만 인류의 문명을 발전시키는 데 이성적인 추진 역할을 해왔다. 철학 명언은 언어와 사고의 완벽한 조합이자 철학자들의 일궈낸 지혜의 빛으로 미래를 밝히는 진리다.

아름다움은 수의 조화에 있다

피타고라스가 제기한 이 한 문장은 아름다움의 본질을 잘 표현했다. 아름다움은 물질이 아니라 아름다움 자체다. 아름다움은 일종의 정보 현상으로, 정보의 질서와 조합이 바로 아름다움을 형성한다.

피타고라스는 정보를 수의 본질로 보고, 신호 정보가 인간의 두뇌에서 전환된 부호 정보도 수의 본질이라고 여겼다. 그는 수를 만물의 근원으로 보았는데 이는 객관적인 비물질의 존재 형식에 대한 인식이다. 수는 물질 밖의 독립적인 본질이자 물질보다 먼저 존재하는 것으로 만물의 법칙이며 원천이다. 조화는 아름다운 것이며 수의 구조는 조화를 이루고 있다. 즉 아름다움은 '수의 조화'에 있다. 피타고라스는 수와 조화로 우주의 구성을 해석하고 이 철학 명언에 담긴 뜻을 생동감 있게 구현했다

피타고라스는 수학자이자 철학자다. 그는 이집트와 바빌론에서 유학하면서 성직자들에게 기하학과 산수, 천문학을 배웠다. 그가 증명한 '피타고라스의 정리'는 유클리드 기하학의 밑바탕이 되었다. 피타고라스는 철학과 수학을 결합하여 철학 이론을 완성했다. 그는 '수는 만물의 근원'이라는 명제와 '조화는 수의 구조'라는 명제를 종합하여 '아름다움은 수의 조화'라는 명제를 이끌어냈다.

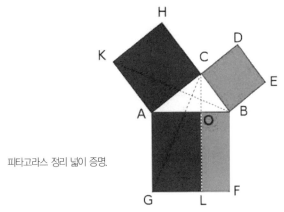

피타고라스 정리 넓이 증명.

인간은 본능적으로 지식을 추구한다. 이것은 아리스토 텔레스의 《형이상학》에 나오는 말이다. 그는 이 한 문장 으로 철학의 기원을 설명했다. 이와 비슷한 것으로 '철 학은 한가함과 궁금증에서 기원한다'는 말이 있다. 아리 스토텔레스는 인간의 지식 추구는 무언가를 알고 지혜 를 추구하는 사변 활동으로, 어떠한 물질적 이익과 외부의 목적에 굴복하지 않기에 지식 추구를 가장 자유로운 학문이라고 생각했다.

철학의 사변은 '궁금증'에서 기원하고, 그 궁금증은 호기심과 같다. 철학 자들은 처음에 자연현상, 이를테면 해와 달이 뜨고 별이 반짝이며 바람이 불고 비가 내리는 것 등에 의아함을 느꼈을 것이다. 그러다가 점점 호기심이 커져 만물의 근원과 우주의 기원 등의 철학 문제를 제기했을 것이다.

이 밖에도 철학 활동을 하려면 '한가함'이 필요하다. 이는 철학 사변을 위 한 필수 조건이다. 고대 그리스의 철학자들은 대부분 귀족이었다. 그들은 생 계를 고민할 필요가 없으므로 사변 활동에 집중할 수 있었다. 또 고대 그리 스의 노예제도는 다른 민족보다 훨씬 발달하여 귀족들은 충분한 시간적 여 유가 있었으므로 그 시간에 철학 사변을 할 수 있었다. 그러나 한가함은 모 든 지적 활동을 위한 필요조건이지 충분조건은 아니다.

사람들은 종종 묻는다. 철학이 도대체 무슨 쓸모가 있는가? 아리스토텔 레스가 말한 것처럼 지식 추구는 인간의 본성이고 본능이다. 인간은 지혜를 얻기 위해 지혜를 구하고 지식을 쌓기 위해 지식을 추구한다. 철학 학원을 다니면서 애를 써서 배운다고 해서 얻을 수 있는 것도 아니다.

마르틴 하이데거가 말했다.

만약 꼭 철학의 용도를 묻는다면 철학은 쓸모없다!

고대 그리스에 이와 비슷한 철학 이야기가 있다.

어떤 청년이 소크라테스를 만나 물었다.

"소크라테스, 당신에게 철학을 배우고 싶습니다."

그러자 소크라테스가 물었다.

"그대가 배우고 싶은 게 무엇인가? 법률을 배우면 소송의 기술을 터득하고, 목공을 배우면 가구를 만들며, 장사를 배우면 돈을 벌 수 있을 것이네. 그런데 그대가 철학을 배워서 앞으로 무엇을 할 수 있겠나?"

소크라테스는 이 청년에게 철학이 쓸모없다는 사실을 말해주고 싶었다.

그러나 사람들은 이 학문이 쓸모 있는지 없는지 헤아리고 나서 이것을 할지 안 할지를 결정하지 않는다. 왜냐하면 지식 추구는 인간의 본성이기 때문이다. 마찬가지로 철학 역시 '쓸모 있다'고 해서 사람들이 배우고 '쓸모없다'고 해서 버리는 학문이 아니다. 우리는 매순간 철학 속에서 살고 있다. 인간은 본질적으로 '철학적 존재'다. 우리는 자신의 본성을 부정할 수 없으므로 철학은 영원이 없어지지 않을 것이다.

스승은 귀하다. 그러나 진리는 더욱 귀하다. 이는 고대 그리스 철학자 아리스토텔레스가 한 말이다. 아리스토텔레스의 스승은 위대한 철학자 플라톤이다. 그는 플라톤을 20여 년 동안 스승으로 섬기면서 플라톤의 사상과 다른 학파의 사상을 체계적으로 공부했다. 이 과정에서 아리스토텔레스의 관점은 스승과 차이가 생겼다. 그는 용감하게 스승의 잘못과 결점을 지적했다. 다른 사람들이 스승을 배반했다고 손가락질해도 아리스토텔레스는 자신의 행동에 대해 자신 있게 대답했다.

스승은 귀하다. 그러나 진리는 더욱 귀하다!

아리스토텔레스는 플라톤의 이데아설을 냉정하게 비판하고 실체설을 제기했다. 그는 사물의 본질과 운동을 설명할 경우, 플라톤의 관념으로 문제를 해결할 수 없을 뿐만 아니라 오히려 문제를 더 복잡하게 만든다고 지적했다. 플라톤은 개별적이고 구체적인 사물은 가짜고 오직 인간의 이념만 진짜며, 어떤 사물을 인식하려면 우선 사물의 이념을 인식해야 한다고 여겼다.

반면 아리스토텔레스는 개별적이고 구체적인 사물이야말로 진실하다고 여겼다. 사람들이 일상에서 볼 수 있는 말[馬]과 인간 이외에 또 다른 것이 존재한다고 가정한다면, 말과 인간보다 진실한 말과 인간의 '이념'은 눈곱만큼도 쓸모가 없다. 그는 소크라테스의 예를 가지고 플라톤을 풍자했다.

'소크라테스'라는 이 이념이 존재하든 존재하지 않든 소크라테스 같은 구체적인 사람을 만들어낼 수 있다.

아리스토텔레스의 실체설을 살펴보자. 아리스토텔레스는 제1실체 외에 제
2실체가 있다고 했다. 이는 개별 사물의 '속(屬, 개체)'과 '종(種)'이다. 개별적인 인
간은 제1실체며 인간이라는 '속' 안에 포함되어 있으며 인간이라는 속은 또
동물이라는 '종' 안에 포함되어 있다. 어떤 것이든 동물 아니면 인간이다. 그
러나 동물과 인간도 실제 존재하므로 '실체'인 것이다. 그러나 이것들의 존재
는 직접적으로 드러나는 게 아니라 개별적인 사물을 통해 드러난다. 그래서
이것들이 제2실체인 것이다.

아리스토텔레스는 플라톤의 이데아설을 수정하여 제2실체를 제기했다.
그의 이 행위는 '스승은 귀하다. 그러나 진리는 더욱 귀하다'에 딱 들어맞는
다. 이처럼 진리 탐구에 있어서 아리스토텔레스는 개성이 넘치고 유별난 철
학자였다.

그림은 라파엘로가 그린
〈아테네 학당〉 중 플라톤(왼쪽)과 아
리스토텔레스다.

아리스토텔레스의 스승은 위대한 철학
자 플라톤이다. 그는 플라톤을 20여 년
동안 스승으로 섬기면서 플라톤의 사
상과 고대 그리스의 다른 학파의 사상
을 체계적으로 공부했다. 이 과정에서
아리스토텔레스의 관점은 스승과 차이
가 생겼고, 그는 용감하게 스승의 잘못
과 결점을 지적했다. 다른 사람들이 스
승을 배반했다고 손가락질해도 아리스
토텔레스는 자신의 행동에 대해 자신
있게 대답했다.
"스승은 귀하다. 그러나 진리는 더욱 귀
하다!"

인간은 생각하는 갈대다. 프랑스의 유명한 철학자 블레즈 파스칼(Blaise Pascal)이 한 말로 '생각은 인간을 위대하게 만든다'라는 의미를 내포하고 있다. 간단히 말하면 인간이 위대한 까닭은 생각을 할 수 있기 때문이다.

파스칼은 인간을 연약한 갈대로 비유했다. 인간이 잔혹한 대자연을 버텨낼 수 없는 갈대처럼 연약하지만 갈대와 다른 점, 인간이 인간인 까닭은 생각을 하기 때문이다. 그래서 인간은 갈대처럼 비바람에 마냥 흔들리지 않는다. 다만 조용히 약육강식의 자연법칙을 따를 뿐이다. 인간은 자연재해에 맞닥뜨렸을 때 인간의 힘으로 극복할 수 없더라도 강한 의지로 맞서 싸운다. 결과가 어떻든 인간은 그 안에서 경험을 얻어 또다시 재해가 닥쳐도 피해를 최대한 줄일 수 있다.

인간은 생각의 불꽃이 튈 때 많은 에너지를 만들어내며 사유의 지혜가 완전히 열릴 때 인간이라는 이 약자 집단은 발전을 경험하게 된다.

인간은 생각하는 갈대다. 이 말은 사고의 위대한 힘을 증명했다. 대자연의 공격을 견뎌내지 못했던 인간은 생각을 함으로써 더 고귀하고 존엄해졌다. 생각은 위대하다. 생각 때문에 인간은 독립적이고 자유로워졌다. 생각은 다른 생물들이 갖고 있는 특성 중에서도 최고의 장점이다. 생각에는 힘이 있다. 생각 때문에 갈대처럼 연약했던 인간의 생명이 더 강해졌다. 생각 때문에 인간은 사나운 생물을 제압하여 만물의 지배자가 되었다. 생각 때문에 인간은 존엄하게 살아가며 위대한 대자연의 지도자가 되었다.

이처럼 생각은 인간을 높은 수준으로 이끌었다. 생각은 인간에게 마치 제2의 부모와 같다. 그렇다면 인간도 마땅히 올바른 생각을 해야 한다. '올바른 생각'은 도덕적인 인간이 되도록 인도한다. 인간은 생각을 활용하여 창조에 힘써야 한다. 그리하여 후손들은 물론 만물까지 행복하게 해야 한다. 이는 생각이 인간에게 부여한 사명이며 인간은 생각을 통해 이 사명을 완수해야 한다. 그렇게 되면 인간의 존재 의의가 헛되지 않을 것이다. 파스칼도 우리에게 말하고 있다. 만약 어떤 사람이 생각 없이 살아간다면 그는 그냥 숨만 쉬고 있는 것이지 삶을 산다고 말할 수 없으며 한 번이라도 의미 있는 인생을 경험해보지 못할 것이라고 말이다.

갈대는 연약하다. 특별하지도 않다. 지혜가 있는 것도, 재능이 있는 것도 아니다. 단지 바람이 불면 흔들리고 비가 오면 맞을 뿐이다. 그러나 인간은 갈대와 다르다. 인간은 자주적이고 독립적이며 세상에서 가장 지혜로운 생명체다. 만일 자연계를 모두 갈대로 생각한다면 인간은 그중에서도 생각을 지닌 갈대며 이 세상에서 가장 빛나고 특별한 갈대일 것이다.

'인간은 생각하는 갈대다'는 그야말로 생동감 넘치는 표현이다. 이 명언을 보면 파스칼이 사고의 위대함뿐만 아니라 생각을 할 수 있는 인간을 얼마나 소중한 존재로 여겼는지 알 수 있다.

블레즈 파스칼의 데스마스크.

나는 생각한다. 그러므로 나는 존재한다. 이 말은 프랑스 철학자 데카르트가 제기한 명제로, 그의 인식론 철학의 출발점이자 '방법적 회의'의 종착점이다. 이는 유심론의 명제가 아니라 인식론에 관한 내용으로 여기에 내포된 철학적 의미는 다음과 같다.

나는 나의 존재를 부정할 수 없다. 왜냐하면 의심하거나 부정하는 것 자체가 내가 살아 있음을 말하기 때문이다.

그렇다면 데카르트의 이 명제는 어떻게 성립되었을까?

데카르트는 이것이 연역 추리의 결과도, 귀납으로 도출한 결과도 아닌 비교적 직관적인 명제라고 생각했다. 그러나 경험론과 유물론을 철석같이 믿는 사람들의 눈에 데카르트의 이 명언은 오히려 그에게 치명적인 약점으로 보였다. 이 명제는 데카르트에게는 자신의 철학 체계의 출발점이었지만 동유럽과 중국 학계에서는 극단적인 주관적 유심론의 대표 사상이라고 맹비난을 퍼부었다. 또 사람들은 '존재는 반드시 의식보다 먼저다'와 '육체가 없으면 생각을 할 수 없다' 등을 근거로 데카르트의 이 명제는 '본말이 전도'되었으며 '황당무계한 말'이라고 비웃었다.

위에서 알 수 있듯이 데카르트는 철학을 추구하면서 험난한 탐색 과정을 거쳤다. 그의 철학 사상은 인간의 인지능력에 대한 가장 근본적이고 철저한 의심에서 시작되었다. 데카르트는 자신의 사유 과정의 시작을 이렇게 서술했다.

지금까지의 나는 '진실'에 가장 가까운 것이 나 자신의 감각에서 온다고 믿었다. 그런데 이러한 것들은 종종 우리를 속였다. 그러므로 유일하게 밝은 지혜라고 말할 수 있는 것은 우리 눈에 보이는 것을 결코 100% 믿을 수 없다는 사실이다. 외부 세계가 우리의 인지에 제공하는 도움이 이처럼 믿을 수 없다면 우리가 주동적으로 감지할 수 있는 활동과 사유는 어떠한 것인가? 이러한 활동은 꿈속에서 나타나 우리가 '꿈'과 '각성'을 정확하게 구분할 수 없게 만들었다. 그래서 나는 의심하지 않을 수 없었다. 이 세계가 정말로 환상이란 말인가?

데카르트는 이렇게 간단하고 초보적인 의심을 통해 탐색을 시작하여 할 수 있는 데까지 의심했다. 데카르트는 '나'를 육체는 존재하지 않고 정신만 있다고 가정했다. 그 후 그는 정신이 없으면 아무것도 할 수 없음을 깨달았다. 즉 어떤 것은 없어서는 안 되는데 그것이 바로 '생각하는 나'라는 사실을 발견했다.

데카르트가 서술한 자신의 철학 사고 과정에서 우리는 명언에 담긴 의미가 단순히 '나는 생각하니까 존재한다'가 아니라 '나는 사고를 통해 내가 존재한다는 것을 인식한다'임을 알 수 있다.

데카르트가 처음 이 명언을 제기했을 때 의문을 품을 수 없는 철학의 학술 체계를 세우는 게 바람이었다. 그러나 그의 이 철학 명제는 출발부터 사람들의 오해를 샀다. 데카르트로서는 매우 불공평하고 억울한 일이었다.

데카르트의 의심은 구체적인 사물과 원리에 대한 의심이 아니라 인류, 세계, 하나님에 대한 절대적인 의심이었다. 데카르트가 절대적인 의심을 통해 이끌어내고 싶었던 것은 의문을 품을 수 없는 철학의 원칙이었다.

존재하는 것은 무엇이라도 합리적이다. 이 개념은 독일 철학자 헤겔이 제기한 것으로 가장 보편적이고 추상적인 공통성을 의미한다. 또는 사물의 본질이 이성과 절대정신에 합해질 수 있음을 뜻한다. 헤겔이 살았던 시대는 플라톤의 사상이 큰 영향력을 끼치고 있었다. 플라톤은 현실에 있는 것 중에서 느낄 수 없는 것이 가장 진실하며 이데아 세계가 가장 완벽하고 진실하다고 여겼다. 헤겔은 이러한 플라톤의 영향을 받아 이데아가 가장 진실하며 그것이 바로 '존재'라고 생각했다.

헤겔의 '이(理)'는 일반적인 의미의 이성이나 도리가 아니라 절대 이성이다. 다시 말하면 헤겔이 생각한 사물의 본질은 마르크스주의가 주장한 객관적 규칙에서 유추할 수 있다. 헤겔의 이 철학 사상은 실존주의 탄생에 단단한 철학적 기초를 제공했다.

존재하는 것은 무엇이라도 합리적이다. 이 철학 사상은 헤겔의 변증법에서 시작되었다. 헤겔 변증법의 본질은 어떤 사물에 대해 축소와 확대 등을 조작하고, 각종 조작의 결과도 검증이 필요하며, 여기서 얻은 사물은 진짜가 아니거나 어느 정도는 진짜라고 말할 수 있다.

바꾸어 말하면, 변증법을 사용하여 사물을 관찰하려면 기본 원칙이 필요하다. 이성 판단에 근거한 기본 원칙은 우리가 이해하지 못하는 사물을 대했을 때 변증법을 거쳐 논리를 이용하여 이미 알고 있는 사물을 조작하도록 돕는다. 우리는 이 사물에 대한 이해를 근거로 알고 싶은 사물이 맞는지 틀리는지 추론할 수 있다. 이것이 바로 변증법적으로 사물을 보는 방법이다. 여기에서 논리에 부합하는 조작이 '변(辨)'이며 추론이 '증(證)'이다.

합리적이기 때문에 존재할 수 있으며 존재는 합리가 드러난 것이므로, 존

1831년에 그린 헤겔의 초상화.

재 자체에 대해 헤겔은 '존재는 존재 자체가 존재하는 유일한 원인'이라고 여겼다. 다시 말하면 존재 자체가 그것의 존재를 증명한다는 의미다. 헤겔 철학의 기초는 존재하는 것은 합리적이며 존재가 바로 합리의 출발점이다.

헤겔 철학의 변증 관계는 사물을 인식하는 방법이지 사물의 발전에 대한 궤변이 아니다. 헤겔의 이 철학 명제는 사람들이 합리에서 존재의 가치를 찾을 수 있게 해주었다. 또 모든 개체에 대해 말하자면, 생명이 있는 것은 모두 존재하며 그렇기 때문에 생명의 합리성을 찾는 것이 바로 생명의 의의에 대한 탐구다.

존재하는 것은 무엇이라도 합리적이다. 이 말은 후대 철학자뿐만 아니라 전 세계 사람들에게 큰 영향을 끼쳤다. 우리는 헤겔이 살았던 시대로 되돌아갈 수 없지만 헤겔의 사상을 생각해볼 필요는 있다. 그로써 우리는 이전 사람들의 지혜를 통해 생명의 참뜻을 발견할 것이다.

프랑스의 실존주의 철학자이자 작가인 장 폴 사르트르
는 희곡 〈닫힌 방〉에서 '지옥이란 다름 아닌 타인들이다'
라고 말했다. 이는 인간관계에서 피할 수 없는 모순과
충돌을 표현한 말이다.

〈닫힌 방〉의 내용을 살펴보자.

세 사람(의 영혼)이 지옥에 떨어졌다. 지옥에는 상상했던 것처럼 무시무시한
형벌도, 불덩어리도 없다. 다만 밀실이 하나 있다. 그곳에 세 사람이 갇혀 있
다. 방 안의 등은 영원히 꺼지지 않는다. 그들은 무엇을 하든 서로의 시선에
서 벗어날 수 없다. 죽고 싶어도 죽을 수 없다. 그들은 이미 영혼이기 때문이
다. 이 지옥에서의 고통은 무시무시한 고문도 형벌도 아니다. 지옥이란 다름
아닌 타인들이다.

우리는 타인에게 편견을 갖고 있다. 그래서 서로 다른 목적으로 공격을 하
고 충돌을 빚기도 한다. 게다가 충돌은 개개인의 사이에 존재할 뿐만 아니라
다른 집단, 이를테면 종족, 성별, 국가 사이에도 존재한다.

인간은 사람들과 맺은 관계 속에서 살아간다고 여기는 실존주의는 세계
가 인간과 사물의 관계 및 인간과 인간의 관계로 구성된다고 본다. 인간은
한편으로 자유로운 존재지만 또 한편으로 다른 사람과 관계를 맺고 살아야
존재할 수 있으므로 자유를 구속받게 된다.

사르트르가 주장한 실존주의는 '자유 선택'과 '실존은 본질에 앞선다', '세
계는 부조리하며 인생은 고통이다', 이 세 가지 관점이다. 그의 철학 사상은
인생은 부조리하고 현실은 구역질나며 인간은 하나의 실존으로서, 실존은
본질에 앞서며 인간은 존재할 수도 선택할 수도 자유롭게 창조할 수도 있다.
그런 뒤에 자신의 본질을 얻으며 자아 본질을 창조하는 과정에서 충분한 자

1965년 《뉴욕 타임스》에 실린
사르트르의 스케치.

유를 누릴 수 있다고 보았다.

이러한 상황에서 타인의 시선은 나에게 고통을 가져다주며 나의 자유의지에 영향을 끼쳐 나의 선택을 좌우할 수도 있다. 그러나 나는 다른 사람을 '나'와 '그들'로 구분 짓고 '자아'의 범위가 어디까지인지 정해야 한다.

만약 타인이 없다면 나는 지금의 나일 수 없다. 그런데 지금의 나는 타인 때문에 자유와 선택 능력을 상실할 위기에 처해 있다. 타인의 의지가 자신의 의지를 간섭할 때 두 개의 의지는 물과 불처럼 서로 어울릴 수 없는 상태가 된다.

사르트르는 쇼펜하우어의 의지론, 즉 '세계는 나의 표상, 세계는 나의 의지'에 큰 영향을 받았다. 그러나 그는 단순하게 이기주의가 아니라 억압받는 '나'와 사회의 관계에 치중했다. 사르트르의 철학 사상은 난해한 편이지만 '타인이 지옥이다'라는 명제는 다음과 같이 이해할 수 있다.

만약 당신이 타인을 정확하게 이해하지 못한다면 타인은 당신의 지옥이 될 것이다. 다시 말하면 만약 자신이 인간관계를 악화시키는 원인이라면 자신이 곧 지옥의 고통을 감내할 책임을 져야 한다. 만약 당신에 대한 타인의 판단을 당신이 정확하게 이해하지 못한다면 타인의 판단이 곧 당신의 지옥이 될 것이다. 만약 당신이 정확하게 자신을 이해하지 못한다면 당신도 당신의 지옥이 될 것이다. 누구든지 타인에게 벗어나 혼자 존재할 수 없으며 타인은 누구에게나 영향을 끼칠 것이다.

전쟁은 만물의 아버지이자 왕이다. 이는 에페수스학파의 철학자 헤라클레이토스가 한 말이다. 그는 귀족 집안 출신으로 인식론을 제기한 철학자이자 소박변증법 사상의 대표 인물이다. 헤라클레이토스의 로고스 사상은 후대 변증법 사상에 많은 영향을 끼쳤다. 그는 피타고라스의 '조화' 개념을 기초로 《자연에 대하여》를 저술했는데 대립과 충돌 뒤에 조화가 있으며 충돌이 세계를 생기 있게 한다고 여겼다.

그래서 헤라클레이토스는 '전쟁은 만물의 아버지이자 왕이다'라고 말했다. 대립과 다툼이 없으면 세계는 멸망하고 정체될 것이다. 모순과 대립이 있어야 창조와 조화가 생긴다. 생과 사, 꿈과 각성, 젊음과 늙음의 양상도 모두 이와 같다. 이것이 변화하여 저것이 되고 저것이 변화하여 다시 이것이 된다. 서양철학은 원시 개념에서 시작하여 이성 안에 있는 모순과 충돌을 강조했는데 '전쟁은 만물의 아버지이자 왕이다'가 바로 그 근거다.

헤라클레이토스의 사상은 피타고라스학파와 밀접한 관련이 있다. 그는 로고스 개념을 이용하여 세계가 싸움에 의해 지배된다고 설명했다. 즉 세계는 대립과 통일의 사상 안에 존재한다. 세계 만물을 창조하는 것이 파괴고 싸움을 파괴하는 것이 창조다. 만물은 다른 것으로 변화한다. 이를테면 불은 물로 변하는데, 이는 불이 새로운 존재 형식으로 소멸되는 것이다. 모든 사물은 투쟁 때문에 그것의 대립 면으로 바뀐다. 그래서 모든 사물은 모두 대립 통일체다. 영원한 것은 없다. 이러한 의미에서 보면 모든 사물은 존재하기도 하고 존재하지 않기도 하며, 대립과 투쟁이 있어야 세계가 존재한다.

아는 것이
힘이다

프랜시스 베이컨은 '아는 것이 힘이다'라는 유명한 말을 남겼다. 이 말은 인간이 지식을 갖추고 있어야 무한한 능력을 얻어 자연을 통제하고 지배할 수 있음을 의미한다. '아는 것이 힘이다'의 대상은 자연계를 가리킨다. 인간이 자연을 통제하고 인류를 위해 자연을 이용하려면 우선 힘을 알아야 하고 그러기 위해서는 반드시 자연계를 연구해야 한다.

중세 이후로 봉건 세력은 과학 탐구를 억압하여 모든 자연에 관한 지식을 이단으로 간주했다. 이러한 상황에서도 베이컨은 용감하게 '아는 것이 힘이다'라는 명제를 제기하여 과학 지식과 과학기술의 작용 및 힘을 적극적으로 주장하고 기독교 신학과 철학의 속박에서 사상과 과학의 해방을 요구하여 큰 반향을 일으켰다.

베이컨이 생각한 인간의 힘은 바로 이성이다. 이성으로 무장한 인간은 과학과 문화의 지식을 통해 무궁한 힘을 얻을 수 있고 자연을 인식하고 명령할 수 있다. 그래서 인간의 힘은 위대하다고 말한 것이다. 과학 지식은 자연을 지배할 수는 힘일 뿐만 아니라 미신과 편견을 깰 수 있는 힘이다.

베이컨이 제기한 철학 이념은 자연의 법칙을 밝히는 데 그 목적이 있다. 자연의 법칙을 따라 구체적인 과학 지식을 탐구하고 이것들을 활용하여 생산을 발전시키고 자연을 개조하며 나아가 인류를 행복하게 만드는 것이다.

지식은 사회 변화의 힘이다. 사회 문명의 발전과 진보는 지식에 바탕을 두고 있다. 지식은 발명과 창조, 기술 개혁을 통해 간접적으로 사회 발전에 큰 작용을 한다. 그뿐만 아니라 지식은 인성에도 영향을 끼친다. 왜냐하면 지식이 인간의 이성과 신앙을 지휘하며 이 이성과 신앙이 바로 인간의 마음을 움직일 수 있기 때문이다.

정말 신비로운 것은 세계가 어떻게 있느냐가 아니라 세계가 있다는 사실이다. 이것은 루트비히 비트겐슈타인(Ludwig Wittgenstein)이 한 말로, 서양철학이 이전의 사유 방식에 작별을 고하고 새로운 사유 방식을 시작했음을 상징한다.

이전의 사유 방식은 이성적인 방법으로 세계를 이해하고 해석했다. '세계가 왜 있는가'를 따졌을 때, 이전의 사유 방식에서는 먼저, 이미 알고 있는 결론을 통해 원인을 찾아 역사적으로 발전해온 인과법칙을 도출해낸다. 그다음, 인과를 인식하는 과정에서 우연이 아닌 필연적으로 발생한 현상을 찾는다. 마지막으로, 찾아낸 필연적 결과를 한 단계 나아가 귀납법을 활용하여 세계가 이렇게 된 이유를 설명하고 결정할 수 있는 본질적 원인으로 간주한다. 이와 같은 인과, 필연, 본질의 이론은 독단론을 형성했다. 세계가 이와 같은 까닭은 세계는 이렇게 될 수밖에 없고 반드시 이렇게 되어야 하기 때문이다.

반면 새로운 사고방식은 이와 다르다. 먼저, 복잡하고 다양한 원인 가운데 하나 또는 몇 가지 원인을 찾으면 나머지 다른 원인은 무시한다. 새로운 사고 논리에서는 간단하고 확실하게 상황을 처리한다. 그다음, 이처럼 간단하게 처리한 것은 필연적 요소를 드러내기 위함이므로 필연적 요소가 드러나면 다른 요인을 제거한다. 마지막으로, 필연적 요소를 가장 본질적인 방식으로 드러내고 이를 현실적인 결론으로 삼는다.

세계가 '어떻게 있느냐'는 인과·필연·본질의 규칙을, 세계가 '있다'는 운명과 인연에 대한 사고를 도출했다. '있다'는 인과와 필연 관계를 배척하고 운명과 인연을 중시했으며 '이미 있는 것'을 인과와 본질로 이끌어낸 필연적인 결과로 여기지 않았다.

사실 세계의 변화와 발전은 다양하고 복잡한 상호작용의 협력 과정으로 이루어진다. 이 '협력'은 과학적이고 논리적인 게 아니라 보일 수 있는 것과 보일 수 없는 것의 일치며 말해질 수 있는 것과 말해질 수 없는 것의 일치다. 만약 원인과 결과의 관계로 설명한다면 다양한 원인과 결과가 있겠지만 필연과 우연으로 설명한다면 그것은 우연이다. 만약 현상과 본질로 설명한다면 본질이 없는 현상이다.

결론적으로 말하면, 세계가 존재하는 까닭은 그것이 원래 있었기 때문이지 필연적으로 그렇게 된 게 아니다.

1922년의 비트겐슈타인.

절제할 줄 모르는 사람은 자유인이 아니다. 이것은 피타고라스가 한 말이다. 그는 위대한 철학자이자 수학자다. 그가 창시한 피타고라스학파는 수학을 연구한 학파로, 그가 제기한 '만물의 근원은 수'의 관점에 따르면 우주의 모든 관계를 수의 관계로 나타낼 수 있다. 또 이러한 관계는 서로 조화를 이루며, 만물의 조화는 하나님의 신성함을 증명하는 것이다. 그러므로 수학, 나아가 사물 간의 수학적 관계를 연구해야 신에게 가까이 갈 수 있으며 한계가 있는 자신의 생명을 신의 무한함과 연결할 수 있다. 즉 피타고라스학파가 연구한 수학은 실용이 목적이 아니라 신에게 접근하기 위함이었다.

피타고라스는 '피타고라스의 정리'의 발견을 축하하기 위해 소 100마리를 잡아 신에게 제물로 바쳤다. 피타고라스의 정리는 당시에는 전혀 쓸모가 없었는데도 그는 제사를 지냈다. 왜냐하면 피타고라스의 정리를 발견함으로써 자신이 신에게 한 걸음 더 다가갔다고 믿었기 때문이다. 그래서 피타고라스학파는 철학 학파면서 종교 단체다.

피타고라스학파는 내부 규율이 많기로 유명했다. 새로 들어온 사람들은 반드시 선서를 하고 엄격하게 비밀을 지키며 죽을 때까지 한 학파에만 속해야 했다. 학파의 지식을 외부에 전하는 것을 허락하지 않으며 이를 어기는 사람은 엄중한 처벌을 받았다.

위에서 알 수 있듯이 피타고라스학파는 수학의 비밀을 탐색하고 영혼의 자유를 추구했지만 생활에 많은 제약을 두었다. 바로 '절제할 줄 모르는 사람은 자유인이 아니다'라는 말처럼 말이다. 피타고라스의 이 명언은 의미심장한 이치가 담겨 있다. 그가 말한 자유는 우리가 알고 있는 것처럼 제약을 받지 않고 마음대로 할 수 있는 자유가 아니다.

　피타고라스는 토론의 자유가 영예로운 게 아니며, 자유도 더없이 존귀한 게 아니라고 생각했다. 그것은 하등동물의 속성일 뿐이다. 설령 어떤 사람이 위대할지라도 물고기처럼 자유로울 수 없으며 그에게는 자신이 해야 할 것과 하지 말아야 할 것이 있다. 조금만 더 생각하면 사람이 존중받는 것은 자제를 하기 때문이지 자유 때문이 아님을 알 수 있다. 동물 집단에도 절제가 있다. 그래서 인간들이 동물일지라도 인정하는 것이다. 나비는 분명 꿀벌보다 자유롭지만 사람들은 꿀벌을 더 인정한다. 이는 꿀벌이 그들 집단의 규칙의 제약을 받기 때문이다.

　이 세상에 절대적인 자유를 누리는 사람은 없다. 모든 사람이 일정한 규칙과 법을 지켜야 하며, 사람들은 규칙이 허락하는 범위 내에서 자유로울 수 있다. 그러므로 규칙을 준수하는 사람이 자유로운 사람이며 절제할 줄 모르는 사람은 자유로운 사람이 아니다.

어느 날, 소크라테스가 시끌벅적한 큰길을 가고 있었다. 마침 길 양쪽에서 장사꾼들이 각종 물건들을 팔고 있었다. 소크라테스는 대부분의 물건들이 사치품인 것을 보고 놀랐다.

'이 세상에 나에게 필요 없는 물건들이 이렇게 많구나!'

소크라테스의 이 놀람에는 철학적 의미가 담겨 있다. 강한 정신력과 인격을 지닌 사람에게 물질적 향락과 타인의 칭찬은 쓰레기 같은 것일 뿐 살아가는 데 조금도 도움이 되지 않는다. 소크라테스가 놀란 것처럼 세상 대부분의 물건은 불필요하다. 이러한 물건들은 인간의 욕망을 충동질하며 정신 공간까지 파고든다. 게다가 자연이 인간에게 부여해준 소중한 자원마저 소모시킨다.

그러므로 사람은 물질의 유혹에 넘어가지 않는 순수한 마음을 지녀야 한다. 우리에게 진정한 행복을 느끼게 해주는 것은 마음의 즐거움이다. 마음의 힘이 얼마나 큰지, 어떤 인격을 갖추었는지에 따라 마음의 즐거움이 달라진다. 이때 어떤 부와 명예를 지녔는지는 중요하지 않다.

사람에게서 떨어지지 않는 게 인격이다. 인격은 물건처럼 버리거나 다른 사람에게 줄 수 있는 게 아니다. 올바른 인격을 지녀야 마음의 즐거움을 얻을 수 있고 인생의 큰 행복을 누릴 수 있다.

어느 날, 소크라테스가 제자들을 데리고 보리밭에 갔다. 마침 그때는 보리가 한창 익어갈 무렵이라 알알이 여문 보리 이삭이 밭에 가득했다. 소크라테스가 제자들에게 말했다.

"저 보리밭에 가서 가장 알이 크고 잘 여문 이삭 하나를 꺾어 오너라. 단, 왔던 길을 되돌아가서는 안 되며 한 번에 꺾어 와야 한다. 나는 보리밭 끝에 가서 너희들을 기다리겠다."

제자들은 곧 보리밭에 들어갔다. 사방이 온통 보리 이삭이었다. 그러나 어느 것이 가장 좋은지 확신이 서지 않았다. 제자들은 더욱 집중하며 보리 이삭을 찾아 앞으로 나아갔다. 괜찮은 보리 이삭을 찾았지만 조금만 더 가면 더 크고 잘 여문 보리 이삭이 있을 것 같아서 꺾기를 주저했다. 제자들은 아직 기회가 많이 남았다고 생각하고 잘 여문 보리 이삭을 찾는 데 열중했다. 이때 소크라테스가 말했다.

"너희들은 이미 끝까지 왔다."

제자들이 정신을 차려보니 벌써 스승이 서 있던 반대편까지 왔는데 두 손은 텅 비어 있었다. 소크라테스가 제자들에게 말했다.

"이 보리밭에 크고 잘 여문 보리 이삭이 있었을 텐데 너희들은 찾지 못했다. 너희들이 보리 이삭을 발견했어도 정확한 판단을 내리지 못했을 것이다. 왜냐하면 혹시나 또 다른 좋은 보리 이삭이 있을 것이라고 생각했기 때문이다."

이 말을 듣고 제자들은 진리를 깨달았다. 인생은 보리 이삭을 꺾는 것과 같다. 사람들은 늘 크고 잘 여문 보리 이삭을 찾아 헤맨다. 어떤 사람들은 잘 여문 보리 이삭을 발견하고 기회를 놓치지 않으려고 그것을 꺾을 것이다.

반면에 어떤 사람들은 더 좋은 보리 이삭을 찾기 위해 여기저기 두리번거릴 것이다. 크고 잘 여문 보리 이삭을 찾는 게 목표지만 눈앞의 보리 이삭을 내 손안에 쥐어야 진정한 나의 것이 된다.

인생이라는 길 위에는 다양한 삶이 펼쳐져 있지만 우리는 머뭇거리거나 방황하지 말고 담담한 마음으로 자신이 선택한 인생을 걸어가야 한다. 왜냐하면 인생은 주저하다가 종종 많은 것을 놓치기 때문이다.

보리밭을 헤쳐 지나간 것처럼 인생에서도 지나온 길을 되돌아갈 수 없을 때가 있다. 보리 이삭을 기회로 비유해보자. 알이 굵고 잘 여문 '보리 이삭'을 찾으면 망설임 없이 꺾어야 하는 것처럼 인생에서도 선택의 순간에 과감하게 결정해야 한다. 다음에 더 좋은 기회가 올지도 모른다는 생각 때문에 결단을 하지 못한다. 완벽한 것만 찾다가 결국엔 좋은 기회를 다 놓칠 수 있다.

욕망을 억제하는 것은 전쟁에서 이기는 것보다 더한 용기가 필요하다

욕망을 억제하는 것은 전쟁에서 이기는 것보다 더한 용기가 필요하다. 이것은 아리스토텔레스가 한 말이다. 그는 방종하고 욕망에 따른 행위를 경멸했다. 그가 보기에 이러한 방종한 행위는 '중도(中道)'와 도덕의 가장 큰 적이기 때문이다.

아리스토텔레스는 만족할 줄 아는 자는 늘 즐겁다고 생각했다. 그가 말한 '욕망'은 인간의 행위를 지배하는 지휘봉이며 '힘'은 인간이 자신의 욕망을 실현하는 도구 또는 방법이다. 욕망은 힘을 지배할 수 있고 힘은 욕망에 순순히 복종하므로 자신의 욕망을 억제하는 것은 당연히 전쟁에서 이기는 것보다 더한 용기가 필요하다.

욕망은 양면적이다. 욕망은 사람을 고군분투하게 만들기도 하지만 타락시킬 수도 있다. 인간의 욕망은 끝이 없다. 배불리 먹고 좋은 옷을 입는 것은 대부분의 사람들에게 더 이상 간절한 목표가 아니다. 기본 욕구가 충족되면 인간은 시간을 채울 수 있는 다른 것들을 찾는다.

세상에 인간이 출현한 뒤로 욕망은 인간의 생각 안에서 생기고 힘은 욕망을 채우는 수단이 되었다. 인간은 신체 훈련을 통해 힘을 기를 수 있다. 전쟁에서 이기려면 더 강한 힘이 필요하다. 그러나 자신의 욕망을 억제하지 못하는 사람들은 끝내 무너지고 말 것이다.

욕망은 삶의 중요한 원동력이 될 수 있다. 다만 인간이 그것을 어떻게 제어해야 하는지 모를 뿐이다. 그러나 힘은 제어할 수 있다. 그러므로 사람들은 욕망의 본질을 이해하고 욕망이 우리 생활에서 어떤 역할을 하는지 찾아야 한다. 또 어떻게 사람들을 부추겨서 사실을 왜곡하고 어느 곳에나 존재하게 되었는지 탐구해야 한다.

이마누엘 칸트의 묘비에 다음과 같은 문구가 적혀 있는데 이것은 그가 쓴 《실천이성비판》의 마지막 장에 나오는 말이다.

생각하면 생각할수록 새롭고 무한한 감탄과 존경을 불러일으키는 두 가지가 있다. 그것은 바로 내 머리 위의 별이 빛나는 하늘과 내 마음속의 도덕법칙이다.

칸트는 근대 서양철학의 집대성자며 전 세계 사람들이 인정하는 철학 대가다. 그는 인간 의지의 도덕적 선택과 탐색 인식능력의 유한성 방면에 큰 업적을 남겼다. 칸트는 별이 빛나는 하늘과 도덕법칙에 매우 관심이 많았다. 머리 위의 별이 빛나는 하늘은 우주론의 문제며 도덕법칙은 인류학의 문제다. 머리 위의 하늘은 필연성의 문제며 마음속의 도덕법칙은 자유와 이성의 문제다.

18세기에 활동한 칸트는 고전역학을 완성한 뉴턴과 사회계약론을 주장한 루소의 영향을 받았다. 뉴턴의 학설은 자연 세계의 모습을 바꾸었으며 루소의 학설은 정치와 윤리의 양식을 바꾸었다. 이 두 학설은 논증 방법 면에서 서로 모순적이다. 칸트는 뉴턴과 루소 학설 사이의 모순, 즉 '필연은 자유를 부정하는 것을 의미한다. 자유는 필연을 부정하는 것을 의미한다'는 모순을 해결하고자 했다.

윤리학은 칸트철학에서 가장 중요한 부분이다. 그는 인간이 동물보다 우월한 까닭은 바로 인간에게 도덕이 있기 때문이지 지식, 의식, 이성 때문이 아니라고 여겼다.

도덕과 지식을 비교하면 칸트는 생물체인 인간이 필연성의 지배를 받으며 생물체의 보편적인 생존 원칙에 부합한다고 말했다. 다시 말하면 인간은 살아 있는 한 사회 규칙을 따라야 하고 사회 실천 중에 생긴 인식은 경험이 필요하다는 의미다.

별이 빛나는 하늘은 필연적으로 존재하며 도덕법칙은 목적을 띠고 존재한다. 현실에서 사람들은 사회 규칙과 필연성의 지배를 받는다. 그 자체는 도덕 행위가 존재하지 않지만 목적성이 존재하는 도덕은 사람들로 하여금 자발적으로 어떤 일을 하게 만든다. 그래서 칸트는 도덕이 매우 귀중하고 고상한 희생이며 사람들이 경외심을 느낄 만하다고 생각했다.

도덕법칙이 무형의 이성적이고 목적성의 세계라면 별이 빛나는 하늘은 유형의 감각적이고 필연성의 세계다. 광활한 우주에 살고 있는 우리는 자연계의 구성원으로 보면 '넓고 큰 바닷속의 좁쌀 한 알'처럼 미미한 존재다. 우리는 우리에게 얼마만큼의 시간이 주어졌는지 모르며 머리 위의 별이 빛나는 하늘이 어느 때 생명을 거두어 다음의 순환 속으로 들어갈지 모른다. 이러한 의미로 인간을 보면 인간은 생명이 짧은 자연 존재물이다. 과학기술이 얼마나 발전하든 인간의 인식과 능력이 얼마나 높아지든 광활한 별이 빛나는 하늘은 우리에게 영원히 미지의 세계다. 그래서 우리가 경외심을 가질 만한 것이다.

결혼도 이혼도 모두 행복이다. 이 말은 철학의 선구자 카를 마르크스의 명언이다. 그는 생활의 최종 목적, 더 나아가 인생의 목표는 행복으로, 결혼은 자신의 생활을 지탱해주는 일종의 형식일 뿐이라고 생각했다. 그래서 사람들은 더 좋은 삶과 더 큰 행복을 느끼기 위해 결혼 이나 이혼을 택한다.

변증법은 마르크스주의의 정신이다. 사람들은 행복하기 위해 결혼이나 이혼을 선택한다. 그러나 결혼의 목적은 결혼 자체에 국한되지 않는다. 그러므로 결혼할 나이가 됐다고 해서 결혼을 하고, 홧김에 이혼을 하는 것은 모두 불행을 초래한다. 결혼이 인간의 생존 방식과 생활 방식일지라도 생존과 생활의 '유일한' 방식은 아니다.

변증법적으로 이 문제를 보면 결혼과 이혼 모두 행복과 불행이라는 양면성이 있다. 결혼하길 잘했고 행복하게 잘살고 있다면, 이 상태를 유지하기만 하면 죽을 때까지 행복한 결혼 생활을 할 수 있다. 결혼한 것을 후회하고 하루하루 사는 게 고통이라면, 과감하게 이혼하고 결혼 실패의 트라우마에서 벗어나면 다시 행복해질 수 있다.

이것으로 볼 때 결혼=행복, 이혼=불행의 공식이 성립되지 않는다. 독신을 최악의 생활 방식이라고 느낀다면 결혼은 행복을 추구하는 사람을 도와주는 효과적인 방법 중 하나다. 반대로 고통스럽거나 행복하지 않은 결혼 생활을 하고 있다면 이혼도 행복으로 향하는 탈출구가 될 수 있다. 결혼과 이혼을 비교하면 결혼이 더 행복해 보이지만 이혼 후에 느끼는 행복은 마치 불속의 고통을 견디고 새로 태어난 봉황처럼 결혼했을 때보다 더 클 수 있다.

다시 말하면 즐거운 결혼 생활도 크나큰 행복이지만 이혼의 행복은 우리를 더욱 성숙하고 강인하게 만든다. 결혼의 목적은 결혼 자체가 아니다. 결혼은 생존을 위한 하나의 방식일 뿐이다. 그러나 그렇다고 해서 결혼이 '유일한' 생활 방식은 결코 아니다.

행복에 대한 선택권은 우리가 쥐고 있다. 결혼이든 이혼이든 이것은 원래의 생활 방식이 바뀌었음을 상징할 뿐이지 자신의 생활을 부정하거나 삶을 포기하는 것은 아니다. 그래서 마르크스는 '결혼도 이혼도 모두 행복이다'라고 말한 것이다.

여자는 태어나는 것이 아니라 만들어지는 것이다. 이 말은 프랑스의 유명한 실존주의 작가 시몬 드 보부아르가 쓴《제2의 성》에 나오는 말이다. 보부아르는 여권운동의 창시자며,《제2의 성》은 그녀의 가장 중요한 작품이자 여권운동의 '바이블'로 여겨진다.

여자는 사회에서 아내와 어머니 역할을 맡고 있으며 남자는 여자들의 머리 위에서 힘으로 그녀들의 자유를 억압한다. 보부아르는 실존주의의 '실존은 본질에 앞선다'는 명제를 내세워 기존의 여성에 대한 관점을 반대했다. 그녀는 《제2의 성》에서 두 개의 장면을 통해 우리에게 메시지를 전달하고 있다.

첫 번째는 남녀가 어떠한 위치에 있든 그들이 무슨 일을 하든 늘 남자가 여자를 주시하고 있다. 남자는 눈빛으로 여자들을 제압한다. 남성들이 만들어놓은 여성의 기준은 다음과 같다. 여성들은 몇 가지 기본적인 특징을 갖고 있는데 그것은 바로 여성들의 역할이 늘 자아를 상실하고 자아를 거부하거나 어떤 방식으로든 자아 부정을 요구당하는 것이다. 이러한 상황에서 여자들은 자신의 처지에 대해 아무런 의식이 없다.

두 번째는 여자들이 남자들의 시선을 이따금 피할 뿐이다. 물론 여자들은 여전히 남자들의 주시 대상이지만 그녀들은 용기 있게 정면으로 남자들을 쳐다보고 남자들이 결국 여자들의 주시 대상이 되었다. 이 장면 속에서 여자들은 자신의 처지를 인식하고 그것을 정면 돌파한다. 두 장면은 확연히 다른 메시지를 전달하고 있다. 그것은 바로 여성의 생존 처지와 초월에 관한 것이다. 보부아르의《제2의 성》은 다음과 같은 결과를 이끌어내는 데 큰 역할을 했다. 장면 속의 여자, 즉 생존 문제에 맞닥뜨린 여성들에게 적극적으로 사고하고 문제가 무엇인지 이해하고 정면 돌파하는 법을 가르쳐주었다.

그 결과 주체가 바뀌어 여성도 주시자가 되었다.

《제2의 성》에서 보부아르가 말한 것처럼 남자는 늘 주시자이길 원하고 다른 사람에게 주시당하는 것을 원치 않는다. 왜냐하면 남자만이 자유로울 수 있으며 자주성을 가질 수 있다고 생각하기 때문이다. 이는 남자들의 의지와 생각을 객관적인 것으로 여겨 자신이 만든 환경에서 살면서 자신의 우월함을 실현한 것이다. 그래서 남자들은 남성스러운 여자가 아니라 온순하고 상냥하며 주관이 없는 여자를 좋아한다.

우성인자의 불평등, 억압, 싸움은 눈에 보이기 때문에 쉽게 사람들에게 인식되지만 남녀 성별 간의 억압과 불평등은 보이지 않는다. 이러한 상황에서 약자인 여성은 억압을 받고 입도 벙긋하지 못하며 피동적인 상태로 있다. 남성은 여성의 날개를 잘라놓고 날지 못한다고 여성들을 탓하며, 사회에서 여성이 적극적으로 행동하지 못하게 만들어놓고 여성은 천성적으로 남자처럼 큰일을 할 능력이 부족하다고 비난한다.

여기서 잠깐! 위대한 남성들이 놓친 부분이 있다.

첫째, 여성이 남성의 경쟁 상대가 될 수 있다는 점이다. 현대사회에서는 이미 많은 여성들이 남성들의 전유물로 여겼던 일들을 하고 있다. 이제 남자들도 여성들에게 굴복당하지 않으려면 더 강한 힘을 길러야 한다.

둘째, 남성과 여성이 공존할 수 있다는 점이다. 남성과 여성이 서로의 토양과 자원을 갖고 있다 하더라도 어느 순간 한쪽의 능력이 약해질 것이다. 그 한쪽이 남성이 될 수도 있다. 그러므로 남성들은 여성과 협력을 해야 함께 살아갈 수 있다는 사실을 빨리 인정해야 한다.

보부아르는 체제와 사회의식 등의 기본적인 환경에서 평등해야 남녀 간의 진정한 평등을 실현할 수 있음을 인식했다. 그녀는 평생 자신의 신념을 실천했으며 자신에 대한 모든 사회의 비난과 편견에 개의치 않았다.

인간의 본성은 운동에 있다. 따라서 완전한 휴식은 죽음이다. 이것은 블레즈 파스칼이 《팡세》에서 말한 명언으로, 세상에서 가장 참을 수 없는 것이 무료함이라는 뜻이다.

파스칼은 인간이 가장 참을 수 없는 것이 할 일이 없는 것과 무료함이라고 생각했다. 할 일이 없으면 우리는 인생이 허무하게 느껴지고 마음 깊은 곳에서 점점 고뇌와 슬픔, 우울함과 절망의 감정이 생긴다. 그러면서도 파스칼은 소일거리와 분주함이 우리에게 고통과 불행을 가져온다고 했다.

비참한 우리를 위로해줄 수 있는 유일한 것은 소일거리다. 그러나 그것이야말로 인간이 얼마나 비참한 존재인지 잘 보여준다. 왜냐하면 소일거리는 우리가 자신에 대해 생각하는 것을 방해하며 게다가 나도 모르는 사이에 나 자신이 죽어가게 만들기 때문이다. 소일거리가 없다면 우리는 무료해질 것이고 이 무료함은 우리에게 적극적으로 무료함을 벗어날 수 있는 방식을 찾게 할 것이다. 소일거리는 우리를 즐겁게 해주지만 나도 모르게 죽음에 이르게 한다.

그래서 한가함의 즐거움도 죄며 소일거리로 바쁜 것도 악이라고 했다.

파스칼은 사람들이 자신의 무료함을 의식하면 이는 더 이상 진정한 무료함이 아니라고 했다. 진정한 무료함은 마치 마비된 것처럼 자신이 가장 참을 수 없는 일을 받아들이는 것이다. 무료하다고 인식하는 것은 바로 반성의 시작이다.

인간은 자신의 비참함을 알기 때문에 위대하다. 잠재의식 속에서 행복은 오락과 소일거리에 있는 게 아니라 인간 자신의 안녕에 있다는 것을 안다. 이

때 비로소 진정으로 의지하고 돌아갈 수 있는 집이 있음을 느껴 자기 인생의 기초가 생긴다.

일상생활의 소일거리와 자질구레한 일들은 우리 눈을 가려 우리가 돌아갈 곳을 보지 못하게 한다. 자신이 얼마나 무료한지 알게 될 때 비로소 진정으로 자신을 정확하게 보며, 나는 누구이며 어디에서 왔고 어느 곳을 향해 가는지 생각한다. 이렇게 하면 원래 우리 마음속에서 가장 참기 힘들었던 무료함이 지금은 우리의 가장 큰 행복이 된다. 그것은 그 어떤 사물보다 고통을 치료하는 만병통치약을 찾는 데 도움이 된다.

인간은 타고난 정치적 동물이다. 이것은 아리스토텔레스가 한 말이다. 아리스토텔레스는 고대 그리스의 유명한 철학자로 플라톤의 제자이자 고대 그리스에서 가장 박학한 사람으로 꼽힌다.

이 말은 철학과 역사학에서 자주 토론했던 명제다. 각 학파의 학자들이 이에 대해 각각 자신의 견해를 내놓았는데 대부분 '인간'을 태어나서 늙어 죽을 때까지 사회를 떠날 수 없는 존재로 생각했다. 설령 전설 속의 신선일지라도 자신이 처한 환경이 있으며 어떤 면에서는 정도가 다를 뿐 신선도 자신이 처한 환경의 규칙을 지켜야 한다.

우리는 사회의 테두리 속에서 살고 있는 이상 사회와 긴밀한 관계를 맺어야 한다. 정치는 어느 시대, 어느 사회나 존재했다. 당시의 고대 그리스에서 정치를 실현시킨 방법은 바로 도시국가 형태의 민주주의로 모든 성인 남성 시민은 정치에 참여해야 했다.

이 도시국가 형태의 민주주의는 고대 그리스에서 훌륭한 제도였다. 인간은 타고난 정치적 동물이다. 이 역시 도시국가 제도를 보호한다는 의미다. 아리스토텔레스가 말한 '인간'은 도시국가에서 태어난 사람이며, '타고난'은 바로 태어나서 도시국가 안에서 사는 것을 말한다.

당시의 사회제도에서 노예는 '인간'이 될 수 없으며 '인간'이 되는 사람은 당시 도시국가에서 자유를 가진 시민과 반자유민이다. 그러나 시민과 반자유민은 지위가 다른 별개의 집단이다. 아리스토텔레스가 말한 '인간'은 두말할 것도 없이 시민을 가리키는 것이지 반자유민이 아니다. 왜냐하면 시민만이 정치에 참여할 권리가 있으며 이는 고대 그리스의 모든 도시국가가 정해놓은 규칙이기 때문이다.

또 아리스토텔레스는 '동물'이라는 단어를 썼는데 이는 인간을 부각시키기 위해서였다. 인간도 동물의 일종이지만 본질 면에서는 동물과 완전히 다르다. 인간만이 갖고 있는 도덕적 요소는 도시국가에서 제공한 교육에서 기원한다. 그렇기 때문에 아리스토텔레스는 이 말을 통해 도시국가 제도의 기능을 강조하고 도시국가의 교화의 성과를 널리 알렸다. 한마디로 정리하자면 '인간은 타고난 정치적 동물'이라는 말은 당시 고대 그리스의 정치 체계의 기초 위에서 탄생했다고 볼 수 있다.

군중 속의 고독. 이것은 독일의 유명한 철학자 프리드리히 니체가 한 말이다. 그는 유명한 철학자이자 시인으로 사람들은 그를 미치광이, 고독한 사람으로 여겼다.

나는 나 혼자 있을 때보다 군중 속에서 더 외로움을 느낀다.

이 말은 니체의 인생과도 관련이 있다. 그는 일생 동안 오해와 무시, 모욕과 무관심, 배척과 거부 속에서 세상 사람들의 미움을 받으며 살아왔다. 그는 혼자 철학적 방황을 할 때는 생기가 넘쳐났지만 인간관계에서는 늘 외로웠다. 이러한 경험은 철학자의 본질을 깨닫고 약자의 고독과 강자의 고독을 구별하게 해주었다.

'고독'이라는 단어는 '혼자', '외로움' 등의 의미를 지닌다. 인간은 사회적 동물인 까닭에 타인과의 교류가 필요하다. 그러므로 사회의 테두리에서 벗어난 사람은 고독을 느낀다. 그러나 니체는 군중에 의지해서 사는 사람들을 약자로 보았다. 약자의 고독은 자신이 혼자일 때 나타나며 혼자 있을수록 약자는 더 고독함을 느낀다. 그래서 군중과 타인의 위로를 찾으며 그들에게서 자신이 의존할 수 있는 생존 환경과 분위기, 안정감을 제공받기 원한다.

하지만 철학자의 고통은 다르다. 그것은 강자의 고독이다. 철학자는 모든 군중, 사회, 시대를 뒷전에 두고 오히려 혼자일 때 무한한 지식과 지혜, 즐거움을 얻는다. 마치 혼자 노는 어린아이가 자신만의 완벽한 세계를 만들어 그 세계의 왕이 되어 즐거움을 누리는 것처럼 말이다.

그래서 니체는 고독 속에서 살지언정 성숙해지는 것을 원치 않았다. 왜냐하면 사람은 성숙해질수록 점점 군중과 가까워지기 때문이다. 성숙이란 개성을 잃고 세상 물정을 알아 약삭빠르게 변하는 것을 의미한다. 군중 속에서는 개성을 찾을 수 없고 세상에 찌들 뿐이다. 그래서 어린아이 같은 니체는 홀로 지내는 것을 택했다.

니체는 인생과 세상에 대해 뼈저리게 고독함을 느꼈다. 그는 사람들이 자신을 이해해주기를 갈망했지만 군중 속에 들어가는 것을 원치 않았다. 오히려 그는 군중 속에서 더 겉돌았다.

철학자는 무언가를 느끼고 사고하기 위해 고독한 삶을 선택한다. 반면 군중은 소일거리로 그럭저럭 시간을 보내기 위해 무료한 삶을 선택한다. 그 배후는 공허하게 소일거리를 찾는 마음이다. 그래서 니체는 철학자의 고독은 희극이며 군중의 무료함은 비극이라고 생각했다.

그러나 세상 사람들은 안타깝게도 이 두 가지를 헷갈려서 무료함이 고독이라고 여겼다. 니체는 철학자의 열정 가득한 마음만이 '고독'으로 여길 수 있다고 생각했다.

만인의 만인에 대한 투쟁. 이것은 영국의 철학자 토머스 홉스(Thomas Hobbes)가 한 말이다. 그는 동물의 세계와도 같은 인간 사회를 자연 상태로 보았다. '자연 상태'에서 인간은 약육강식의 법칙에 따라 자신을 보호한다. 그래서 누군가 자신의 이익을 침범하려는 낌새가 있으면 먼저 상대를 제압한다. 마치 한 마리의 사자처럼 말이다.

만인의 만인에 대한 투쟁은 바로 공공의 권리가 부족하여 사회가 서로의 '적'이 되는 상태를 가리킨다. 이는 인간이 본래 악하고 이기적이며 자신의 이익을 최고의 이익으로 여기기 때문이다. 또 사람들이 두려워하는 공공의 권리가 존재하지 않으므로 사람들은 어떠한 제약도 받지 않고 하고 싶은 대로 행동한다. 그래서 공공의 권리를 만들어야 한다.

만약 공공의 권리가 없으면 다른 사람들이 소유한 것, 심지어 목숨까지도 빼앗을 것이다. 자신이 안전하다고 느낄 때까지 자신을 위협하는 것은 어떤 수단과 방법을 써서라도 제거할 것이다. 결국 사회는 약육강식이 지배하는 동물의 세계가 되며 사람들은 두려움에 떨게 될 것이다.

만인의 만인에 대한 투쟁. 이 말은 인간의 내면에 침략과 투쟁을 좋아하는 본성이 있음을 보여준다. 인간의 이러한 동물성은 잔혹하고 피비린내 나는 전쟁에서뿐만 아니라 일상생활과 사회생활에서도 나타난다.

홉스는 인간이 생존과 번식 및 발전을 위해 반드시 자신의 기본 권리를 공공의 권력 기구에 넘겨주어 관리를 해야 한다고 생각했다. 이 기구가 바로 국가다. 사람들에게는 국가가 필요하며 사람들은 국가의 모든 법을 따라야 한다. 그렇게 되면 안정적이고 평화로운 사회를 이룰 수 있다.

절대 권력은 절대 부패한다

절대 권력은 절대 부패한다. 이것은 영국의 역사학자 존 액턴(John Emerich Edward Dalberg-Acton)이 한 말이다.

사회학에서는 권력을 지배력과 영향력 같은 일종의 능력으로 본다. 심리학에서는 권력을 행동과 상호작용의 중요한 기본적인 동기로 보며, 경제학에서는 자원은 희소성이 있으며 권력도 예외가 아니라고 보았다. 정치학에서는 어떤 주체가 위협이나 징벌의 방식으로 다른 주체의 가치관과 분배 자원에 강압적으로 영향을 끼치는 힘을 권력이라고 보았다.

세계 여러 나라의 정치 상황을 보면 권력을 지닌 사람들이 더 많은 자원을 지배하며 이에 힘입어 이익 구조도 좌지우지한다. 이러한 점에서 권력이 곧 자원이며 자원이 곧 이익이다. 즉 권력의 소유는 자원의 소유를, 자원의 소유는 이익의 획득을 의미한다.

권력은 인간이 행사하는 힘이다. 권력의 본질과 운용 법칙을 알고 싶으면 인간 본성의 선과 악을 분석해야 한다. 인성의 선악 문제는 동서양을 막론하고 철학사의 중대한 명제로, 서양의 철학자들은 성악설 입장을 취하고 있다.

성악설은 종교의 원죄론에서 기원한다. 인간은 태어날 때부터 '원죄'를 지닌 죄인이며 많은 '죄를 지은 악인'들로 구성된 정부는 절대 훌륭한 정부가 아니다. 이 때문에 권력만이 권력을 제어할 수 있으며 막강한 권력만이 막강한 권력을 상대할 수 있다. 이렇게 해야 사람들의 행복과 사회 발전을 보장할 수 있다.

사물과 현상은 그것이 무엇이든 간에 발전 기원과 본질 속성이 있다. 그렇다면 권력은 어디에서 기원하며 어떠한 본질 속성을 지니고 있을까? 국가와 사회에서 보면 권력은 책임을 의미하며 본질 속성은 인간 사회의 반영이다.

그런데 권력은 부패의 성질도 잠재되어 있다. 권력의 힘을 맛본 순간 사람들은 끝없는 욕망에 빠져들어 자신의 본성마저 상실한다.

프랑스의 사상가 몽테스키외가 《법의 정신》에서 말했다.

인간은 누구나 권력을 쥐면 그것을 남용하는 경향이 있다.

권력을 지닌 사람은 제재를 당하기 전까지 그 권력을 행사한다. 이처럼 권력에는 부패와 남용의 요소도 있다. 그러므로 권력은 반드시 제한을 두어야 한다.

액턴이 활동한 19세기는 정치와 경제, 문화가 모두 발전하여 고도의 성장을 이룬 시기였다. 지주계급이 몰락하자 자산계급이 등장했으며 자산계급은 국가 정권을 독점하고 권력을 남용했다. 이 과정에서 부패가 점점 퍼지면서 국가와 사회는 혼란에 빠졌고 부패한 정치는 독재와 전제정치를 낳았다. 전제는 민주정치의 적이며 사회 도태의 상징이다. 자산계급이 얻은 절대 권력은 절대 부패를 초래했다. 이 때문에 독재와 전제정치가 발생했고 자본주의의 발전을 억압하여 도리어 자산계급이 소멸했다.

존 액턴.

인생은 순식간이다

사람의 인생은 마치 백마가 달려가는 것을 문틈으로 내다보는 것처럼 순식간에 지나갈 뿐이다. 이것은 《장자》〈지북유(知北游)〉에 나오는 말로 인생의 짧음을 비유한 말이다. 장자는 이 문장을 통해 우리에게 인생은 짧으므로 이 유한한 시간을 이용하여 인생에 가치 있는 일을 해야 한다고 말하고 있다.

장자는 〈지북유〉에서 자신의 삶과 죽음에 대한 태도를 자세히 설명했다.

인간이 하늘과 땅 사이에 사는 것은 준마가 달려가는 것을 문틈 사이로 내다보는 것처럼 눈 깜짝할 사이에 벌어진다. 인간을 포함한 세상의 만물은 생기 넘치게 태어나서 쓸쓸하게 죽는다. 생명이 있는 만물은 짧은 세월 때문에 시들고 감정이 있는 사람은 짧은 인생 때문에 슬퍼한다. 그러므로 자연이 만들어놓은 속박에서 벗어나 사물을 따라 돌아가 영혼이 노니는 곳이 바로 자신이 갈 곳이다. 만사에 지나치게 집착할 필요가 없다. 이것이 바로 인간과 만물의 귀결점이다.

말은 비록 이렇게 하지만 이것들은 모두 이치를 추구하는 사람이 추구할 바가 아니다. 위에서 말한 것들은 많은 사람들이 토론해야 하는 문제지만 이치를 추구하는 사람이 참여하고 토론한 적이 없다. 즉 참여하고 토론한 사람은 모두 이치에 도달하지 못한 사람들이다.

노자가 말하기를, '도를 도라 말한다면 더 이상 도가 아니고 이름을 이름이라 말한다면 더 이상 이름이 아니다'라고 했다. 대도(大道)는 볼 수 없다. 그러므로 보고 듣는 방식보다 닫고 가리는 방식으로 도를 구해야 한다. 이러한 이치를 이해하는 것, 그것이 가장 큰 수확이다. 그렇게 되면 인생이 원만하고 의미 있게 될 것이다.

장자의 이 설명은 몇 가지 의미를 포함하고 있다. 인생은 매우 짧다. 대도가 변화하는 순간일 뿐이다. 대도가 변하는 것은 준마가 달리는 것과 같다. 인생도 준마가 틈 사이를 달리는 것과 같다. 삶과 죽음은 대도가 변화하는 자연스러운 과정이며 생물 변화의 자연스러운 질서다.

인간도 이와 마찬가지다. 이것을 피할 수 있는 사람은 없다. 왜냐하면 사람에게도 삶과 죽음이 있기 때문이다. 이점을 고려하여 사람들은 죽음에 대한 슬픔에서 벗어나 생물의 변화에 순응해야 한다. 살아 있다고 해서 즐거운 게 아니며 죽었다고 해서 슬픈 게 아니다.

삶과 죽음 모두 마음을 움직일 수 없다. 우리는 마음의 평정을 유지해야 한다. 이렇게 하면 이치에 도달할 수 있고 대도로 돌아갈 수 있으며 인생도 완벽해질 수 있다. 대도로 돌아가는 사람은 삶과 죽음, 유형과 무형을 구분하지 않으며 이를 하나로 본다.

이 세상에 사는 사람들은 누구나 건강하고 장수하기를 바란다. 장자는 춘추전국시대의 사상가로, 생명에 관심을 갖고 생명을 진심으로 아낀 것이 그가 추구한 철학의 가장 큰 특징이다. 삶과 죽음에는 질서가 있기에 세상이 조화로운 것이다. 삶과 죽음은 하늘에 달려 있고 우리도 고작 2000여 일을 살 뿐이다. 인생이 짧은 것은 과학기술에 의존하여 연장할 수 있지만 중요한 것은 지금 당장 어떻게 2000여 일을 살아갈지 생각하는 것이다.

만약 인생을 제대로 살지 못했는데 어느 날 갑자기 죽는다면 인생이 매우 짧게 느껴질 것이다. 그러나 만약 어떤 사물에 집착하지 않고 아껴야 할 것과 버려야 할 것을 알며 인생을 헛살았다는 후회가 없다면 인생이 비록 짧게 느껴져도 의미가 있을 것이다. 생명을 아낄 줄 알고 인생살이를 제대로 안다면 하늘이 정해준 시간을 적당하다고 여길 것이다. 시간이 너무 짧으면 아쉬움이 남고 시간이 지나치게 길면 의미가 없다. 그래서 이렇게 말하는 것이다. 인생이 짧다고? 어떻게 살지 걱정이나 하라고 말이다!

자신을 희생하여 인(仁)을 이룬다는 '살신성인'은 《논어》
〈위령공(衛靈公)〉에 나오는 말로 원문은 다음과 같다.

지사(志士)와 인인(仁人)이 삶을 구하여 인을 해치는 경우는
없고 자신을 희생하여 인을 이루는 경우는 있다.

이는 자신의 인을 이루기 위해 자기의 생명을 돌아보지 않는다는 뜻이다.
목숨을 버리고 의(義)를 취한다는 '사생취의'는 《맹자》 〈고자(告子)〉에 나오
는 말로 원문은 다음과 같다.

삶도 내가 원하는 바요, 의도 내가 원하는 바지만 두 가지 모두 얻을 수 없다면
목숨을 버리고 의를 취하겠다.

이는 자신의 목숨을 돌아보지 않고 정의를 지키겠다는 뜻이다. 보았듯이
두 구절이 같은 사람이 한 말은 아니지만 후에 합쳐져 한 구절처럼 쓰였다.
공자와 맹자는 똑같이 유가 학설을 대표하는 인물로 이 두 구절은 모두 유
가학파의 기개와 가치관을 잘 드러내고 있다.

공자와 맹자는 인간의 욕구 중에서 목숨보다 더 귀한 것이 있다고 여겼
다. 공자는 그것을 '인'으로 여기고 맹자는 '의'로 여겼다. 인과 의는 목숨보다
더욱 귀하고 가치 있다. '살신성인, 사생취의'는 유가의 높은 절개와 강한 헌
신 정신을 드러내고 있다.

사람은 왜 인을 이루기 위해 목숨도 아까워하지 않을까? 공자는 '인'만이
인간의 본질, 즉 사람이 사람이 되고 군자가 군자가 되는 것을 표현할 수 있

다고 여겼다. 공자는 개인의 이해득실, 나아가 생명까지 따지지 않는 유가의 기상을 높이 평가했다.

맹자도 공자와 마찬가지로 군자는 반드시 인을 갖춰야 한다고 여겼다. 굶어 죽을 것 같은 사람도 누군가 동물에게 주듯 그에게 먹을 것을 던져주면 그는 굶어 죽을지언정 그 음식을 먹지 않을 것이다.

공자와 맹자가 설파한 이 도덕 원칙은 뜻이 있고 절개가 있는 사람들을 독려했다. 남송의 충신 문천상(文天祥)이 죽기 전 마지막에 쓴 시에 다음과 같은 구절이 있다.

공자는 인을 이룬다 하시고 맹자는 의를 취한다 하셨으니 오직 의를 다하면 이로써 인에 이르리라.

유학을 공부하는 이들은 이 '살신성인, 사생취의'의 유가 정신으로 무장하고 죽음에 맞닥뜨려도 두려워하지 않았다. 왜냐하면 '목숨'보다 더 중요한 것이 바로 '의'이기 때문이다.

'살신성인, 사생취의'는 또한 유가의 사회적 책임감을 드러냈다. 명나라 말에서 청나라 초의 사상가 고염무가 제기한 '국가의 흥망은 필부에게도 책임이 있다'는 말은 바로 이러한 정신에 바탕을 둔다. 이처럼 유가는 삶의 표준과 도덕적 선택을 만들었으며 이 선택은 생명을 더욱 의미 있는 것으로 바꾸었다.

상선약수, 즉 최고의 선은 흐르는 물과 같다. 이것은
《노자도덕경》에 나온 말로 원문은 다음과 같다.

> 최고의 선은 흐르는 물과 같다. 물은 만물을 이롭게 하면
> 서도 남과 다투지 않고 세상 사람들이 싫어하는 낮은 곳에
> 자리 잡는다. 그러므로 도에 가깝다.

물은 깨끗하고 부드러우며 천지만물을 길러낸다. 그러므로 '최고의 선은
흐르는 물과 같다'고 말했다. 물의 덕은 지극히 선하고 순수하여 군자들이
좋아한다. 《논어》에 보면 지혜로운 자가 물을 좋아한다, 즉 '지자요수'라는
말이 있다. 최고의 선은 더없이 높은 상태로, 물의 본질은 깨끗하고 투명하
며 높은 곳에서 낮은 곳으로 흐른다. 물의 선은 자연의 선이며 이것이 바로
진정한 선이다. '상선약수'가 가리키는 것은 최고 경지의 선행으로 물의 성질
처럼 만물과 명리를 다투지 않는 것이다.

노자가 도도히 흐르는 황하를 보면서 공자에게 말했다.
"어찌 물의 큰 덕을 배우지 않느냐?"
공자가 대답했다.
"물에 어떤 덕이 있습니까?"
노자가 말했다.
"최고의 선은 흐르는 물과 같다. 물은 만물을 이롭게 하면서도 남과 다투
지 않고 세상 사람들이 싫어하는 낮은 곳에 자리 잡는다. 이것이 바로 겸손
의 덕이다. 바다가 백곡왕(百谷王)[51]이 된 까닭은 온갖 물이 흘러 모여드는 하

---

51) 모든 골짜기의 물이 모이는 곳이라는 뜻으로, '바다'를 비유적으로 이르는 말.

류가 되기를 좋아하기 때문이다."

물은 생명을 탄생시키고 만물을 자라게 한다. 그러나 다투지 않고 빼앗지 않으며 낮은 곳에 있어도 비굴하지 않다. 아무리 더러운 물일지라도 오히려 더러운 물건을 깨끗이 씻어준다. 물은 겉으로는 매우 부드러워 보이지만 강하기도 하여 대적할 것이 없다. 아무리 예리한 검도 물을 찌를 수 없으며 날카로운 칼도 물을 쪼갤 수 없다. 그러나 물은 예리한 검과 날카로운 칼을 녹슬게 만들 수 있다. 그러므로 물은 왕의 기품을 지니고 있으며 모든 것을 포용하고 변화시킬 수 있다. 물은 모든 상황을 포용하고 만물을 변화시키면서 자신은 점점 풍부해진다. 이것이 바로 더할 나위 없는 선의 경지다.

노자의 '상선약수'는 물의 정신을 드높였으며 세상을 살아가는 진리, 즉 사람은 물처럼 적응력과 포용력을 지녀야 함을 말하고 있다. 왜냐하면 물은 부드러우면서도 형체를 변화시킬 수 있기 때문이다. 바닷물은 바다의 모습을 띠고, 강물은 강의 모습을 띠며, 컵 안의 물은 컵의 모습을 띤다. 물은 부드러움, 강함, 깨끗함, 포용력을 갖추고 있다. 물의 모든 경지는 무한하며 만물을 자라게 하지만 공덕을 다투지 않는다. 그렇기 때문에 물이 도의 경지에 이를 수 있는 것이다.

사진은 1973년 중국 장시 성에서 발견한 마왕퇴고분(기원전 168년 조성된 것으로 추정)에서 출토된 《노자도덕경》 백서(帛書)본이다.

《노자도덕경》에 상선약수, 즉 '최고의 선은 흐르는 물과 같다'는 구절이 있다. 물은 생명을 탄생시키고 만물을 자라게 한다. 물은 겉으로는 매우 부드러워 보이지만 강하기도 하여 대적할 것이 없다. 물은 예리한 검과 날카로운 칼을 녹이 슬어 못쓰게 만들 수 있다. 그러므로 물은 왕의 기품을 지니고 있으며 모든 것을 포용하고 변화시킬 수 있다. 물은 모든 상황을 포용하고 만물을 변화시키면서 자신은 점점 풍부해진다. 이것이 바로 더할 나위 없는 선의 경지다.

서로 습기를 뿜어주고 거품으로 적셔주느니 강호에서 서로 잊고 사는 게 낫다

서로 습기를 뿜어주고 거품으로 적셔주느니 강호에서 서로 잊고 사는 게 낫다. 이것은 《장자》〈대종사(大宗師)〉에 나오는 말이다.

샘의 물이 마르면 물고기들은 죽지 않으려고 서로 의지하여 습기를 뿜어주고 거품으로 적셔주어 남은 목숨을 이어가지만, 이는 드넓은 강과 호수에서 자유롭게 사는 것만 못하다.

장자는 여기에서 '도(道)'가 변화하는 관점을 이야기하고 있다. 즉 알고 지내온 두 사람이 감정 때문에 서로의 관계를 끊는 게 아니라 사랑과 미움 등의 감정을 갖고 관계를 이어감을 의미한다.

여기에서 '잊고'의 망(忘)은 고대 중국인들이 음양과 모순을 표현하는 일종의 수법으로, 갖고 있던 집착을 버리고 완전히 새로운 자아로 세계를 맞이함을 가리킨다. 서로 거품을 뿜어 적셔주지만 이것을 계속해줄 수 없다면 이러한 감정을 놓아두고 지난 날의 추억으로 남겨 현세의 번뇌에서 벗어나 영원히 마음에 간직해야 한다는 뜻이다.

거품으로 서로 적셔주는 것은 생존을 위해 반드시 또는 어쩔 수 없이 해야 하지만 감동을 주기 위해 하는 경우도 있다. '강호에서 서로 잊고 사는' 경지는 거리낌 없고 강한 마음이 필요하다. 살기 편한 곳에서 즐겁게 생활하면서 서로 거품으로 적셔주던 때는 잊어야 한다.

철학적 의미로 말하자면 집착은 인생을 전진시키는 원동력이면서 인생을 힘들게 하고 고통을 더하는 원인이기도 하다. 인지와 판단은 집착과 연관이 있는데, 인지와 판단이 없다면 선악의 구분도 없어진다. 그래서 보기에는 멍청해 보이는 사람이 실제로는 지혜롭다.

'강호에서 서로 잊고 사는' 것도 이와 같다. 거품으로 적셔준 그 집착도 일종의 감정이다. 그 목적은 상대를 구해주고 상대의 행복을 바라기 때문이다. 물고기에게 가장 큰 행복은 물속에서 사는 것이며, 물고기에게 가장 필요한 것은 강과 호수의 물이지 마른 땅에서 서로 거품을 뿜어주며 사는 게 아니다. 거품으로 서로 적셔주는 행위는 자신과 상대방 모두 위험한 상황에 처했음을 뜻한다. 그러다 진정한 행복을 누리지도 못하고 서로 숨만 불어넣어주다 죽게 될 것이다. 그러므로 거품으로 서로 적셔주는 것은 윈윈(win-win)의 정신이 아니라 잘못된 집착으로 내린 판단이다.

도가는 자유로운 인생을 추구하며 명리(名利)나 감정적인 집착을 마음에 두지 않는다. 이것은 유가 사상의 '사생취의'와 인애 사상과는 매우 큰 차이가 있다.

우리의 삶은 한계가 있고 지식은 한계가 없다

우리의 삶은 한계가 있고 지식은 한계가 없다. 이것은 《장자》〈양생주(養生主)〉에 나오는 말로 내용은 다음과 같다.

우리의 삶은 한계가 있지만 지식은 무한하다. 끝이 있는 것을 가지고 끝이 없는 것을 추구하는 것은 위태로울 뿐이다. 그런데도 지식을 추구하는 것은 더욱 위태롭다. 착한 일을 하더라도 명성을 얻으려 해서는 안 되며, 나쁜 짓을 하더라도 형벌을 받을 정도가 되어서는 안 된다. 중도를 따르는 것을 떳떳한 도리로 삼으면 자신의 몸을 지키고 생명을 온전히 하며 어버이를 봉양하고 천수를 누릴 수 있을 것이다.

인생은 유한하지만 지식은 무한하다. 만약 유한한 인생으로 무한한 지식을 추구한다면 육체와 정신이 고달플 것이다. 그런데도 쉬지 않고 지식을 추구한다면 피곤해질 수밖에 없다.

오래 살기를 꾀하는 사람은 좋은 일을 하더라도 명성을 추구해서는 안 되며 나쁜 짓을 하더라도 법을 위반해서는 안 된다. 규칙을 지키고 세상 사는 법칙을 따라야 하며, 이렇게 하면 자신을 보호하고 천성을 지키며 부모에게 걱정을 끼치지 않고 장수를 누릴 수 있다. 그래서 무슨 일을 하든 너무 극단적으로 해서는 안 되며 적당히 물러설 줄도 알아야 한다. 왜냐하면 평생을 공부해도 다 배우지 못하는 것이 있으므로 억지로 해서는 안 된다.

사람의 목숨은 유한하므로 무한한 지식을 다 배울 수 없다. 그러나 스스로 아는 게 많고 모르는 게 없다고 여긴다면 자만심이 생겨 좋지 않은 일이 생긴다.

이를테면 첫째, 모르면서 안다고 여기고 잘못된 지식을 배우고서 정확한 지식을 배웠다고 착각하여 그것으로 남을 가르치면 반드시 큰 실수를 저지르게 된다. 이것은 모르면서 안다고 하고 조금 알면서 잘 안다고 여기는 것이다.

둘째, 사람의 지식이 유한하고 판단 능력도 유한하며 지식을 검증하는 능력도 유한하여 사람들의 입장이 모두 제각각 다르다. 사람들은 잘못 알고 있거나 반 토막 지식을 갖고 서로 다른 입장에서 추리하여 서로 다른 결론을 도출해낸다. 사람들은 지나친 허영심과 자신감을 갖고 있으며 자신의 추리가 맞고 다른 사람들은 틀렸으며 자신이 남들보다 똑똑하다고 여긴다. 이것이 바로 그들이 이해한 '지(智)'이며, 누가 더 똑똑한지 따진다면 사실 그것은 진리 추구를 위해서가 아니라 허영심 때문에 자신의 똑똑함을 과시하고 싶은 것뿐이다.

아침에 도를 들으면 저녁에 죽어도 좋다

아침에 도를 들으면 저녁에 죽어도 좋다. 이것은 《논어》 〈이인(里仁)〉에 나오는 말로, 아침에 사람됨의 도리를 깨달으면 저녁에 죽더라도 아쉬움이 없다는 뜻이다. 유가 사상에서 사람이 사람인 까닭은 윤리 규칙을 지키기 때문이다. 윤리를 지키지 않고 예악의 교화를 받지 않은 사람들은 구차하게 그럭저럭 세상을 살아갈 뿐이다.

공자 사상의 핵심은 '인(仁)'이다. 이것은 그가 일생 동안 추구해온 정치 이

그림은 공자가 제자들을 가르치는 장면이다. 공의 명성이 차츰 널리 퍼져 나가자 그에게 배움을 청하는 제자들이 구름처럼 모여들어, 그 수가 3000명에 이르렀다.

공자가 주장한 정치사상은 성인의 도다. 성인의 도를 얻는 방법은 '듣고, 보고, 배우고, 행하는'것이다. 그러기 위해서 먼저 도를 들어야 한다. 그러나 유가에서 성인의 도를 배우는 것은 결코 쉬운 일이 아니며 지키고 실천하는 것은 더욱 어려운 일이다. 그러므로 유학을 공부하는 이들은 '도를 듣는 것'부터 시작해서 끊임없이 실천하여 인의 경지에 이른 것이다.

상이기도 하다. 그는 또 '선비가 도에 뜻을 두고서 나쁜 옷을 입고 나쁜 음식 먹는 것을 부끄러워한다면 더불어 도를 의논할 수 없다'고 했다.

공자는 어떤 나라에서 아침에 자신의 정치사상을 실현시킬 수 있으면 저녁에 죽더라도 가치 있는 일이라고 여겼다. 공자가 주장한 정치사상은 성인의 도다. 성인의 도를 얻는 방법은 '듣고 보고 배우고 행하는' 것이다. 그러기 위해서 먼저 도를 들어야 한다. 그러나 유가에서 성인의 도를 배우는 것은 결코 쉬운 일이 아니며 지키고 실천하는 것은 더욱 어려운 일이다. 그러므로 유학을 공부하는 이들은 '도를 듣는 것'부터 시작해서 끊임없이 실천하여 인의 경지에 이른 것이다.

유가의 도는 단순히 도리만을 가리키는 게 아니라 유가의 정치 이상인 '중용과 인정'을 포함한다. 춘추시대는 제자백가(諸子百家)가 출현하여 서로 명성을 다투던 시기로 공자의 유가도 그중 한 학파였다. 그러나 제후나 군주로 하여금 인정을 행하게 할 정도로 그 영향력이 크지 않았다. 그래서 공자는 '아침에 도를 들으면 저녁에 죽어도 좋다'고 감격스럽게 말했다.

이것은 자신이 추구한 유학 정신을 드러낸 것이며 제후와 군주가 유가 사상을 받아들여 인정을 행하기를 갈망한 것이다. 만약 공자가 자신이 꿈꾸던 세상을 보게 된다면 '저녁에 죽는다 한들'무슨 상관이겠는가!

교만은 화를 부르고 겸손은 복을 부른다

교만은 화를 부르고 겸손은 복을 부른다. 이는 《상서》 〈대우모(大禹謨)〉에 나오는 말로 원문은 다음과 같다.

> 덕은 하늘을 감동시켜 멀어도 이르지 않음이 없으니 교만하면 손해를 부르고 겸손하면 이익을 받는 것, 이것이 바로 천지자연의 법칙이다.

이 말은 중국 고대에 백성들이 방목(誹木)[52]에 쓴 간언서에서 유래했다. 당시는 천하태평의 요순시대로 제왕들은 관원과 백성들의 간언을 귀담아들었다. 그래서 '교만은 화를 부르고 겸손은 복을 부른다'는 말이 보존되어 경전에 실려 전해질 수 있었다. 이 말은 자만하는 사람은 자신에게 손해를 가져오고 겸손한 사람은 다른 사람으로부터 이익을 얻는다는 뜻으로, 사람들에게 '자만은 유해하고 겸손은 유익하다'는 도리를 가르쳐주어 자만과 겸손의 장단점을 지적했다. 자만은 사람을 우쭐하게 만들고 발전 없이 늘 제자리에 머물게 하지만 겸손은 사람을 나아가게 하고 끊임없이 무언가를 얻게 한다. 이것은 자신의 판단을 믿으면서도 다른 사람의 의견을 들을 줄 알아야 하며, 겸손하게 다른 사람의 의견을 수용하되 맹목적으로 따라서는 안 됨을 말해주고 있다. 중국의 옛 교훈에서도 이 말을 강조해왔다.

겸손해야 신중하게 행동할 수 있으며 겸손해야 진실하게 남을 상대할 수 있으며 겸손해야 손해 보는 일이 없다. 사람들은 교만함과 조급함을 경계하고 자신의 부족한 점을 찾아 고치도록 노력해야 한다. 마오쩌둥(毛澤東)이 말한 '겸손은 사람을 발전하게 만들고 자만은 사람을 뒤처지게 만든다'는 말 또한 이와 같은 이치다.

---

52) 예전에, 정치의 잘못된 점을 경계하려고 조정에 세워두고 백성에게 자유롭게 치게 하던 나무.

근주자적 근묵자흑(近朱者赤 近墨者黑). '붉은 인주를 가까이하면 붉게 되고 먹을 가까이 하면 검게 된다'는 이 말은 서진의 학자 부현(傅玄) 편찬한 잠언집 《태자소부잠(太子少傅箴)》에 나온다.

무릇 쇠와 나무는 정해진 모양이 없어서 네모와 원 등 다양한 모습이 나온다. 또 모양을 잡아주는 틀이 있어서 틀에 따라 성질과 형태가 달라진다. 이런 까닭으로 붉은 인주를 가까이하면 붉게 되고 먹을 가까이하면 검게 된다.

이 말은 외부 요소가 사물의 변화에 큰 영향을 끼침을 의미한다. 즉 좋은 환경에서 살면 좋은 영향을 받고 나쁜 환경에서 살면 나쁜 영향을 받는다는 말이다.

《맹자》〈등문공장구하(滕文公章句下)〉에 다음과 같은 말이 있다.

어떤 제나라 사람이 초나라 대부의 아들을 가르치거늘 여러 초나라 사람들이 떠들어댄다면 비록 날마다 종아리를 치면서 제나라 말을 하도록 요구하더라도 될 수 없을 것이다. 그러나 그를 끌어다가 제나라 장악(莊嶽) 거리에 수년 동안 둔다면 비록 날마다 종아리를 치면서 초나라 말을 하도록 요구한다 하더라도 또한 될 수 없을 것이다.

맹자의 말 또한 부현의 말처럼 주위 환경이 사람에게 끼치는 영향이 매우 중요함을 의미한다. 그래서 임금에게 인재 등용에 주의해야 하며 엄격한 심사를 거쳐 선택하라고 건의했다.

알고 있듯이 인주는 붉고 먹은 검다. 또 '적(赤)'은 붉은색이고 '흑(黑)'은 검은색이다. 고대 중국에서 붉은색은 일반적으로 경사와 상서로움을 대표하고 검은색은 불행과 불길을 나타낸다. 마찬가지로 '근주자적 근묵자흑'에서 붉은색은 훌륭한 사람과 좋은 환경을 가리키고 검은색은 형편없는 사람과 나쁜 환경을 가리킨다. 이는 사람들에게 훌륭한 사람을 많이 사귀고 좋은 환경에서 지내며 나쁜 사람과 나쁜 환경을 멀리하여 자신을 더욱 훌륭한 사람으로 만들도록 노력하라는 뜻을 담고 있다.

'하늘의 이치를 지키고 인간의 욕망을 없애라'는 뜻의 '존천리 멸인욕(存天理 滅人慾)'은 송나라 때 유명한 성리학자이자 사상가인 주희의 중요한 관점 중 하나다. 주희의 철학 사상에서 '천리'는 도리, 질서, 규율, 준칙 등을 포함한다. 천리는 곧 사물의 작은 이치이자 하늘의 큰 이치이며 사람의 도리다. 천리는 자연의 이치요 만물의 이치며 사물 본래의 규율이고 사회의 질서며 인간의 도리다.

'존천리'는 바로 인간의 인애지심(仁愛之心)을 지키기를 바란 것이다. '천리'와 '인욕'은 상대적이다. 정상적이고 합리적인 인욕이 바로 천리며, 불필요하고 죄악의 인욕이 바로 주희가 없애고자 했던 인욕이다. 사람은 인성, 즉 인애지심이 있어서 사람이 되었지만 사람은 동물이기도 하며 동물성을 갖고 있다. 이 동물성이 바로 사악지심(邪惡之心)으로 주희가 없애고자 했던 인욕이다.

'멸인욕'은 자신의 사사로운 마음을 이겨내고 자신을 반성하는 것이다. 인성을 말살하고 애욕, 성욕, 식욕 등을 없애려는 게 아니며 인간의 성취욕이나 진취성을 없애려는 뜻은 더더욱 아니다. 주희의 학설과 사상은 지식인들에게 성취욕과 진취성을 갖도록 격려했다. 즉 지식인들에게 '격물(格物), 치지(致知), 정심(正心), 수신(修身), 성의(誠意), 제가(齊家), 치국(治國), 평천하(平天下)'를 가르쳤다. 인욕은 사욕, 잡념, 악념 등을 가리킨다. 학자와 지식인들이 사물의 이치를 연구하고 자신을 돌아보며 지나친 사욕을 절제하여 자신만을 돌아보는 게 아니라 많은 사람을 생각하는 훌륭한 사람이 되기를 바랐다.

유가 사상 중에 맹자는 '인간의 본성은 본래 선하다'고 했고, 순자는 '인간의 본성은 본래 악하다'고 했으며, 주희는 '인간의 본성은 선하기도 하고 악하기도 하다'고 했다. 주희가 말한 '존천리'의 '존'은 맹자가 말한 선을 지키는 것이며 '멸인욕'의 '멸'은 순자가 말한 악을 없애는 것이다. 이렇게 보면 '존천리 멸인욕'은 심성 수련이라고도 할 수 있다. '천리'는 공(公)이자 선이며 사랑하는 마음이다. '인욕'은 사(私)이자 악이며 개인적인 욕심이다. '존천리'는 선을 보존하며 도를 따라 행하고 천지자연의 이치를 찾는 것이며, '멸인욕'은 악을 없애 수신양성(修身養性)하고 극기성신(克己省身)하는 것이다. 간단히 말하면 '존천리'는 선을 향해 가고 '멸인욕'은 악을 없애는 것이다. 통속적으로는 '존천리 멸인욕'을 개인의 지나친 욕망을 경계하고 도덕을 지키며 백성과 통치자의 조화를 유지하는 것으로 해석한다.

유가의 성리학은 사람을 교육하는 철학이다. '존천리 멸인욕'은 사람들이 사물의 이치를 연구하고 몸과 마음을 바르게 하여 재주와 덕행을 겸비한 사람이 되기를 바란다. 이는 바로 수신양성하여 걸출한 인물, 위대한 인물, 대단한 인물이 되도록 인도하는 것이다. 이 사상은 유가 사상 중 송명이학에서 말하는 인간 철학에 대한 불변의 진리이자 중국 문명 사상의 정수다.

'마음 밖에 만물이 따로 없으며 마음 밖에 어떠한 이치
도 없으며 마음 밖에 일이 없다(心外無物 心外無理 心外無事).'
이것은 왕양명이 제기한 심학 사상으로, 우주의 오묘함
을 이해하여 사물의 참모습을 인식하려면 심성의 양지
(良知), 즉 마음의 본성을 탐구해야 함을 의미한다. 이 관
점은 전형적인 주관적 유심론에 해당한다.

중국 명나라 때 철학자 육구연의 기본 관점은 심즉리(心卽理)[53]와 우주즉시
오심(宇宙卽是吾心)[54]이다. 왕양명은 육구연의 사상을 계승하여 '심외무물 심외
무리 심외무사'를 제기했다. 왕양명이 말한 '마음(心)'은 최고의 본체로 '심즉도
도즉천(心卽道 道卽天)'처럼 개인의 도덕의식을 가리킨다. 만사만물의 주재가 마
음이며 그 지위는 하늘과 같다. 즉 하늘이 곧 마음이며 마음 안에 만사만물
이 포함되어 있다.

이는 심학의 기초로 왕양명과 육구연 모두 마음을 강조했다. 마음이 모
든 것을 포용하며 마음 안에서 이(理)를 찾지만 이는 만사만물의 객관성을
부정하는 게 아니다. 인식 방법에서 보면 마음은 이미 만사만물을 포함하고
있으므로 사물 주변에서 사물의 이치를 찾을 필요가 없다. 이런 의미에서 왕
양명은 '몸을 주재하는 것이 마음이며, 마음이 드러나는 것이 뜻이며, 뜻이
있는 곳이 사물이다'라고 말했다.

왕양명의 '심외무물'은 마음과 만물이 같다는 뜻이다. 두 가지는 서로를
벗어나서 홀로 존재할 수 없다. 영명(靈明)한 마음을 떠나면 천지 귀신과 만물
이 없고, 천지 귀신과 만물을 떠나면 영명한 마음이 없다. 이런 측면에서 보

---

53) 주자의 성즉리(性卽理)에 대하여, 사람의 마음과 도리는 다른 것이 아니고 같은 것이라는 양명학의 근본 주장.
54) 우주가 곧 내 마음이라는 뜻.

면 영명한 마음이야말로 천지 만물을 주재한다.

다른 측면에서 보면 마음은 형체가 없으므로 천지 만물에 감응하여 그것을 형체로 삼는다. 만약 객관적인 사물이 마음으로 지각되지 않는다면 허무하고 적막한 상태에 처할 것이다. 마치 깊은 산속의 꽃을 아무도 보지 못하면 그 꽃은 마음과 함께 시들해지지만 사람들이 꽃을 발견하면 꽃의 빛깔이 금방 선명해지는 것처럼 말이다.

왕양명의 심외무물 사상은 사람들이 어떤 물건을 본 적이 없을 때 이 물건은 존재하지 않고, 사람들이 그것을 보았을 때 비로소 존재한다고 해석되었다. 이렇게 하면 주관 의식이 결정자가 되어 외부에 있는 사물을 마음으로 결정하게 된다. 이것이 주관적 유심론이다. 그러나 왕양명은 외부에 있는 사물의 객관성을 부정하지 않았다. 그가 반대한 것은 다만 외부에 있는 사물과 자신의 마음이 무관하다는 점이다.

왕양명은 사물을 보지 못했을 때 사물이 사람의 마음속에서 나타나며, 사람이 이 사물을 본 순간 사물이 곧 의식 속에 나타난다고 생각했다. 이로써 알 수 있듯이 사물은 사람의 마음 밖에 있는 게 아니라 사람의 마음속에서 심(心)과 이(理)의 형상으로 존재한다. 이 '이'의 형상이 외물과 서로 관계가 없으면 그것이 곧 사라져 자신도 그것을 발견할 수 없지만, 만약 외부에 있는 사물과 관계가 생기면 이 '이'의 형상이 나타나 외부에 있는 사물이 마음속의 '이'를 촉발한다.

왕양명의 심외무물 사상은 심학을 최고 수준으로 발전시켰다. 왕양명의 우주관은 유가의 지행합일 학설의 기초를 닦는 데 크기 기여했으며, 후대의 철학 발전에도 큰 영향을 끼쳤다.

내 마음이 곧 우주다. 이것은 중국 송나라 때 철학자
육구연의 명언이자 그의 중요한 철학 명제다. 육구연은
인식론을 통해 본체와 주체의 결합으로 천리를 마음속
으로 깊이 인식할 것을 강조했다. 그는 천리의 보편성
과 필연성을 인정하면서 인간의 능동성을 주장했다. 육
구연은 주체로서 마음의 인식 기능을 발휘하여 이것으로써 천리를 인식하고
주체와 본체의 결합을 실현했다.

주희가 천리만 중시하고 자신을 소홀히 한 것과 달리 육구연은 자신을 중
시했다. 수양의 목적은 바로 마음을 보존하고 욕망을 없애며 천리를 깨달아
천인합일의 경지에 도달하는 것이다. 그는 이학을 바꾸어 천리를 사람의 마
음으로 돌리려고 했다. 그래서 '마음'을 철학 체계를 하나로 만드는 근본적인
범주로 삼았다.

'내 마음이 곧 우주'라는 명제는 주체의 인식 능력을 강조하고 마음속의
생각을 드러내어 우주 진리를 인식할 수 있도록 했다. 육구연은 마음의 영
명함을 회복시켜 물욕에 가려지지 않도록 하는 것을 철학의 최고 임무로
삼았다.

이 명제가 본체론을 함의하고 있지만 육구연은 이(理)가 마음으로부터 깊
이 인식된다고 여겨 우주의 무궁함과 마음의 무궁함이 같다고 보았다. 즉 내
마음이 곧 우주며 우주가 곧 내 마음이라고 여긴 것이다.

그는 사람의 마음이 우주의 무궁함을 포용하고 의식할 수 있으며 본심을
밝히는 것이 곧 진리의 자아 발현이며 존심(存心)과 명리(明理)가 일치한다고 생
각했다. 마음은 무한한 창조력을 지녔으며 마음의 작용은 '이'의 존재를 드
러내는 것이다. 육구연은 시간과 공간이 마음속에서 강한 능동적인 힘을 갖

고 있는데 그것은 무한하며 동시에 보편적이라고 생각했다. 마음은 천지 만물의 주체인 동시에 자아 체험의 근본적인 출발점이다. 마음의 '이'와 하늘의 '이'는 대립하는 게 아니라 상통하며 하나다.

천리는 마음의 작용에 따라 하나하나 드러난다. 육구연은 마음의 인식 능력을 최고조로 발휘했다. 그는 주체 의지에 능동성과 창조성을 부여했으며 마음의 인식 기능을 마음 밖이 아닌 마음 안에서 구했다. 다시 말하면 본체의 '이'는 마음 밖에 있는 게 아니라 주체 안에 있다. 이것이 바로 심즉리다. 인간은 우주의 중심이며 자신을 인식하는 것이 바로 우주를 인식하는 것이다. 이러한 천도(天道)와 인도(人道)의 상호작용 과정에서 두 가지 사이의 차이가 서로 보완되어 천인합일의 체험을 할 수 있다.

육구연은 심성일원론에서 출발하여 주체 의지에 능동성을 부여했으며 천리론의 통일된 국면을 깨뜨렸다. 나아가 한층 새로워진 수준에서 다시 인간의 주체 권위를 확립하여 주체의 가치와 인간의 능동성을 주장했다. 주희가 활동했던 시대의 사람들은 각종 권위의 지배를 받으며 살았다. '내 마음이 곧 우주'라는 사상은 이러한 권위를 타파하고 개체의 주체성을 발전시켰다.

6

세상의
모든 철학

철학 학파는 다양한 지혜를 바탕으로 발생했다.
인류 문명은 철학 사조가 생긴 이후로 참신하
고 독특한 이성의 싹을 길러왔다. 이처럼 지혜
의 빛으로 가득한 싹은 철학 학파가 만들어지
는 기초가 되었다. 수천 년 동안 철학은 의심과
비판의 부정적인 측면에서 출발하여 수많은 학
파가 흥기 – 발전 – 쇠퇴 – 흥기의 과정을 거쳤
다. 마치 인류 역사의 파도 속에서 반짝이는 물
결이 모여 드넓은 지혜의 바다를 이룬 것 같다.

서양철학의 시조 밀레투스학파

기원전 6세기, 고대 그리스의 학자 탈레스가 밀레투스학파를 창시했는데 이것은 소크라테스 이전 철학에서 갈라져 나온 학파다. 밀레투스는 에게해의 이오니아 지방에 있었던 고대 그리스 최강의 도시국가로 해외 무역으로 번창했다. 밀레투스의 시민들은 신학 사상의 지배를 받았기에 대부분 신이 세계 만물을 창조했다고 믿었다. 반면 밀레투스의 철학자 집안에서 태어난 탈레스는 이들과 달리 이성적으로 사유했다. 이렇게 해서 밀레투스학파는 수천 년 동안 이어온 신화적인 사고에서 벗어나 얻을 수 있는 통계 수치, 즉 과학적인 사고로 세계를 해석하기 시작했는데, 이것은 인간이 감성에서 이성으로 넘어가는 발단이 되었다.

밀레투스학파의 연구 범위는 주로 만물의 근원에 집중했다. 이것은 철학 연구의 기본 문제기도 하다. 탈레스는 최초의 철학자로 '세계의 근원은 무엇인가?'라는 철학의 핵심 문제를 처음 제기한 인물이다.

탈레스는 '만물의 근원은 물'이라고 했다. 물이 신비로운 신화적 존재가 아니라 사람들이 이해할 수 있는 물질이며, 만물은 물의 규칙을 이용하여 연구할 수 있다고 생각했다. 그의 사상적 핵심은 모든 사물은 인간의 사유 방식을 통해 이해할 수 있다는 것이다. 이것은 철학사에서 가장 혁신적인 관점이며 유물론의 발단이자 철학 연구의 효시가 되었다. 탈레스는 초기 소박유물론의 대표 인물이다.

밀레투스학파는 인간의 사유를 신화에서 이성 논리로 진보시켜 신화의 통치 지위를 타파했다. 이것은 인간의 사상이 자연을 정복하는 신호가 되었다. 밀레투스학파의 창시는 서양철학의 탄생을 상징한다. 이 학파는 사물은 서로 관련이 있음을 인정하고 물질이 세계의 근원이라는 사상의 열풍을 일으켰다.

에페수스학파는 기원전 6세기경 이오니아의 도시국가 에페수스에서 시작되었다. 대표 인물인 헤라클레이토스가 이곳에서 태어나고 자랐다. 헤라클레이토스는 밀레투스학파의 '물질이 세계의 근원'이라는 관점을 계승했다. 그러나 그는 만물의 근원이 불이며 '영원한 불'이 세계를 창조했다고 여겼다.

헤라클레이토스는 이 기초 위에 '로고스 학설'을 연역했다. '로고스'는 만물의 근원인 불의 본성으로, 이 불은 생각을 지니고 있으며 모든 세계를 만들어낸 기원이다. 불은 로고스를 근거로 하여 모든 것을 주재한다. 그러므로 만물은 로고스를 근거로 해서 만들어지고 모든 것은 로고스를 따른다. 불의 본성은 변하지 않지만 불의 외부는 시도 때도 없이 변화하고 있다. 이러한 사물의 운동 변화는 일정한 규칙과 질서를 가지고 있으며 이 규칙과 질서가 바로 '로고스'다.

에페수스학파의 주요 철학적 공헌은 물체가 변화한다는 사실을 밝히고 처음으로 변증법적 사상을 제기한 점이다. 사물의 운동은 대립·통일적이며 물질의 운동과 정지는 모두 일정한 조건하에 만들어진다고 보았다. 이 때문에 헤라클레이토스가 '변증법의 선구자'로 불리게 되었다.

헤라클레이토스는 세계는 타오르는 불이라는 철학 이념에서 최초로, 모든 사물이 끊임없이 운동하고 변화하며 일정한 규칙을 따라 흐른다는 생각을 이끌어냈다. 그는 세계가 정지되어 있다는 관점을 단호하게 부인했다. 실제로 사람들이 눈으로 보는 세계는 영원히 변화하고 있다. '사람은 같은 강을 두 번 건널 수 없다'는 그의 주장처럼 말이다.

원자론으로 근원을 탐구하다

원자론의 창시자 레우키포스.

원자론학파는 밀레투스학파와 에페수스학파가 탐구한 '세계의 근원'에 대한 문제를 계승했다. 원자론학파 학자들도 세계는 물질에서 기원했다고 여겼지만 그 물질이 이전 학파에서 말한 물과 불이 아니라 어떠한 사물을 구성할 수 있는 물질, 바로 원자(原子)라고 생각했다.

기원전 440년, 레우키포스(Leucippos)가 맨 처음 원자론을 제기했고, 후에 데모크리토스가 체계화하여 원자론학파를 형성했다. 원자론학파는 다원 물질과 물체 운동으로 우주의 현상을 해석하여 모든 사물이 가장 작은 입자로 구성되어 있음을 밝혔다. 이 가장 작은 입자는 무한소(無限小)로 더 이상 나눌 수 없고 세계에도 이것보다 더 작은 물체가 없다.

데모크리토스의 원자론학파에는 신학이 존재할 공간이 없다. 이 학파는 인간도 원자로 구성되어 있으며 이것은 물체의 배열과 조합의 관계로 원자가 흩어지면 물체도 사라지고 영혼도 없어진다고 생각했다.

무궁무진한 원자는 허공의 세계 안에 존재하며 창조될 수도 없고 사라질 수도 없다. 원자는 영원히 존재하며 원자 사이에는 형성의 원인이 없다. 원자의 가장 간단한 구별법은 형태, 위치, 크기다. 원자는 일정한 순서와 규칙에 따라 배열되고 상대적인 규칙에 따라 운동을 하여 세계의 만물을 구성한다.

지금은 과학 증명을 통해 원자가 가장 작은 물질이 아니라는 사실을 누구나 알고 있지만 원자론학파는 당시의 가장 과학적인 이론으로 세계의 근원을 밝혀냈다. 인간이 세계와 우주 기원을 탐구하는 데 정확한 방향을 제시했고 자연과학 이론의 발전에 큰 공헌을 했다.

피타고라스학파는 기원전 5세기부터 기원전 4세기까지, 피타고라스와 그의 철학을 계승하여 활동했던 학파이다. 남이탈리아학파로도 불리는 이 학파는 정치, 학술, 종교 세 가지가 합쳐진 조직이었다.

피타고라스학파는 만물의 근원은 수(數)며 모든 사물은 구체적인 수량 관계로 표현할 수 있다고 주장했다. 이 학파는 일정한 비례 배열수를 통해 조화로운 경계에 도달할 수 있으며 '수의 완벽함과 조화의 아름다움'의 관점을 제시했다.

이를테면 그들은 음악이 조화로운 것이 듣기 좋다고 생각했다. 높낮이가 다른 음표가 배열을 통해 아름다운 소리를 형성하기 때문이다. 이에 따르면, 음악은 대립과 통일된 숫자의 집합이므로 부조화와 무질서한 숫자와 음표를 일정한 규칙을 근거로 배열하면 조화롭고 질서 있는 음악이 될 수 있다.

피타고라스학파는 이 관점을 천체 운동에 적용했다. 그들은 우주 안의 모든 천체는 일정한 운행 속도를 근거로 각자의 궤도 안에서 운행하며 천체끼리 조화를 이루는 간격을 유지하면서 철저하게 속도를 따라 회전한다고 주장했다. 이렇게 하면 조화의 선율이 만들어지며 이 조화의 선율이 '천체 음악'이다. 또 피타고라스학파는 인체의 외부와 내부의 조화는 일치되어야 한다고 보았는데 이것이 바로 동성상응(同聲相應)이다. 수의 강함과 부드러움이 서로 조화를 이루는 것처럼 말이다.

피타고라스학파가 가장 크게 공헌했던 분야는 미학 방면이다. 이 학파는 수의 조화의 아름다움에서 세계를 관찰하고 이해했으며 조화야말로 완벽한 철학의 경지에 도달할 수 있는 방법이라고 여겼다. 피타고라스학파는 수를 물질의 최고 경지로 인정함으로써 수량 관계의 완벽과 조화의 철학 사상을 만들었으며 이 사상을 세계 미적 감각 연구 영역에 적용했다.

인간에게 눈을 돌린 소피스트학파

기원전 5세기에서 기원전 4세기에 고대 그리스에서는 학생을 받아서 가르치는 직업 교사가 출현했다. 이들 중에는 철학자도 있었다. 그들은 아테네를 중심으로 그리스 각지를 돌아다니면서 청년들에게 수사학과 변론술 등을 가르쳤으며, 정치에 참여하고 나라를 다스리는 법과 공공 사무를 처리하는 능력을 전수했다. 이러한 사람들을 소피스트(sophist)라고 부른다.

소피스트학파는 통일된 조직이 없었으며 독립적인 철학 유파도 아니었다. 이 소피스트들의 정치 태도도 제각각이었다. 그러나 사상과 학설 방면에서 그들의 철학 관점과 기본 이론의 성향은 매우 비슷했다. 대표적인 소피스트로는 프로타고라스, 고르기아스 등이 있으며 대표작으로 《신들에 관하여》, 《헬레네 예찬》, 《존재하지 않는 것 또는 자연에 관하여》 등이 있다.

소피스트학파는 인식론에서 감각주의와 상대주의, 회의주의를 강조했다. 그들은 지식이 곧 감각이며, 어떤 사물을 보고 춥다고 느끼면 곧 추운 것이고 춥지 않다고 느끼면 춥지 않은 것으로 참과 거짓, 옳고 그름의 구분이 없다고 여겼다. 그들은 개인의 감각을 진리의 유일한 표준으로 간주했으며, 이에 관하여 프로타고라스는 '인간은 만물의 척도'라는 유명한 명제를 제기했다.

소피스트학파는 소박변증법적 사상 요인을 지니고 있으면서 모든 문제는 상호 대립의 양면성이 있다고 제기했다. 그리하여 사유와 존재의 차이를 제시했다. 그들은 종교와 신화의 사상에 대한 속박을 반대하고 신의 권위와 신의 형상을 부정했다. 인간은 자신의 역량에 의지하여 모든 것을 발명하는데, 신 또한 인류가 자신의 이익을 위해 만들어낸 것이라는 주장이었다. 이러한 사상으로 인간의 존엄과 권위가 인정되었고 이로 인해 소피스트학파의 이론은 인문 정신의 기원이 되었다.

플라톤주의는 '플라톤 철학'이라고도 부른다. 이 철학은 완벽한 것은 이론 형식뿐이며 이러한 형식에 따른 이론은 영원히 존재하며 절대적이라고 주장했다. 반면 현실 생활의 실천 현상은 완벽하지 않고 일시적 존재이므로 여차하면 사라진다고 보았다.

기원전 5세기에 생겨난 플라톤주의는 고대 그리스 플라톤의 학설 체계에서 기원한다. 플라톤주의는 플라톤의 이데아설을 연구의 중심으로 삼았으며 철학 내용은 우주론의 우주생성설, 인식론의 기억설, 윤리관과 사회정치관, 그리고 미학의 모방설 등 매우 광범위하다.

플라톤주의의 기본 관점은 수학 연구의 대상으로 함수, 양(量), 수에 내재된 수학 개념이다. 플라톤은 이것들은 특수한 이념 세계 안에 존재하는데, 현실 세계 밖에 독립된 객관 현실로 이러한 존재는 시간, 물질 및 인간의 사유와 관계가 없다고 여겼다.

플라톤의 생각에 이론은 진리며 이러한 진리는 직감을 통해 인지할 수 있었다. 단 인간은 이론의 내부를 충분히 이해할 수 있지만 이론을 정확하게 실천하지 못했다.

플라톤은 수학의 대상에도 이데아가 존재한다고 보아, 완벽한 삼각형은 오직 마음속에서 상상으로 존재한다고 생각했다. 그러므로 이론은 조금도 의심할 수 없는 추상성과 정확성을 구비해서 사람들이 진정한 세계를 이해할 수 있도록 더욱 높은 수준을 제공해야 한다고 여겼다.

플라톤주의가 발전하는 과정에서 신(新)플라톤주의가 생겨났다. 기독교의 초대 교부인 아우구스티누스가 이것을 개조하여 기독교의 이론을 만들고 유럽 신학의 교리에 봉사했다.

유심론을 주장한 스토아학파

스토아학파는 기원전 300년경 수학자 제논이 창시한 학파로 그가 아테네의 집회 광장인 주랑(柱廊)[55]에서 강의한 데서 연유했다. 스토아학파는 그리스 시대에 영향력이 매우 큰 학파로 특히 제논은 자연법 이론의 창시자로 여겨진다. 스토아학파는 '세계 이성'이 사물의 발전과 변화를 결정한다고 보았다. 세계 이성이란 신성을 가리키는데 이러한 신적 존재는 세계를 주재하며 사람들은 신의 일부분이라고 생각했다. 그래서 신의 뜻에 순종하고 자신의 사회적 지위에 만족하며 금욕 생활을 해야 한다고 가르쳤다. 또 생로병사와 같은 모든 자연현상은 자연 불변의 법칙이므로 인간은 반드시 자신의 운명을 받아들여야 행복을 얻을 수 있다고 강조했다.

스토아학파는 유심론 학파다. 이들은 우주를 아름답고 질서가 있으며 완벽한 전체로 보았다. 우주는 원시적인 신성한 불로 인해 변화하고 발전해왔으며 우주는 '신명(神明)의 율법'이라는 진리가 존재한다. 신명의 율법은 오랜 시간 존재해온 인류 이성과 우주 이성의 바탕 위에 만들어졌으며 시공간을 따라 바뀌지 않고 아름다운 목적을 향해 간다. 인간은 우주 체계 속의 일부분으로 '소우주'며 '작은 불씨'다. 그러므로 인간은 자신에게 협조해야 하며 우주와 서로 하나가 되어 큰 목적을 이루어야 한다. 스토아학파는 전체 인류가 신명 율법의 관할 아래 있으며 정신과 물질 사이에 어떠한 충돌도 없다고 생각했다. 이 때문에 그들의 관점은 일원론에 속하고 플라톤의 이원론과 상반되었다.

스토아학파는 사상이 개방적이고 시대정신이 풍부했으며 정치에도 매우 관심이 높았다. 학파의 많은 사람들이 정치가로 활약했으며 그중 유명한 사람으로 로마 황제 마르쿠스 아우렐리우스와 키케로(Cicero), 세네카(Seneca) 등이 있다.

마르쿠스 아우렐리우스와 키케로.

---

55) 이것의 그리스어 발음이 스토아다.

키니코스학파는 자연주의 철학을 주창한 학파로 기원전 3세기에 소크라테스의 제자 안티스테네스가 창시했다. 키니코스학파의 명칭의 기원은 두 가지 설이 있다.

첫째, 창시자인 안티스테네스가 키노사르게스 체육관에서 강연을 한 데서 유래했다는 설이다. 둘째, 이 학파의 학자들은 소박하고 검소한 생활을 강조하여 초라한 옷차림을 하고 다닌 데다, 마치 개처럼 자유롭고 구속받지 않으며 사람들에게 물어뜯을 기세로 비난을 퍼부어서 '개'로 불리었는데 여기서 유래했다는 설이다. 실제로 키니코스는 그리스어로 '개'라는 의미다. 후에 키니코스학파는 타인을 믿지 않거나 타인의 고통에 전혀 무관심한 태도의 상징이 되었다.

키니코스학파는 플라톤의 이데아설과 상반된 견해를 가진 학파로, 그들은 자연주의를 제창하여 무슨 일을 할 때 몸소 체험하고 실천하기를 강조했다. 그들이 생각하는 이상적인 생활은 소박한 원시생활을 하는 것이지 누리는 생활이 아니다. 인간은 궁전에서 살 필요가 없으며 커다란 나무통에서 소박하게 살면 되는 것이다.

키니코스학파는 '미덕이 참된 행복'임을 제기하여, 사람들에게 눈앞의 화려한 생활을 버리고 소박하고 단순한 자연의 삶으로 돌아가며 법률과 습속을 자연과 연관시켜 자연 철학으로 국가를 통치할 것을 주장했다.

키니코스학파의 사상은 아테네의 노예 사회에 대한 소극적인 저항이었다. 그들은 정치에 아무런 관심이 없었고 자연을 강조하여, 다만 사람들이 지금의 문명을 버리고 가장 원시적인 자연의 상태로 돌아가기를 바랐으며 이것이야말로 인류가 생존하는 기본 방식이라고 생각했다.

유물론의 선구자 아리스토텔레스 주의

아리스토텔레스는 고대 그리스의 유명한 철학자로 기원전 4세기에 활동했다. 그는 스승인 플라톤의 관점에 반대하여, 세계는 플라톤이 말한 영원불멸의 관념의 세계, 즉 이데아가 아니라 각종 형식과 질료가 조화롭게 배열되어 만들어진 것이라고 보았다. '질료'는 사물을 구성하는 재료며 '형식'은 사물과 사물 사이의 구별점이다. 이로써 아리스토텔레스는 목적인, 질료인, 운동인, 형상인의 4원인설을 제기했는데, 이러한 관점과 이론을 아리스토텔레스주의라고 부른다.

아리스토텔레스는 사물의 발생 원인을 앞서 말한 네 가지로 보았다. 질료인은 사물의 골간이 되는 부분으로 물체를 형성하는 주요 재질이며, 형상인은 물체를 구성하는 재료를 특정한 형태와 도안에 따라 조합하는 것으로 사물을 형성하는 순서다. 운동인은 도면에 설계된 허구의 물체를 창조를 통해 진짜 존재하는 것으로 바꾸며, 목적인은 물체의 존재와 생성에 이유를 부여하는 것으로 이는 물체의 가치를 구현한다.

아리스토텔레스주의는 유물론의 선구자로 인간의 세계에 대한 사고를 이상(理想)에서 물질로 이끌어 처음으로 사물 발생의 원인을 분석했다.

소요(逍遙)학파는 기원전 335년, 아리스토텔레스가 아테네
에 리케이온을 설립하여 제자들과 나무 아래를 거닐면서
학문을 탐구한 데서 유래한 이름이다. 아리스토텔레스가
창시하여 아리스토텔레스학파로도 불린다.

아리스토텔레스의 제자 테오프라스토스(Theophrastos)가
소요학파의 모든 연구 이론, 특히 생물학과 철학 방면의 성과를 계승하여
물질 운동의 학설을 제기했다. 물질은 자연계의 변화나 외부 세계의 간섭을
받지 않아도 자유자재로 움직일 수 있다.

기원전 1세기에는 학자인 안드로니코스(Andronikos)가 아리스토텔레스의 학
술 저작을 연구함으로써 소요학파가 철학사에서 다시 등장했다. 6세기 초에
이르러 비잔틴 제국의 황제 유스티니아누스(Justinianus)가 아리스토텔레스 학설
의 확산을 금지함으로써 소요학파는 결국 해산되었다.

아리스토텔레스가 학당에서 제자들을 가르치는 장면.

1~8세기경 초기 교회에서, 기독교 교리를 유지하기 위해 종교성을 띤 유심론 사상 체계를 만들었는데, 그것이 바로 교부철학이다.

교부철학은 《성경》을 근거로 하고 고대 그리스 철학의 몇 학파를 바탕으로 하는 철학으로 종교주의가 중심이다. '교부'는 종교 지식을 선전하면서 교회의 정통 교리를 저술하여 전파하는 사람으로 기독교 교리의 정확성을 증명하는 데 힘쓴다. 기독교 신자들은 이들을 '교회의 부로(父老)'라 부르며 기독교의 가장으로 여긴다.

교부철학은 두 파로 나뉜다. 하나는 그레고리우스 (Nyssenus Gregorius)를 대표로 하는 그리스파로, 플라톤주의를 숭배하여 동방 교회의 교부라고 불린다. 또 하나는 아우구스티누스를 대표로 하는 서방 교회의 교부로, 그들은 신플라톤주의를 기독교 교리에 융합시켜 철학과 신학이 하나라고 주장했다.

동방 교회의 교부 그레 고리우스와 서방 교회의 교부 아우구스티누스.

교부철학은 신, 삼위일체, 창세, 원죄, 구원, 예정, 천국 등의 교리를 철학적으로 논증했다. 교부들은 플라톤의 이론을 근거로 신이 진짜로 존재한다고 주장했는데, 그 진위 판단의 근거로 주관 의식이 아닌 진리를 들었다.

교부철학자들은 변화무상한 감성 세계는 영원불변의 정신세계를 근거로 한다고 보았다. 감성 세계의 존재는 의심할 것도 없이 정신세계의 실재성에서 기원하며, 그래서 진리의 정신세계는 반드시 존재하며 독립적이고 영원한 존재라고 보았다.

신플라톤주의는 기원전 3세기 아테네에서 발생했다. 이는 고대 그리스 사상으로 종교 철학을 만든 대표적인 학파며 절충주의 경향을 지녔다.

그들은 초자연적 세계 모형을 수립하고 인간의 위치를 확실하게 정하며 인간과 신의 관계 문제를 중심으로 종교와 철학의 일치를 강조했다. 암모니오스 사카스(Ammonios Sakkas)가 신플라톤 학파를 창시했고 그의 제자 플로티노스(Plotinos)가 학파의 이론을 발전시켰다.

플로티노스는 플라톤의 객관유심론, 기독교 신학, 동방신비주의를 융합하여 기독교 문화가 발전할 수 있는 밑거름을 만들었다. 이 학파의 기본 관점은 플라톤과 비슷했는데, 피안의 세계야말로 아름다움의 원천이라고 여겨 신플라톤주의로 불리게 되었다.

신플라톤주의는 이 세계가 '신(神)'의 신성의 빛과 암흑, 두 가지로 구성되었다고 보았다. 세계의 유일한 존재는 신이며 신이 바로 대지를 두루 비추는 신성의 빛이다. 영혼은 신성의 빛을 받는 반면 물질은 빛이 닿지 않는 암흑세계에 있다. 신플라톤주의는 세상의 모든 사물이 신성의 빛을 갖고 있지만 그중 신의 빛에 가장 가까이 있는 것이 인간의 영혼이라고 생각했다. 그렇기에 영혼만 있으면 신의 신비함, 신의 위대함과 하나가 될 수 있다고 보았다.

신플라톤주의는 피안 세계의 아름다움은 세속적인 예술이 아니라 보통 사람은 만질 수 없는 순결한 것이라고 주장했고, 이것은 서구에서 예술을 추구함으로써 인간의 한계를 초월하려는 원동력이 되었다. 신플라톤주의의 출현으로 고대 그리스의 사변 이성 정신이 쇠퇴했으며 후대의 기독교 신학과 중세기 스콜라철학이 발생했다.

신플라톤학파를 창시한 암모니오스 사카스의 제자 플로티노스.

기독교 신앙에 이성을 부여한 스콜라철학

중세 유럽에서 발생한 스콜라철학은 종교 신학과 일치하는 독특한 유심론 철학이다. 교회에서 이 같은 이론으로 성직자들을 교육하고 훈련했는데, 훈련한 곳이 스콜라(Schola, 학교) 안에 있었기에 '스콜라철학'이라고 불렀다.

스콜라철학의 열풍으로 기독교 교회의 학원이 흥기했다. 스콜라철학은 변증법으로 기독교 신앙을 논증했으며 종교 신학에 이성적인 사변의 방식을 제공했다. 그들은 초기 기독교가 《성경》에 논술을 하고 주석을 단 것과 달리 교리를 연구했다.

스콜라철학은 기독교 변증의 철학으로 파란을 일으켰으며, 이로 인해 일부 철학자들이 형이상학적 사상을 세우기 시작했다. 그중 가장 극단적인 사람이 페트루스 다미아니(Petrus Damiani)다. 그는 신은 절대 능력과 자유를 갖고 있으며 신의 행위를 제한할 수 있는 법칙은 없다고 보았다. 또 인간의 모든 지식은 신을 알기에 부족하고 이성과 변증법은 신앙 문제에 조금도 도움이 되지 않는다고 강조했다.

스콜라철학은 14세기에 이르러 점점 쇠퇴하여 신학과 철학이 분리되었는데, 여러 형이상학 이론을 더하여 기독교 교리에 대한 사람들의 관심이 높아졌다.

14세기 스콜라(학교)에서 강의하는 장면.

범신론(汎神論)은 신과 자연계를 동일시하는 관점으로 자연계의 신적인 지위를 강조하고 부각시켰다. 즉 신은 자연계의 모든 사물 안에 있으며 주재 능력이 없다고 보았다.

범신론은 고대 그리스에서 처음으로 생겨났다. 밀레투스학파와 엘레아학파가 범신론 사상을 따랐으며, 스토아학파는 비교적 완벽한 고대 범신론 체계를 세웠다. 불, 공기, 물, 흙으로 구성된 물질이 세계 각지에 널리 분포되어 있는데 이 중 가장 근원적인 요소가 불이다. 스토아학파는 물질세계와 이를 움직이는 신성의 힘을 일치시켜 자연물과 신을 하나로 보는 관점을 제기했다.

고대 그리스의 범신론은 대부분 자연주의 경향을 지닌 범신론이었는데 중세에 이르러 기독교 이단의 면모가 드러났다. 그 후 르네상스기에 이르러 더욱 강렬한 자연주의 경향을 드러내 신이 곧 만물이라고 여기게 되었다.

영국의 철학자 존 톨런드.

'범신론' 용어를 처음으로 도입한 사람은 17세기 영국의 학자 존 톨런드(John Toland)다. 존 톨런드는 모든 우주에 신성(神性)이 있으며, 만물은 신의 안에 존재하고 신은 만물의 내적 요인이라고 여겼다. 여기에서 신은 기독교에서 신봉하는 인격신과 다르며 자연신론자가 주장하는 만물의 제일원인 신과도 다르다. 그에 따르면, 신은 인간의 속성과 비슷한 점도 없으며 세계 위에서 만물에 군림하는 존재가 아니라 세계 안에 존재하고 있다.

자연주의 경향의 범신론이든 종교주의 경향의 범신론이든 모두 종교에서 철학의 지위가 끊임없이 상승하고 있으며 사변 정신이 진보되고 있음을 보여주었다.

기계론적 유물론은 근대의 형이상학적 유물론으로 자연
과학 성취의 기초에서 발전한 유물론이다. 기계론적 유
물론은 물질을 자연과학의 의미 있는 원자로 귀납하여,
원자를 세계의 근원으로 보아 물질의 속성이 곧 원자의
속성이라고 여겼다. 이러한 사고방식은 기계적이고 형이
상학적인 경향을 띠며 사유의 발전을 억제했다.

기계론적 유물론은 고대의 소박유물론과 변증법적 유물론, 역사 유물론
과 마찬가지로 물질이 의식을 결정한다고 주장했다. 기계론적 유물론은 광
의와 협의로 나누어 이해할 수 있다. 광의의 기계론적 유물론은 형이상학 관
점으로 우주를 해석한 유물론 철학의 한 갈래다. 협의의 기계론적 유물론은
모든 서양철학사에 나타나는 유물론 형태로 16세기에서 18세기에 유행했다.

협의의 기계론적 유물론은 고립적·정지적·단편적인 관점으로 자연계와
인식론의 문제를 해석했으며, 17세기와 18세기 서구 형이상학적 유물론을 전
형으로 삼았다.

영국의 철학자 토머스 홉스는 객관적으로 존재하는 물체를 철학의 대상
으로 삼았다. 물체만이 유일한 실체며 물체는 인간의 사상이 아닌 기계적인
법칙에 의존하는 것으로, 세계는 이런 물체들의 집합이다. 이 관점에서 출발
하여 그는 세계 물질의 통일성을 논증했으며 종교 신학과 데카르트의 이원
론을 비판했다.

기계론적 유물론이 유물론 관점으로 세계를 해석했지만 완벽한 체계를
갖추지 못하여 결국 유심론으로 발전했다. 이로 말미암아 기계론적 유물론
은 사회의 근원적인 문제를 파헤치지 못한 불완전한 철학 학파로 여겨졌다.

자연과학주의는 진정한 학문으로 여겨지는 유일한 분야다. 이것은 인류의 가장 중요한 지식이자 가장 권위성을 지닌 세계관으로 삶에 대한 그 어떤 해석 이론보다 뛰어나다.

자연과학주의는 일반적으로 자연과학의 방법 또는 자연과학이 인정한 범주 및 사물을 가리킨다. 자연과학의 방법을 통해서만 지식을 얻을 수 있으며 철학, 인문학, 사회학의 모든 연구 영역에 적용하여 비과학적인 형태를 제거할 수 있다.

빌헬름 딜타이.

자연과학주의는 1870년대에 출현했다. 독일의 철학자 빌헬름 딜타이(Wilhelm Dilthey)는 인문학의 연구 방법이 과학 방법과 다르며, 인문학의 주관적인 의식과 과학의 객관적 의식이 명확하게 구별되어야 한다고 주장했다.

그는 과학 방법을 인문학 연구에 응용하려는 과학주의를 비판했는데 이로 말미암아 자연과학주의는 두 가지 형식으로 나뉘게 되었다. 하나는 과학 지식과 기술 만능을 중시하는 자연과학이며, 다른 하나는 자연과학의 방법을 철학·인문학·사회학의 모든 연구 영역에 적용하는 사회과학이다. 이것은 자연과학주의가 더 이상 단순한 학문이 아니라 인간을 깨우치고 각종 학문 분야의 연구에 과학적인 방법을 제공하는 사상임을 보여주었다.

마르크스주의는 인간 해방학

마르크스주의의 창시자인 카를 마르크스와 프리드리히 엥겔스는 19세기에 노동운동의 실천을 기초로 이론 체계를 세웠으며 유물론적 관점에서 사물을 해석했다. 그들의 사상은 철학, 정치, 경제학, 과학사회주의를 포함하고 있다.

마르크스주의는 독일 고전 철학, 영국 고전 정치경제학, 프랑스 공상적 사회주의의 영향을 받았다. 자산계급의 사유를 부정했으며 무산계급의 과학 발전을 이끌어 노동계급에 여러 방면의 이론을 제공했다.

마르크스주의는 노동계급이 세계를 인식하고 개조하며 세계관을 구현할 수 있었던 사상적 무기이자 계급해방을 쟁취하는 데 바탕이 된 과학 이론이다. 이는 19세기 유럽의 중대한 사회과학의 성과이자 노동운동의 결과물로 인류의 우수한 문화적 성취이기도 하다. 간단히 말하면 마르크스주의는 무산계급의 인류 해방에 관한 학설로 '인간 해방학'이라고 볼 수 있다.

실존주의는 제1차 세계대전 이후에 나타났다. 대표적인
철학자로 쇠렌 키르케고르, 카를 야스퍼스(Karl Jaspers), 마
르틴 하이데거, 가브리엘 마르셀(Gabriel Marcel), 장 폴 사르
트르 등이 있다.

실존은 인간이 단순히 존재하는 게 아니라 더욱 아름
답게 살아가는 것을 의미한다. 이러한 실존주의는 인간을 중심으로 하여 인
간의 개성과 자유, 독립, 주관적인 경험 등을 중시했다. 이에 따르면, 우주에
는 아무런 의미가 없으며 인간의 존재 자체에도 의미가 없다. 오로지 인간의
개성과 자유만이 존재에 의미를 부여한다.

실존주의의 근본적인 특징은 독립적인 개인의 비이성적인 의식 활동을 가
장 진실한 존재로 간주하고 이를 철학의 출발점으로 삼은 것이다. 실존주의
와 관련하여 많은 철학 유파가 생겨났는데 유신론적 실존주의, 무신론적 실
존주의, 실존주의적 마르크스주의 등이 대표적이다.

제1차 세계대전 시기에 종교주의가 와해되자 사람들은 어떻게 살아가야
할지 몰라 혼란에 빠졌다. 이러한 시대의 요구에 따라 실존주의가 생겨났다.
다시 말하면 실존주의는 사회 발전의 필연적인 결과로 인간의 정신적 요구
를 만족시켜준 철학이다.

구조주의와 후기구조주의

구조주의와 후기구조주의는 20세기 중기 이후 프랑스 철학 사상에 나타난 두 가지의 중대한 변혁이다.

클로드 레비스트로스(Claude Levy-Strauss) 등을 대표로 하는 구조주의가 사르트르의 실존주의에 도전장을 내밀었다. 그는 인간 자체만 중시하고 관계를 경시한 실존주의를 비판하고 과학적 연구 방법을 구조주의로 삼고, 진짜와 가짜가 뒤섞인 복잡한 표면에서 그 내부에 있는 법칙과 구조를 찾아냈다.

후기구조주의는 구조주의 내부의 변화로 자크 데리다, 미셸 푸코 등이 언어와 사회구조를 해체시키고 구조주의의 개념 구조와 이론 구조를 없애자고 주장했다. 전통적인 의미로 볼 때 구조주의는 철학 유파가 아니라 서로 다른 경향을 지닌 언어 구조주의자들이 모여 철학 사조를 흥기시킨 것이다. 구조주의의 발생은 자연과학 사물의 심층구조와 관련이 있는데, 특히 계통과 모형 방법 운용에서 영감을 받았다.

구조주의는 이미 정해진 언어 구조와 그것과 상응하는 사유 구조에서 출발하여 모든 연구 영역에서 나타나는 현상을 해석했다. 구조주의는 다음과 같은 몇 가지 방면에서 구조 개념을 해석했다. 첫째, 하나의 계통인 구조는 일정한 양식에 근거하여 많은 성분으로 구성되어 있다. 둘째, 구조는 심층과 표층 등으로 다르게 나눌 수 있다. 셋째, 이성과 관념의 존재로서 구조는 주체인 개인의 존재를 초월하는 의미를 지닌다. 넷째, 구조는 구조의 역사성을 부정하고 시간성을 추월한다. 후기구조주의는 구조주의를 계승하여 발전하고 변화했다. 후기구조주의자는 구조주의의 단순화를 지향하는 방법론을 버렸으며 텍스트 외에 중립과 전지적(全知的)인 관점이 존재할 수 없다고 생각했다. 후기구조주의는 통일된 이론이 많지 않았지만 모든 이론이 구조주의를 비판했다는 점은 일치한다.

제자백가는 중국 춘추전국시대부터 한나라 초기까지의
각 유파를 일컫는 말로 제자는 곧 각 학술 유파의 대표
인물을 가리키고, 백가는 그 각각의 유파를 가리킨다. 춘
추전국시대에 사(士) 계층이 출현했다. 이들은 저술을 통
해 자신의 주장을 펼쳤으며 제후국을 돌아다니면서 독창
적인 정치 및 철학 사상을 알려 통일 강국의 방법을 찾으려 했다. 이러한 사
람들을 선진제자(先秦諸子)라고 부르는데 당시에 영향력이 컸던 사상가는 다
음과 같다.

노자, 공자, 관중, 묵자, 맹자, 손무, 손빈(孫臏), 장의(張儀), 소진(蘇秦), 순자,
장자, 열자, 한비, 상앙(商鞅), 신불해(申不害), 허행(許行), 고자(告子), 양자(陽子), 공
손룡, 혜자, 전병(田騈), 신자(愼子), 윤문(尹文), 추연(鄒衍), 안자(晏子), 여불위(呂不
韋), 귀곡자(鬼谷子) 등이다.

여기에서 자(子)는 당시 '사'에 대한 존칭으로 이 사상가들은 독창적인 자신
의 사상을 펼치고 그 사상을 책으로 써서 백가쟁명을 이루었다. 이들이 바로
제자백가다.

제작백가에서 '백가'는 어림잡아 일컬은 것이지 정확하게 100개의 학파를
가리키는 게 아니다. 후한 초기의 역사가 반고(班固)가 《한서》〈예문지〉에 대표
적인 열 개의 제자 유파를 나열했는데 유가를 포함해서 도가, 법가, 묵가, 음
양가, 명가(名家), 종횡가, 잡가(雜歌), 농가(農家), 소설가(小說家)가 그것이다. 후대
사람들이 여기에 병가와 의가(醫家)를 더하여 '제자십이가'로 불렀다.

춘추전국시대는 전쟁이 끊임없이 일어나 사회가 불안정했다. 군주들은 현
사(賢士)들을 불러들여 나라를 강대하게 만들고 패왕의 지위에 오르고 싶어
했다. '사'들은 저서를 통해 자신의 이론 체계를 세웠으며 각 나라의 군주에

게 자신의 관점으로 나라를 다스리도록 돌아다니며 선전했다.

이에 힘입어 전국시대에는 사상이 크게 해방되어 새로운 학술 분위기가 형성되었다. 게다가 과학기술이 비교적 진보하여 천문학, 수학, 광학(光學), 음향학, 역학, 의학 등이 평균적으로 높은 수준에 이르렀다. 이러한 과학기술 성과는 인간의 인식 수준이 높아지고 인간의 정신세계와 물질생활이 풍부해졌음을 말해준다. 이러한 사회 배경 속에서 제자백가는 자기의 학설이나 주장을 자유롭게 발표하여 논쟁하고 토론할 수 있었다.

제자백가의 출현은 우연이 아니다. 사회 역사 발전의 필연적인 결과며, 이처럼 서로 다른 학설과 유파가 있었기에 중국 고대 철학 사상이 눈부시게 발전할 수 있었다.

유가는 공자 사상을 핵심으로 하고 이와 관련 있는 모든 학설과 법칙을 모은 것으로 중국 문명사에서 가장 광범위한 사상이다.

유가는 공자가 창시했는데 점점 발전하여 '인(仁)'을 핵심으로 하는 사상 체계를 이루었다. 공자는 '인'을 최고의 도덕법칙으로 여기고 '인'과 관련 있는 윤리 사상을 종합했는데 효도와 우애를 기초로 하여 충(忠), 서(恕), 예(禮), 지(知), 용(勇), 공(恭), 관(寬), 신(信), 민(敏), 혜(惠) 등을 구체적으로 제기했다. 공자의 사회 이상은 '천하귀인(天下歸仁, 천하는 인으로 돌아간다)'으로, 그것을 실현하기 위해서 '인자애인(仁者愛人, 어진 사람은 남을 사랑한다)'을 주장했다. 이후에 맹자가 '인간의 본성은 착하다'는 성선설을 제기하고 인의(仁義)를 내세웠는데 사회적 영향으로 인간이 악하게 변한다고 주장했다. 순자는 '인간은 태어날 때부터 악하다'는 성악설을 주장했는데 후천적인 도덕교육을 통해 선해질 수 있다고 보았다.

유가는 일종의 사회 윤리학이자 사회 경영학이다. 또 유학은 종교 윤리학으로도 설명할 수 있지만 종교의 형식을 갖추고 있는 것은 아니다. 그런데 한 무제 때 중앙집권을 강화하기 위해 유학을 신유학으로 발전시켰다. 즉 '동중서 유학'으로 불리는 것으로 동중서가 유학을 신앙화 및 종교화하여 유교로 만들었다. 이후 명나라와 청나라 조정에서 송나라 때 형성된 정주학을 관학으로 정하고 유가의 정통 사상을 이어나가 정치와 제도의 발전에 절대적인 영향을 끼쳤다. 유가 사상은 중국에서 가장 오랫동안 지속된 의식의 형태다. 시대마다 유가 학술에 대한 서로 다른 해석 방법을 내놓았으며 유가 경전을 풀이한 저작들도 수없이 많다. 심지어 통치자들은 유가 사상을 기준으로 관원과 인재를 선발하기도 했다. 이로 말미암아 유가 사상은 중국 사상 문화 중에서 으뜸으로 꼽힌다.

유가 사상에 맞선 묵가학파

묵가학파(墨家學派)는 춘추전국시대 제자백가 중 하나로 묵자(墨子)로도 불리는 묵적(墨翟)이 창시했다. 묵가는 춘추전국시대에 전성기를 구가하다가 한나라 초기에 점점 쇠퇴하여 한 무제 통치기에 사라졌다.

묵가는 수공업자의 이익을 대표했다. 이들은 유가의 귀족 특권에 불만을 품고 번잡한 예의와 계급 질서를 반대하고, 천하의 모든 사람들은 평등하므로 노예든 귀족이든 똑같은 권리를 누려야 한다고 생각했다.

묵가학파의 학자들은 대부분 사회 하층민이었지만 지식이 있는 노동자였다. 그들은 '천하의 이익을 일으키고 천하의 해를 없앤다'는 교육 목표를 내걸고 고난의 실천을 묵가 이론의 기초로 여겼다. 이 때문에 묵가학자들은 초가집에서 살면서 화려한 옷과 진수성찬을 거부하고 소박한 생활을 몸소 실천했다. 묵가 집단의 최고 지도자는 거자(巨子)라 했다. 묵자(墨者)들은 거자가 하라는 대로 따라야 했다. 묵자들은 고통과 고난을 참고 자신을 엄격하게 다스리며 '겸애(兼愛, 차별 없는 사랑)'와 '비공(非攻, 전쟁 반대)'을 제창했다. 또 공리와 도의를 마땅히 지켜야 할 신념으로 삼고 이를 위해서라면 죽음도 두려워하지 않았다.

묵가의 규정에 따르면, 각 나라에서 관리가 된 묵자들은 반드시 묵가의 정치적 주장을 행하며 자기 자신을 엄격하게 다스리는 전통을 유지해야 했다. 만약 현실과 신념이 서로 모순되면 관직을 그만둘지언정 절대 현실과 타협할 수 없었다. 묵가는 강렬한 사회적 책임감과 희생정신을 지니고 있지만 생활 태도 면에서는 유통성이 없고 유심론적 경향을 띠었다. 묵가학파는 묵자들 개개인에게 높은 수준의 절개와 도덕을 요구하여 극소수의 사람만이 묵가의 기준에 이를 수 있었다. 이 때문에 묵가학파를 지지하는 이들이 점점 줄어들어 쇠퇴했다.

음양학파는 전국시대 중기에 활약한 학파로 오행설(五行說)을 제기하여 음양가라고 명명했으며 오행가로도 불린다. 음양가의 대표 인물은 제나라의 추연이다. 그는 원시적인 음양오행설을 발전시켜 오행을 인생, 정치, 국가 등과 연관 지어 모든 사회 활동에 오행에 따른 상극상생의 내적 요인이 존재한다고 보았다. '음양'이라는 단어는 《주역》에, '오행'은 《서경》에 처음으로 보인다. 전국시대에 이르러 음양과 오행은 점점 합쳐져서 새로운 관념이 되었으며 '음양소장(陰陽消長), 오행전이(五行轉移)[56]'를 이론의 기초로 삼은 우주관이 생겼다. 음양가의 학설은 대부분 《주역》과 《서경》에서 취했다. 자연관에서 《주역》의 전통적인 음양의 관념을 이용하여 우주 변천론을 제기했고, 《서경》의 대구주설(大九州說)[57]을 바탕으로 적현신주설(赤縣神州說)[58]을 제기했다. 이는 중국을 적현신주로 보고 적현신주 안에 작은 구주가 있고 밖에 큰 구주가 있다는 말이다. 그중 추연의 가장 중요한 관점은 오덕종시설(五德終始說)[59]로 왕조의 교체가 오행의 덕이 상보상극(相輔相克)하여 결정된다고 생각했다. 음양가의 주된 사상은 오행설로 정치가 나아갈 방향을 결정하고 음양의 큰 순리를 따를 것을 강조했다. 또 천문, 역법, 기상과 지리학을 연구하여 어느 정도 과학적 가치를 지니고 있었다. 음양가는 한나라 초기에도 활약한 학술 사상이었으나 한 무제가 '파출백가 독존유술' 정책을 선포한 후, 음양학파의 일부 내용이 유가와 도가로 흡수되어 독립적인 학파를 이룸으로써 음양가는 해체되었다.

---

56) 음양소장: 음양 가운데에서 어느 하나가 성하면 다른 하나는 약해짐. 오행전이: 오행이 변하고 바뀜.

57) 《사기》에 추연이 말한 대구주를 이렇게 묘사하고 있다. "유학자가 말하는 중국이란 천하의 8분의 1을 점할 뿐이다. 중국을 일컬어 적현신주라고 한다. 그 속에는 저절로 9주가 있다. 또 중국 이외에도 적현신주 같은 것이 9개 있는데 이것이 진짜 구주다. 자그마한 바다가 이 9주를 둘러싸고 있어 백성들과 짐승들은 둘레에서나 오갈 수 있을 뿐이다. 이 하나의 구획이 1주를 이루는데 그것이 9개나 있고 큰 바다가 주위를 둘러싸고 있다. 이것이 천지의 끝인 것이다."

58) 우주 전체는 81주로 이루어져 있는데 그중의 9분의 1인 9주를 점거하고 있는 것이 적현신주 또는 신주인데, 이것이 바로 중국이라는 주장.

59) 왕조는 그 왕조에 부여된 오행의 덕의 운행논리에 따라서 필연적으로 흥폐가 교체된다는 주장.

제자백가 중의 하나인 종횡가(縱橫家)는 전국시대에 출현했는데, 변론의 재주를 가진 모사(謀士)들이 제후들 사이를 오가며 여러 나라를 합치는 문제로 토론을 하면서 형성되었다. 종횡가는 전국시대에 정치외교 활동을 위주로 한 학파로 귀곡자가 창시했다.

전국시대의 모사들은 시세를 살피고 이해관계를 따지는 방법으로 일곱 나라의 정세를 분석하여 합종(合縱)과 연횡(連橫)을 주장하는 두 개의 파로 나뉘게 되었다. 합종가들은 연(燕), 위(魏), 제(齊), 조(趙), 초(楚), 한(韓) 여섯 나라의 제후들에게 종(縱)으로 서로 연합하여 강대한 진(秦)에 대항하라고 유세했다. 반면 연횡가들은 여섯 나라가 진나라와 횡(橫)으로 화친하여 공존하라고 건의했다. 합종가의 대표 인물은 소진, 연횡가의 대표 인물은 장의로 모두 귀곡자의 제자다.

종횡가들은 당시의 정치 형세를 매우 잘 알고 있을 뿐만 아니라 말주변과 권모술수에도 능했다. 그들 대부분은 이를 통해 명예와 이득을 얻은 유세객들이지만 중국 최초의 정치외교가라고 할 수 있다.

종횡가들이 간에 붙었다 쓸개에 붙었다 하면서 군주에게 계책을 내놓은 것은 정치적 요구 때문이었지만, 사람들은 이욕에 눈이 멀어 충성심이나 애국심 같은 도덕적 절개가 없는 소인으로 여겼다.

다른 학파와 비교해보면 종횡가가 활약했던 기간은 매우 짧지만 그들의 변론술과 외교 사상은 본보기로 삼을 만한 정신적 유산이다.

병가(兵家)는 고대에 군사 문제를 전문적으로 연구한 군
사 전문가나 군대에 종사한 정책 결정자로, 손자로도 불
리는 손무가 창시했다. 그가 저술한 《손자병법》은 병가의
중요한 군사 문헌이다.

　병가는 무력으로 문제를 해결하고 국가 통일을 달성하
자고 주장했다. 고대의 병가는 병권모가(兵權謀家), 병형세가(兵形勢家), 병음양
가(兵陰陽家), 병기교가(兵技巧家) 네 가지로 나뉜다.

　춘추전국시대에 패주 자리를 놓고 제후들은 끊임없이 전쟁을 벌였다. 군
사 계략에 능한 유식한 선비들이 경험과 교훈을 바탕으로 승리의 법칙을 연
구하고 관련 병법서를 저술하여 병가의 이론 체계를 만들었다. 병가는 제자
백가 중에서도 가장 효과를 중시했던 학파로 그 목적은 승리에 있다. 계략
을 쓰든지 힘으로 밀어붙이든지 모든 수단과 방법을 써서 승리를 하는 게
목적이다.

　병가의 사상은 각 나라에서 광범위하게 응용되었다. 단시간에 문제를 효
과적으로 해결할 수 있으면서도 국가 경영에 도움이 된다고 여겼기 때문이
다. 어떠한 복잡한 관계도 모두 전쟁으로 간단하게 처리하며 직접적인 방법
으로 문제를 해결함으로써 많은 인력과 재력을 절감했다. 병가 사상은 전쟁
뿐만 아니라 통치, 경영 및 인간관계에도 많은 아이디어를 제공했다.

노자의 도가 사상

도가(道家)는 춘추전국시대에 출현했다. 노자와 장자가 대표적인 인물로서, 그들은 자연숭배와 청정무위, 수양 심성을 주장했다.

노자는 도가 사상의 핵심을 도(道)라고 여겼다. '도'는 우주의 근본이며 우주의 모든 운동을 통치하는 법칙이다. 도가는 자연을 숭배하여 무위이치(無爲而治)의 정치철학을 제기했다. 무위이치는 아무것도 하지 않는 게 아니라 자연의 법칙을 따라 살아가고 국가를 다스리는 것이다. 또 노자는 소국과민(小國寡民)[60]과 백성거지(百姓去智)의 통치법을 제기했다. 천하의 분쟁이 모두 꾀와 간사함 때문에 생겨나므로 사람들이 모든 가식을 버리고 애초의 순수함으로 돌아가면 사회가 안정되고 발전할 것이라고 보았다.

노자는 '도' 사상에서 부드러움으로 강함을 이기는 이유극강(以柔克剛), 이보 전진을 위해 일보 후퇴하는 이퇴위진(以退爲進), 최고의 선은 물과 같다는 상선약수 등의 도덕법칙을 발전시켰다. 이러한 노자의 사상은 국가 정치와 개인의 권모술수 발전에 큰 영향을 끼쳤다.

장자의 도가 사상은 개인의 수양을 더욱 중시하여 홀로 선을 행하면서 자신을 수양하는 독선기신(獨善其身)을 강조했다. 외물에 동요되지 않고 자연의 변화에 순응하며 다투지 않고 영합하지 않으며 자연과 하나가 되어 자연의 법칙을 따라 일하고 쉰다. 이러한 장자의 도가 사상은 인생의 예술화와 자연화를 일으켰으며 위진 시기의 현학을 이끌었다.

---

60) 작은 나라에 적은 백성, 즉 문명의 발달 없는 무위와 무욕의 이상 사회를 이르는 말.

전국시대의 제나라는 학술 연구가 매우 왕성했다. 환공 때부터 위왕(威王)에 이르는 시기에 제나라 수도 임치(臨淄) 서쪽의 직하(稷下)에 학궁을 설립했다. 왕들은 각국의 학자와 방사(方士), 유사(游士)들을 초빙해 자유롭게 강학을 하고 저술을 하면서 자신의 사상을 펼치도록 했다. 이때 이곳으로 와서 강학을 하고 저술을 한 사람들을 직하선생이라고 했고, 그들이 강학을 하고 토론한 곳을 직하학궁이라고 불렀다.

직하학궁의 학자들은 왕들의 존경과 예우를 받았다. 이 때문에 학자들의 수가 급속도로 늘어나고 규모가 점점 커져 제나라의 명성이 더욱 높아졌다. 이렇게 되자 직하학궁은 더 이상 학술 연구의 장이 아니라 제나라의 중요한 정치 현상이 되었다.

직하선생들은 제나라의 정사에도 참여하여 제왕의 치국을 도왔다. 그들은 저술을 통해 학설 체계를 세워 혼란에 빠진 세상을 다스리는 법을 설파했다. 직하선생들은 제왕의 신임을 얻어 대부(大夫)의 반열에 올랐으며, 이에 힘입어 여러 학파들이 흥성하여 학술 발전에 적극적인 추진 작용을 했다.

직하학궁에서 강학했던 학파 중에 도가가 가장 득세했다. 학자의 수도 가장 많았고 제왕들도 이 학파를 중요시했다. 직하도가(稷下道家)는 전통적인 노장사상의 도가와 차이가 있었다. 직하도가는 노장 철학뿐만 아니라 황제의 양생 사상과 민간의 음양 숭배, 방사가 별을 보는 법, 주술 신앙 등을 포함하고 있다. 한마디로 직하도가는 모든 것을 망라했으며, 많은 신화와 전설이 직하도가의 저작에서 탄생했다. 제나라의 유명한 관중과 윤문, 전병, 추연 등은 모두 직하도가의 학자들이다.

제나라는 동쪽으로 큰 바다와 접해 있는 지리적 영향으로 사상 면에서 큰 활약을 했다. 중원의 다른 나라보다 상상력이 훨씬 뛰어나 신화와 신선의 전설을 만들어냈으며, 방사들도 전국시대의 특수한 문화 현상으로 자리매김 했다. 이로 말미암아 직하도가는 후대에 제학(齊學)으로 불리게 되었다.

황로학파(黃老學派)는 춘추전국시대 도가학파의 한 갈래로
'황'은 황제(黃帝), '노'는 노담(老聃, 노자)을 가리킨다. 이 학파
의 이름에서 알 수 있듯이 황제와 노자를 창시자로 여기
고 그들의 말을 이론의 근거로 삼았다.

황로학파는 전국시대에 처음으로 출현했다. 제나라의
직하학궁에서 황로학설을 유행시켰는데 도덕을 중시하고 형명(刑名)[61]을 주장
하며 무위를 중시하고 법치를 숭상했다. 황로학파는 황제의 양생학설을 정
치로 끌어들였고 노자학설을 이유극강의 권모론으로 발전시켰다. 통치자는
무위이치를 바탕으로 외부 세계의 간섭을 받지 않고 법을 근거로 삼았다.

황로학파는 한나라 문제(文帝)와 경제(景帝) 시기에 한 단계 더 발전했다. 한
나라 초기의 통치자들은 진(秦) 왕조의 폭정을 보고 정권이 순식간에 전복될
수 있다는 교훈을 얻어 황로의 통치술을 숭상했고, 이를 바탕으로 백성과
사회를 안정시키고 경제를 회복시키는 '무위'의 정치를 시행하여 계급 간 모
순과 통치 집단 내부의 모순을 완화시켰다. 이로 인해 황로학파가 일시적으
로 성행했다.

이 시기의 황로지학은 새로운 특징을 더하여, 정치면에서 청정무위를 강
조하고 형벌을 느슨하게 시행했으며 백성들에게 더 많은 자유와 발전의 공
간을 주었다.

황로학파는 어떤 학파가 새로 생긴 게 아니라 역사 발전 과정에서 도가,
법가, 음양가 등의 사상이 합쳐져서 탄생한 것이다.

---

61) 예전에 중국에서, 명칭과 그 실상이 부합하는지 여부를 따지는 명실론을 법의 적용에 응용하려던 법률학.

춘추전국시대에 시작된 공맹 유학이 유학 발전의 첫 번째 단계라면, 양한(兩漢, 전한과 후한)의 경학은 유학 발전의 두 번째 단계다. 한나라 초기에 천하가 통일되자 나라를 다스리는 근본으로 통일된 사상이 필요해졌다. 초기 유학은 종법, 지역, 혈연을 중심으로 정치와 도덕관념을 형성했는데 유학이 경전화(經典化)하면서 국가의 정권을 지키려는 조정에서 더 체계적인 이론, 즉 장기간 통치 계급에 봉사할 수 있는 발전된 사상을 필요로 하게 되었다.

그래서 동중서와 유흠(劉歆)을 대표로 하는 경학가가 음양오행 등 민간 종교의 관념을 유가학설에 도입하여 천인감응을 강조하는 유학의 새로운 틀을 만들었다. 동중서를 대표로 하는 금문경학파는 음양을 자연과 사회 발전의 기본 법칙으로 여겨 그것으로 황권 제도하의 계급과 명분을 변호했다. 반면 유흠을 대표로 하는 고문경학파는 오행에 치중하여, 전국시대의 음양가 추연의 오행상극 이론을 오행상생의 오덕종시설로 바꾸고 한 왕조가 진 왕조를 대체하여 '천명을 받들었다'는 정당성을 없앴다.

이러한 변화로 유학이 다시 성행했고, 한 무제가 '파출백가 독존유술'을 선포하면서 유학이 관학으로 자리매김하면서 한나라의 경학 연구도 흥성하기 시작했다.

전한과 후한 시기에 흥성한 참위(讖緯)는 유가 사상이 경학화하여 발전한 결과다. 유가 사상은 동중서의 천인감응에서 음양오행까지 신비한 베일에 싸여 있었는데, 오래된 민간 종교 사상과 결합하여 참위신학으로 발전했다.

참위학설에는 각종 민간 종교의식이 가득 차 있으며 신비로운 예언, 은어, 주술 등도 포함되어 있다. 이를테면 하늘의 특수한 현상, 상서로운 기운, 제왕의 꿈 등이다. 이러한 참위는 백성의 호응을 얻었으며 유가의 문인들도 조정에서 공무를 논의할 때 참위와 은어를 사용했다. 이처럼 한대(漢代)에는 정치사상, 학술, 문화 등 다방면에서 참위 숭배가 만연했다.

참위설은 한대의 경학 체계에서 중요한 지위를 차지하고 있으며 유학 발전의 세 가지 방면에 큰 영향을 끼쳤다. 첫째, 유학을 종교화하여 공자를 신비로운 유교 교주로 높였다. 둘째, 유학 저서 《춘추번로》는 경학의 이론으로 참위신학을 설명했다. 셋째, 대부분 참위설을 근거로 유가 경전을 해석했다.

현학, 오묘하고 또 오묘하도다

현학은 위진 시기에 노장사상을 바탕으로 유가 이념과 섞여 형이상학적 철학 문제를 다루었다. 이는 전한과 후한 시기의 복잡한 경학을 대체하여 일시적으로 유행한 철학으로 도가를 개선하고 발전시킨 것이다.

현학은 주로 우주 존재 문제를 토론했는데 이것은 철학의 본체론적 문제이기도 하다.

오묘하고 또 오묘하니 모든 묘함의 문이다(玄之又玄 衆妙之門).

'현(玄)' 자는 노자의 《노자도덕경》에서 처음 보이는데 현학에서 말하는 도(道)가 바로 이 '오묘하고 또 오묘한 것'이다.

현학가들은 구체적인 사물을 멀리하고 언어를 초월하여 상을 끊어버리는 '초언절상(超言絶象)'의 문제를 본격적으로 토론했다. 이 때문에 신비하고 허황되며 심오한 학설을 통틀어 현학이라 부르게 되었다. 현학가는 위진 시기의 명사들로 출신 가문과 용모, 행동거지, 허무하고 심오한 학식 등으로 자신을 내세우면서 한때 풍조를 이루었다. 대부분의 현학가들은 예법을 무너뜨리고 본성에 따라 행동하기를 주장하여 그중 소수의 사람만이 여전히 봉건적인 도덕관념을 지켰다. 현학은 《노자도덕경》, 《장자》, 《주역》을 경전으로 삼고 이세 가지를 합쳐 삼현이라 불렀다. 현학가들은 삼현을 주요 연구 대상으로 하여 《노자도덕경》과 《장자》로 《주역》을 풀이했다.

그들은 '유무(有無)' 문제를 중심으로 논했는데 '무'를 세계의 근본과 세계 통일의 기초로 삼고 '유'를 물질의 본체로 여겼다. 현학은 사변의 방식으로 천지와 만물의 존재 근거를 토론하여 귀무(貴無)와 숭유(崇有)의 양대 유파를 형성했다.

이학(理學)은 도학(道學)으로도 불리며 송·명 시기에 활약한 철학 사조이자 중국 고대의 전형적인 유심론 사상이다.

이학은 북송의 정호, 정이 형제가 창시하고 남송의 주희가 집대성하여 주자이학(朱子理學)으로 발전시켰다. 이후 원·명 시기에 이르러 극도로 성행했다가 청나라 중기 이후에 점점 쇠퇴했다.

이학은 광의와 협의로 나누어 살펴볼 수 있다.

광의의 이학은 천도(天道)와 성명(性命) 문제를 중심으로 하는 모든 철학 사조를 가리키며 각종 다른 학파들을 포함한다. 반면 협의의 이학은 이(理)를 최고 범주로 하는 학설로 오로지 정호와 정이의 이학을 가리킨다.

이학은 주로 본체론 문제, 즉 세계의 근원 문제를 연구한다. 이학가는 이 문제에 대해 서로 관점이 달랐지만 공통적으로 인격신과 피안 세계의 존재를 부정했다.

정호, 정이 형제는 관념적인 이(理)를 세계의 근원으로 여기고 격물치지의 인식론을 제기했다. 주희는 이(理)는 본체이고 기(氣)는 허(虛)라는 학설을 제기했고, 명대의 왕양명은 '마음이 근원'이라는 학설을 제기했다.

이학은 유학의 변천 및 발전의 결과이자 중국 고대 철학이 장기간 쌓아온 성과다. 북송 이후 사회·경제·정치가 발전하면서 이학 이론도 성행했으며, 이후 이학은 오랜 기간 지속되어 송대 이후의 사회 발전과 정치제도에 큰 영향을 끼쳤다.

사회와 정치 개선에 주목한 양명학파

양명학파(陽明學派)는 요강학파(姚江學派)로도 불린다. 창시자인 명대 사상가 왕양명이 양명선생으로 불려서 양명학파로 명명했다.

양명학파 사상의 중점은 치양지에 있다. 주희의 격물치지설을 비판한 데서 시작하여 심즉리와 지행합일의 사상 체계를 세웠다. 양명학파는 명나라 중기와 말기에 매우 유명했는데 이후 일본에 전해져 일본 및 동남아시아의 학술 사조를 이끌었다.

왕양명이 제창한 양지는 인간이 선천적으로 지니고 있는 선성(善性)이며 인간의 마음속에 존재하는 천리(天理)다. 그러나 양지는 늘 사욕에 가려져 있으므로 인욕을 제거하여 양지를 회복해야 한다. 심학(心學)은 사람들에게 마음속의 적을 제거하도록 가르치는데, 이는 공자의 극기복례(克己復禮)[62]와 이학의 '존천리 멸인욕'과 같다.

심학은 처음에 통치자들이 백성을 살피고 어진 정치를 행하기를 바라는 마음에서 시작되었다. 즉 통치도 마음에 근거하는 것으로 마음의 정치적 역할을 중요하게 여겼다. 그 후 왕양명의 사상이 널리 퍼지자 통치자들이 그것을 정치에 응용했다. 심학은 사회의 이로움을 일으키고 폐단을 제거하는 데 도움이 되었으며 사회 분위기를 개선하여 봉건 미신을 타파하고 사회 발전을 촉진했다.

양명학파는 심학을 핵심으로 했지만 대부분 사회와 도덕에 응용하고 정치 개선을 목표로 했다. 이로 말미암아 양명학파는 명대 중기와 말기의 사상과 사회 발전에 큰 영향을 끼쳤다.

---

62) 자기의 욕심을 누르고 예의범절을 따름.

한방에 끝내는
철학 용어

사람들은 철학을 심오한 학문으로 여긴다. 또
철학을 위대한 학문으로 여기면서도 생소하고
난해한 용어가 많기 때문에 두려워하고 어려워
한다. 그러나 철학은 인류 사상의 꽃이며, 철학
용어는 철학자들의 정신적인 방황과 이성적인
사고를 통해 만들어진 지혜의 결정체다.

방법론

방법론은 인간이 세계를 개조하는 보편적인 방법으로, 사물을 관찰하고 해결하는 방법에 관한 이론이다. 방법론과 세계관은 서로 대응하는데, 세계관은 인간의 사고를 돕고 방법론은 인간의 실천을 돕는다. 방법론은 역사 유물론을 지향한다. 방법론은 사회과학 발전의 규칙이자 기초며 인간이 사회를 인식하는 근본적인 방법이다. 그 정확성은 사회 존재와 사회의식의 관계를 어떻게 해결하느냐에 달려 있다. 사회 존재가 있어야 지도성(指導性)이라는 사회의식이 발생하며 사회과학의 기본 출발점이 생긴다.

방법론은 철학 용어로 인간이 만든 세계에 대한 견해이자 실천이다. 방법론은 사회를 인식하고 개조하는 데 사용되며 사회의 모든 과학, 이론, 원칙 등에 광범위하게 적용된다.

방법론은 사회 존재에서 사회의식을 설명하고 생산력에서 생산관계를 밝히며 동시에 그 상호작용을 해석한다. 또 사회가 발전하는 규칙을 설명한 인식 방법으로 사회생활의 각 영역을 연구하는 데 보편적인 지도 역할을 한다는 데서 의의를 지닌다. 방법론은 세계관을 이론에서 실제로 바꾼 결과로, 사회과학은 이 인식 방법을 따라야 경험을 종합하여 과학적인 결론을 얻을 수 있다.

'부정'과 '부정의 부정'은 철학 용어로 완전히 다른 개념이다. 부정은 긍정과 상반된 뜻이다. 반면 부정의 부정은 발전 과정을 설명하는 철학의 법칙 가운데 한 현상이다.

우리는 보통 부정은 부정으로, 부정의 부정은 긍정으로 생각한다. 철학 영역에서 '부정의 부정'의 법칙은 사물이 전진적이며 상승적으로 발전한다고 본다. 사물은 끊임없이 발전하는데 부정의 부정의 법칙에서는 나선식으로 상승한다. 따라서 종래의 상태를 부정하고 질적으로 새로운 것으로 바뀌게 된다. 부정의 부정의 법칙은 사물의 발전을 정확하게 인식하도록 이끌었다.

부정은 일종의 말투로 어떤 사실을 설명할 때 긍정이나 부정의 답을 제시하여 부정의 구조를 이룬다. 변증법의 부정은 바로 부정의 부정으로, 사물 내부에서 스스로 부정을 소화하는 과정이며 새로운 것을 받아들이고 옛 것을 버리는 발전 형식이다.

'부정'과 '부정의 부정' 사이에는 직접적인 철학 이론 관계가 없는데 다만 일상생활에서 이 두 가지를 혼동해서 쓸 뿐이다.

규칙

규칙의 통속적인 해석은 법칙이다. 규칙은 사물이나 현상에 내재된 필연적인 관계로 사람들의 의식의 제재를 받지 않는다. 규칙은 자연 세계의 객관적 존재이자 보편적 현상으로 보이지 않고 만질 수 없지만 세계 어디에나 반드시 존재한다.

규칙은 필연성, 보편성, 객관성, 영원성이라는 네 가지 특성이 있다. 규칙은 사물 자체의 고유한 존재지만 현상 뒤에 숨어서 현상을 결정하거나 지배하는 측면을 말한다. 규칙을 사물의 발전 과정으로 설명하면, 동일한 현상에 나타나는 본질 관계의 안정된 연관이다. 그것은 운동의 세계에서 가장 정지되어 있는 현상이지만 반복적으로 작용을 일으킨다.

규칙은 필수 조건을 갖춘 상태에서 현상에 적합하면 반드시 다시 나타난다. 세상에는 수많은 사물이 있으며 그것들의 외적 표현은 제각각 다르다. 그러나 동일한 유형이나 사물의 내부 규칙은 옛날부터 지금까지 변하지 않았다. 규칙은 없어질 수 없으며 창조될 수도 없다. 그렇다고 인간이 규칙 앞에서 속수무책이라는 뜻은 아니다. 인간은 실천의 과정에서 규칙을 발견하고 사용할 수 있다.

정신과 의식은 철학에서 대뇌 사고의 물질세계에 대한 반응을 가리키는 것으로 모두 인간의 정신적 범주에 속한다. 그러나 정신과 의식은 전혀 다른 개념으로, 정신은 외부 사물에 대한 느낌이고 의식은 자신에 대한 반응이다.

　정신과 의식은 인간이 사고하거나 느낄 때 생긴다. 둘 다 언어로 묘사할 수 없지만 정신은 의식의 진일보한 산물이며 의식보다 한 단계 높은 사유다. 정신과 의식 모두 인식 활동에 속한다. 그러나 의식의 관건은 '스스로 깨달음'에 있으며 정신은 '외부 성찰'에 있다.

　의식은 주체와 자아와 이드(id)의 관계를 드러낸다. 의식 상태에서 주체는 자신과 자신의 인지 및 자신이 인지하는 대상에 대해 생각하고 주관적인 인지와 체험을 일으킨다. 이러한 인식의 주체는 탁 트인 높은 수준의 정신세계로 들어가는데 이 정신세계가 바로 의식이다.

　정신은 주체의 외부에 대한 사고로 그 대상은 물질로 이루어진 형태, 성질, 규격, 색 등이다. 정신은 저절로 생기는 게 아니라 의식의 발전에 따라 일어난다. 바꾸어 말하면 의식이 충분히 자아를 찾지 못하면 정신은 생기지 않으며 주체는 무의식 상태에 빠져버린다.

　정신과 의식은 대뇌 안의 반응이자 인상이지만 그 근원을 파헤쳐보면 서로 다른 상황에서의 사유 조건이므로 똑같이 놓고 논할 수 없다.

공간

공간은 시간과 대응하는 형식의 존재로서 구체적으로 길이, 폭, 높이를 말하며 통상적으로 동서남북과 상하를 가리킨다. 공간은 우주 공간, 사상 공간, 인터넷 공간으로 나눌 수 있다.

공간은 인간이 자연 사물의 외부 형태의 특징을 근거로 만든 개념이다. 공간은 시간과 마찬가지로 인간의 사물에 대한 인식과 이해를 바탕으로 만들어졌다.

자연 자체는 시간과 공간 이외에 지칭할 수 있는 다른 표현이 없다. 다시 말하면 공간 자체는 아무것도 아니며 공간과 관련 있는 모든 개념은 인간의 갖가지 의식의 형태를 드러낼 뿐이다. 인류 사회가 시간과 공간을 필요로 하므로 자연 사물의 형태 변화와 특징을 시간의 작용으로 인지하고 자연 사물의 변화 현상을 공간의 존재로 인지하는 것이다.

모든 공간의 거리는 인간이 구분했다. 이를테면 대기층 사이의 공간 거리와 은하계 사이의 공간 거리는 인간이 탐색을 거쳐 만들어놓은 것으로 인간의 우주에 대한 인식이 드러나 있다. 그러나 공간의 구분이 비교적 유연하게 잘 되어 있어도 공간은 형태가 없으므로 공간의 경계에 대한 구체적인 기준과 근거가 없다.

양적 변화와
질적 변화

'양적 변화의 질적 변화로의 이행 법칙'은 대립 통일의 법칙과 부정의 부정의 법칙과 함께 철학 연구의 3대 법칙으로 유명하다. 양적 변화와 질적 변화는 물질이 운동을 하면서 발전하고 변화하는 특징이 있음을 말한다. 즉 물질은 양적 변화에서 시작하여 질적 변화로 바뀐다. 양적 변화는 점진적인 변화 형식으로 사물의 수량 증가와 감소나 장소의 변경을 가리킨다. 질적 변화는 사물 발생의 근본적인 변화로 점진적인 변화의 중단을 의미한다. 양적 변화는 질적 변화의 필수 조건이며 질적 변화는 양적 변화의 필연적 결과다.

양적 변화가 점점 변화하여 어느 정도에 이르면 질적 변화가 발생한다. 질적 변화는 양적 변화의 결과일 뿐만 아니라 다음 단계의 새로운 양적 변화의 시작을 의미한다. 그러나 양적 변화가 직접적으로 질적 변화를 일으키는 게 아니라 양적 변화가 일정한 정도까지 발전하면 사물 내부의 운동 형식에 변화가 발생하여 질적 변화가 일어난다.

사물의 발전은 결국 질적 변화를 통해 이루어진다. 양적 변화가 일정한 정도에 이르렀을 때 사물 고유의 성질이 바뀌어야 한 단계 더 발전할 수 있다. 그러므로 때를 놓치지 않고 그 범위와 한계를 돌파하여 적극적으로 질적 변화를 촉진해야 사물의 비약과 발전을 달성할 수 있다.

질적 변화는 양적 변화의 필연적인 결과다. 그것은 규칙성을 지니며 인간의 의지로 전환되는 게 아니라 사물 자체가 양적 변화의 축적 과정에서 확신을 갖고 근본적인 변화를 일으켜야 가능하다. 또 이전의 질적 변화는 다시 새로운 양적 변화의 기점이 된다. 즉 사물의 운동은 이전 사물의 도태와 새로운 사물의 생성으로 새로운 변화의 길을 개척하는 것이다.

모순

모순은 두 가지나 그 이상의 생각 및 행동의 불일치를 말한다. 논리에서 모순은 특수한 정의(定義)를 거쳐 부정적인 의미를 지닌다.

철학에서 모순은 모순 분석법을 가리킨다. 모순 분석법은 유물 변증법의 기본 법칙 중 하나로 모순은 대립 통일적이다. 이는 모든 대립적 통일체가 모순을 내포하고 있다는 뜻이다. 대립의 기본 속성은 투쟁성이고 통일의 기본 속성은 동일성이다. 동일성과 투쟁성 두 가지는 관계가 밀접하여 갈라놓을 수 없다.

동일성은 투쟁성을 떠나 존재할 수 없다. 투쟁성이 작용을 상실하면 동일성도 없어지며 투쟁성도 동일성을 떠나 존재할 수 없다. 모순의 투쟁성은 모순이 되는 쌍방이 내부에 지니고 있는 동일성을 전제로 한다.

모순은 사물이 발전하는 근본적인 동력이다. 모순은 사물의 발전을 촉진한다. 사물의 발전은 상호작용의 결과며 내적 요인이 첫 번째 원인이고 외적 요인이 두 번째 원인이다. 사물의 내부 모순이 사물 발전의 내적 요인이며 사물의 외부 모순이 사물 발전의 외적 요인이다. 모순 분석법도 마르크스주의 철학의 기본 핵심 중 하나로 사회현상 연구에 보편적으로 적용되었다.

가지론(可知論)은 세계는 인지될 수 있으며 세계를 완전히 이해하고 지배할 수 있다고 여기는 철학 관점이다. 가지론은 세상에는 아직 인지하지 못하고 발굴하지 못한 사물만이 존재하며 이해할 수 없는 사물은 존재하지 않는다고 여긴다.

가지론은 불가지론(不可知論)과 상대적인 철학 이론으로 유물론 가지론과 유심론 가지론 두가지로 나뉜다. 두 가지는 서로 이해 내용이 다를 뿐 모두 인간의 사유가 세계를 인지할 수 있다고 여긴다.

유물론자는 인식은 물질의 존재에 대한 반영으로, 인간의 의식과 사유는 존재를 정확하게 반영할 수 있으며 세계는 인지할 수 있는 것이라고 주장한다. 유심론자는 인식에서의 실천의 지위와 작용을 이해하지 못하므로 세계 인지 문제를 과학적으로 해결할 수 없다고 생각한다.

변증 유물론은 실천 관점을 인식론의 기본 관점으로 여기고 인간의 의식과 사유의 본성, 사명, 가능 등의 측면에서 세계를 인지하는 원리를 드러냈다.

본질과
현상

본질과 현상은 서로 표리 관계다. 본질은 사물이 내포한 의미를 나타내고 현상은 사물의 외부를 드러낸 것으로, 인간의 사물 인식 수준과 정도를 밝힌 철학의 고유 이론이다.

세상의 모든 사물은 본질과 현상의 상호작용으로 만들어졌으며 완전히 대립 통일적이다. 철학의 기본 임무 중 하나는 현상을 통해 본질을 보는 것이다. 사물의 근본 성질인 본질은 구성 요소들 간의 안정적인 관계이자 사물 자체가 지니고 있는 특수한 모순으로 필연성, 법칙 등과 동등한 개념이다.

사물을 구성하는 요소 및 요소 사이의 관계 구조는 사물의 본질이 존재하는 객관적 기초며, 사물 본질의 구별은 사물 각각의 특수한 구성 요소와 그 관계 구조로 결정된다. 현상은 사물의 외부 관계 및 사물 본질의 외적 표현으로, 사물 본질 자체의 모순으로 말미암아 본질이 가상의 형식으로 표현된다.

현상과 본질은 서로 전환될 수 있다. 일부 구체적인 사물은 그 본질을 끊임없이 표현하여 현상으로 끊임없이 바뀌고 있다. 현상과 본질의 전환은 바로 감성 인식과 이성 인식이 전환되는 객관적인 바탕이다. 현상과 본질이 상부상조해야 사물이 더욱 완벽하게 발전할 수 있다.

필연성과 우연성은 사물이 발전하는 서로 다른 추세이자 형태로 환경과 물질의 영향을 받아 발생한다.

필연성은 사물이 발전하는 과정에서 객관적 사물이 반드시 발생하는 추세를 가리킨다. 필연성은 사물의 내적 조건을 근거로 만들어지는 것으로 본질적 원인이다. 우연성은 사물이 발전하는 과정에서 객관적 사물이 나타날 수 있고 나타나지 않을 수도 있는 추세를 가리킨다. 우연성은 사물의 외적 조건을 근거로 하여 만들어지는 것으로 비본질적 원인이다.

필연성과 우연성은 대립 통일적인 관계다. 필연성의 출현은 잦은 우연성의 출현을 통해 나타난다. 즉 우연성이 없는 필연성은 존재하지 않는다. 또 우연성은 필연성의 보충이자 중요한 표현 방식으로 필연성과 떨어져 단독으로 존재하는 우연성은 없다. 필연성과 우연성은 일정한 조건에서 서로 전환될 수 있다.

필연성과 우연성은 운동의 발전 과정에서 나타나는 추세다. 그러나 두 가지는 동시에 나타날 수 없고 객관적 사물의 발전 과정에서 서로 다른 지위에서 서로 다른 작용을 일으킨다.

변증법

변증법은 대립과 통일, 관계와 발전에 관한 철학학설로 사변과 실증이 서로 작용한 결과다. 변증법은 자연, 사회, 사유의 발전에 관한 가장 일반적인 과학으로 과학적 세계관이자 방법론이다.

변증법은 세 단계를 거쳐 형성된다. 먼저 변론의 형식을 통해 진리를 형성한다. 이것은 사변을 발전시키는 단계다. 다음은 우주 발전의 보편적 규칙성을 인정하고 드러낸다. 이것은 실증 단계를 절정으로 이끄는 역할을 한다. 마지막으로 사변과 실증 두 가지를 통일한다.

철학에서 살펴보면 제1단계는 인식론의 변증법이고, 제2단계는 본체론의 변증법이며, 제3단계는 각 단계에 적용된 대칭 변증법으로 변증법 발전의 최고 단계다. 변증법은 3대 기본 법칙, 즉 대립물의 통일과 투쟁의 법칙, 질량의 법칙, 부정의 부정의 법칙을 바탕으로 변화하고 발전해왔다.

대립 통일의 법칙은 사물 내부의 모순, 즉 대립물 양측의 통일과 투쟁으로 사물의 보편 관계가 이루어지며, 이는 사물이 변화 발전하는 원천이자 원동력이다.

질량 변화 법칙은 사물의 운동, 변화, 발전의 두 가지 기본 상태인 양적 변화와 질적 변화로 이 둘 사이의 관계와 규칙성을 말한다.

부정의 부정의 법칙은 사물은 모순이 일으킨 결과로 긍정-부정-부정의 부정이라는 나선형으로 전진 운동함을 의미한다.

객관 변증법은 객관적인 현실에 작용하고 있는 일반적인 운동 법칙에 관한 변증법으로 3대 법칙이 작용한 결과며 변증법의 본질이자 핵심이다.

변증법은 자연계와 사회에서 얻은 이론이므로 사물 발전의 보편 규칙이자 인식의 보편 규칙이며 물질과 사유를 통일하는 원리다.

이상학

형이상학은 가장 간단한 이해 방식으로 세계를 보는 것이다. 먼저 고립적이고 단편적으로 사물을 본 뒤 경험을 통한 직감으로 사물을 판단한다. 이는 변증법과 달리 사물을 고립적이며 절대 정지, 고정불변한 것으로 여긴다.

그러나 이러한 사유 방식은 사물 사이의 관계를 보지 못하며 관계의 생성, 소멸, 운동의 상대적인 흐름을 망각한다. 변화를 단지 위치 이동과 수량의 단순한 증감으로 귀결하고 외부의 힘 때문에 나타난 결과로 보며 물리학 중에서 벡터(vector)와 비슷하다고 여긴다.

형이상학도 이론 철학의 핵심 문제, 즉 본체론에 관심을 갖고 있지만 단순히 단편적인 면만 보고 전체 내용을 결정한다. 철학을 연구하는 사유 방식으로서 형이상학은 지나치게 단조롭고 융통성이 없다. 이러한 점은 결코 유심론으로 볼 수 없으며 큰 범주에서 말하면 유물론의 연구 방법에 속한다.

논리

논리는 그리스어에서 기원한다. 최초의 정의는 인간의 추상 사유였는데 이후에 인간이 개념, 판단, 추리, 논증을 통해 객관세계를 이해하고 구분하는 사유 과정으로 발전했다.

논리는 네 가지로 이해할 수 있다.

첫째, 논리는 객관 사물의 발전 법칙을 드러낸다. 모든 사물의 발생과 존재는 고유의 방식이 있으며 사회생활에 나타나는 생활 습관과 풍속도 실질적으로 보면 생활 논리다.

둘째, 논리는 사유의 규칙성과 법칙성을 나타낸다. 인간의 처세 방식도 사유 활동의 결과며 대뇌의 사고방식으로 독특한 논리 형식을 형성한다.

셋째, 논리는 누구나 인정하는 특수한 이론, 관점, 견해다. 이러한 논리는 인간의 오랜 실천 과정에서 사회계약의 방식으로 통일된 대중이 공통적으로 인식하는 사상이다.

넷째, 논리는 사유 형식과 그 법칙을 연구하는 과학과 행동을 의미한다. 주로 논리 연구 같은 심리학 방면의 연구를 가리킨다.

논리는 철학적으로도 이해할 수 있다.

첫째, 논리 사고는 구체적인 표현 형식에서 자기와 대립되는 것을 배제한다. 대립적인 것들을 없앤 뒤 나머지 부분을 다시 배열하고 조합한다.

둘째, 논리 등식을 만들어 상대적인 진리의 존재를 확보한다. 그러나 모든 논리에서 진리가 성립하려면 시간 측정과 여러 번의 실증이 필요하다. 논리는 매우 광범위한 것으로 인간의 대뇌 사고에서 활약하는 형식이자 물질생활이 나아갈 방향을 제시한다.

불가지론(不可知論)은 '알 수 없는'이라는 뜻의 그리스어 아그노스토스(Agnostos)에서 유래했다. 이는 철저한 유심론적 인식론으로, 감각과 현상만 인식할 수 있으며 나머지 초경험적인 사물은 인식 불가능하다고 보는 관점이다.

불가지론은 영국의 생물학자 토머스 헨리 헉슬리(Thomas Henry Huxley)가 1869년에 최초로 제기한 이론으로, 그는 사회 발전의 객관적인 법칙을 부인하고 사회 실천의 작용을 부정했다.

헉슬리는 처음에 기독교 신학의 교조주의에 의심을 품었지만 그렇다고 무신론자도 아니었다. 다만 단순하게 하나님의 존재를 추측했을 뿐이다.

불가지론을 지지하는 사람들은 인간의 인식 능력 범위가 매우 협소해 감각 경험이나 외부 현상을 초월할 수 없으며 사물 본질의 의미와 발전 법칙을 장악할 수 없다고 생각했다.

불가지론은 현대 철학에서도 한 차례 유행한 적이 있다. 심지어 일부 서양 유파는 불가지론에서 지식 이론을 찾아내 과학의 객관적 진리를 완전히 부정했다. 수많은 학자들이 불가지론을 지지해 사상적으로 큰 영향을 끼쳤으며, 그중 신칸트주의자들은 더욱 힘껏 칸트의 불가지론을 선전했다.

그러나 이러한 사상은 인간의 주관적인 능동성을 경시하고 지혜를 갖춘 생물인 인간의 잠재 능력을 과소평가하여 사상과 실천을 속박했다.

이원론

이원론은 본체론의 한 갈래로 우주가 두 가지 원소로 만들어졌다고 보는 관점을 가리킨다. 이원론 개념은 고대 그리스 시대에 싹텄는데 플라톤이 그 대표 인물이다.

이원론은 세계에 정신과 물질이라는 두 가지의 독립적인 근원이 존재한다고 주장한다. 이 학설은 물질과 정신이 똑같이 존재한다고 강조하여 의식이 물질을 떠나서 독립적으로 존재한다는 입장을 견지한다.

근대 철학사에서 전형적인 이원론의 대표 인물은 영국의 데카르트다. 그는 정신과 물질은 독립적이고 이질적인 두 가지의 실체로, 정신의 본질은 사유에 있고 물질의 본질은 연장(延長)에 있다고 생각했다. 즉 물질은 사유라는 속성이 없고 정신은 연장이라는 속성이 없다.

이원론은 자연계와 인류 사회의 관계에 큰 영향을 끼쳤다. 그러나 이것은 비과학적인 설정이다. 물질과 정신의 관계는 인류의 실천에서 발생하기 때문이다. 세계를 인식하는 데 유심론을 강조하는 것도 잘못이며 세계를 개조하는 데 유물론을 강조하는 것도 잘못이다. 세계를 과학적으로 개조하려면 세계를 과학적으로 인식해야 한다. 이는 물질과 정신은 하나며 서로 나눌 수 없음을 의미한다.

내적 요인과
외적 요인

내적 요인과 외적 요인은 사물 발전의 원동력에 대한 철학 문제다. 내적 요인은 사물 발전 변화의 내부 근거를 가리키고 외적 요인은 사물 발전 변화의 외부 조건을 가리킨다. 사물의 운동과 변화는 이미 내부 모순과 외부 조건의 영향을 받았으며 내부 요인과 외부 요인이 직접적으로 사물의 생성, 발전, 소멸을 초래했음을 의미한다. 즉 사물 자체가 본래 지니고 있는 내부 원인과 일정한 외부 조건으로 이러한 일이 발생한다.

사물의 발전 과정에서 내적 요인과 외적 요인의 지위 및 작용이 다르다. 내적 요인은 사물이 존재하고 발전하는 근거이자 한 사물이 다른 사물과 구별되는 내적 본질로 사물의 발전 방향을 결정한다. 그러나 사물이 발전하는 유일한 원인은 아니다. 외적 요인은 변화의 조건으로 사물의 변화와 발전에 가속이나 연속의 작용을 일으킬 수 있다.

비록 외적 요인이 내적 요인을 통해 작용을 일으키지만 어떠한 사물도 내적 요인만으로는 발전할 수 없다. 내적 요인과 외적 요인이 상호 협조해야 사물이 안정적으로 발전할 수 있다.

변화

변화는 이전의 사물이 발전하여 새로운 모습으로 나타나는 것이다. 변화는 '변'과 '화' 두 가지로 볼 수 있다. '변'은 이전 사물의 끝이자 새로운 사물의 시작으로 이 두 가지를 모두 갖고 있는 시기다. '화'는 새로운 사물이 이미 형성되어 이전 사물은 없어지고 새로운 사물만 남아 있는 시기다.

변화는 사물이 발전하는 데 필연적인 법칙이다. 만물은 끊임없이 운동하면서 전진하거나 후퇴하고 양적 변화에서 질적 변화로, 다시 양적 변화의 과정을 반복한다. 이러한 상호 전환 과정이 바로 변화다.

변화는 맨 처음 불교에서 철학으로 도입되었다. 초기에는 사물의 고유 형태가 바뀌면서 (흔적을 남기기도 하지만) 후에 더 좋은 조건으로 변화한다고 해석했다. 변화는 공간의 구조를 바꿀 수 있고 시간의 흐름과 모순을 일으킬 수 있다. 변화는 '유(有)'와 '무(無)'의 전제며 자아의 의식과 무의식의 전 과정이다.

사물의 운동은 반드시 변화의 단계를 거쳐야 발전한다. 변화는 새로운 사물이 만들어지는 자연적인 힘으로 인간의 의지와 무관하며, 강자는 번성하고 약자는 도태되는 필연적인 법칙이다.

추상과 구체는 철학 용어로 원래는 분리와 결합을 의미했는데 발전 과정에서 의미가 바뀌었다. 추상은 사물의 규정과 속성을 공통의 관계 속에서 추출하여 파악하는 것이며, 구체는 직접적으로 경험하거나 느낄 수 있는 것이다.

헤겔은 추상과 구체 이론을 처음으로 제기한 철학자다. 그는 추상을 허무의 개념으로 여겼지만 감성의 대상이 구체라고 생각하지 않았다. 헤겔은 구체는 이성적이며 실제로 존재하는 개념으로 모든 사물의 규정, 속성, 관계의 유기적 전체성이며 인식에서 반영된 것이라고 여겼다. 또 고립, 분리, 단편 같은 사유 방식을 추상 사유로 일컫고 서로 다른 규정성의 통일, 대립면의 통일, 보편과 특수의 통일을 구체의 기본 특징으로 보았다.

헤겔은 세상에 객관적으로 존재하는 사물, 개념, 진리가 모두 구체며 서로 다른 규정성의 유기적 통일체라고 주장했다. 구체는 개념과 진리의 가장 기본적인 특성으로 철학의 목표는 구체적 진리와 개념을 이해하는 데 있다. 즉 세상에 추상적이고 고립적이며 이것 아니면 저것인 것이 없다.

인식은 반드시 구체적 개념, 즉 자아 발전과 자아 인식의 과정을 겪어야 하며 내부 모순으로 상호 추이, 전환, 통일되지 않은 상태에서 점점 통일로 나아가야 한다. 이것이 바로 추상에서 구체로 발전하는 과정이다.

헤겔은 역사상 맨 처음으로 객관적 사물의 구체성과 추상의 개념, 진리에 대해 철학적으로 설명했다. 또 추상과 구체의 범주에 대한 본질적인 특징과 그들 사이의 변증 관계, 추상에서 구체로 발전하는 과정의 일반적인 특징을 인식했다.

범주

범주는 철학에서 가장 일반적인 개념이다. 어떤 개념이 객관적 존재를 반영하는 가장 기본적인 공통성과 규칙성을 가리키며 한 시대와 시기를 대표하는 사상의 특징이다. 범주는 일반적으로 최고 개념을 가리킨다. 우리가 어떤 대상을 일컬어 범주라 할 때 대부분 학과나 영역을 가리키는데, 통상적으로 범주의 개념이 포괄하는 대상의 범위는 매우 넓다.

범주는 사물 본질의 속성과 보편 관계의 기본 개념을 반영한다. 범주를 분석하고 응용하는 것은 철학의 가장 중요한 임무 중 하나다. 범주는 이미 여러 차례 실천을 거쳐 증명된 인간 사유의 성과며, 그 성과의 고급 형태 중에서 고도의 개괄성과 안정적인 구조를 지닌 기본 개념이다. 이를테면 단일성, 특수성, 우연성, 가능성 등은 보편적인 방법론의 의미를 지니고 있다.

철학에서 범주 개념은 모든 존재하는 것에 대해 가장 넓은 의미의 분류에 사용되고 있다. 이를테면 시간, 공간, 관계 등은 모두 범주다. 범주는 존재의 본질을 구별하는 데 중점을 둔 철학 분류의 계통이며 형이상학의 본체론의 갈래에 속한다. 범주는 과학을 근거로 부문별로 나눈 학술계와 다르며 자연과 인간을 중심으로 한 지식 분류인 백과전서와도 차이가 있다.

물질은 인간의 의식 밖에 독립적으로 있는 객관적 실재로 인간의 대뇌 인상에서 반영된다. 세상의 모든 사물은 셀 수 없이 다양한 형태를 지니고 있으며 끊임없이 변화하고 발전한다. 그러나 결국은 모두 객관적 실재의 외적 표현이다.

물질의 개념은 협의와 광의로 나누어 이해할 수 있다.

협의의 물질은 우주를 구성하는 기초이자 진실한 존재로 에너지의 집합 형식이다. 간단한 물질은 공기와 물의 응집이며 이보다 더 높은 단계의 물질은 에너지파의 집합이다. 이를테면 마이크로파, 광파(光波), 자기장 같은 것들이며 이 방식으로 유추하면 인간 사회도 물질에 해당한다. 한마디로 말하면 세상의 객관적 사물은 모두 물질 형식으로 존재한다는 뜻이다.

광의의 물질은 바로 존재다. 이것은 물질의 유일한 특성으로, 존재하거나 존재했었던 것은 물질이며 시간과 공간도 무형의 존재로서 물질 범위에 속한다.

물질은 인간이 접촉하고 감지하는 진실한 존재이자 인간이 의지하여 생존하는 기초며 더 나아가 사회 활동의 기본 조건이다.

주관적 능동성

주관적 능동성은 자각 능동성이라고도 한다. 이는 인간 고유의 행위로, 인간이 세계를 인식하고 개조하는 과정에서 목적과 계획을 가지고 적극적이고 주동적으로 활동 능력을 발휘하는 것을 의미한다.

주관적 능동성은 동물에게는 없는 인류 특유의 행위 특징이다.

주관적 능동성이라는 개념은 마르크스주의 철학에서 가장 먼저 제기했다. 비록 동물의 어떤 행위는 인간과 비슷하지만 동물의 행위는 생존 본능으로 나타나는 것이지 주관적인 능동성의 발현이 아니다. 동물의 행위에는 계획과 동기가 없다. 반면에 인간의 주관적 능동성은 타고나는 능력이다. 다만 환경과 시간의 조건과 영향으로 사람들마다 주관적 능동성의 표현이 다를 뿐이다. 심지어 주관적 능동성을 발휘하지 못하는 사람도 있다.

주관적 능동성은 세 가지 측면을 포함하고 있다. 첫째, 주관적 능동성은 인간이 사회 실천의 바탕에서 능동적으로 세계를 인식하는 활동 및 인간의 생각을 표현하는 과정이다. 둘째, 인간이 인식을 바탕으로 능동적으로 세계를 개조하는 활동을 하고 실천을 표현하는 과정이다. 셋째, 세계를 인식하고 개조하는 활동을 하는 인간의 정신 상태로 일반적으로 결심과 의식을 말한다.

사회의 끊임없는 발전은 인간의 주관적 능동성을 더욱 강하게 만들고 점점 사람들에게 주관적 능동성을 발휘하여 물질적 조건을 창조하게 만든다.

주체와 객체는 철학에서 고정적이고 상대적인 개념이다. 주체와 객체는 물질로 의탁을 삼는데, '주체'는 행위와 활동의 주인이며 '객체'는 행위와 활동의 대상이다. 주체와 객체는 활동하는 사람과 활동 대상 간의 특정 관계를 나타내는 철학 범주로 인간은 사회 실천 활동을 통해 이 두 가지를 일치시킨다.

주체와 객체의 실천 관계에서 인식 관계도 발생한다. 이것은 주체가 관념상에서 객체를 장악하고 반영하며 객체가 관념상에서 지배당하고 반영되는 관계다. 주체와 객체는 대립적이면서 통일적이므로 서로 밀접한 관계를 맺기도 하며 제약을 가하기도 한다. 주체와 객체의 관계는 언제든지 바뀔 수 있다. 시간과 공간의 관계와 주위 환경의 변화에 따라서 주체와 객체의 관계도 변화가 생긴다.

모든 개체는 주체와 객체 두 부분을 지니고 있다. 다만 특정한 상황에서 한쪽이 두드러지게 나타날 뿐이다.

**자연 세계와
인류 세계**

자연 세계와 인류 세계는 세계의 범위를 크게 두 갈래로 나눈 개념이다. 두 가지는 전환할 수 없지만 완전히 대립적이지도 않다. 서로 의지하며 공존할 뿐이다.

자연 세계는 천연, 자연이라고도 부른다. 이것은 두 가지 뜻을 내포하고 있다. 첫째, 아주 먼 옛날 인류 사회가 생기기 전의 자연 자체, 본래 모습 그대로의 세계를 가리킨다. 인류가 존재하기 전에 객관적인 자연 세계가 이미 객관 법칙에 따라 독립적으로 존재하고 발전했는데 이것은 인류 역사보다 훨씬 오래된 선사 세계다. 둘째, 인류의 사회 활동에 아직 공격을 당하지 않은 자연 상태의 세계를 가리킨다. 자연 세계는 넓이와 깊이를 측정할 수 없으며 인류가 도달할 수 없는 부분이 존재한다.

자연 세계와 비교하면 인류 세계는 단일한 개념의 형식으로 인류가 활동하는 범위의 세계다. 여기에는 실천을 바탕으로 인간과 자연이 하나가 된 세계와 인간 특유의 세계도 포함된다. 인간과 자연이 하나가 된 세계는 인간들이 개조한 자연으로 인간의 개척 행위에 따른 결과다. 자연 세계와 인류 세계는 정복과 점유의 문제가 존재하지 않는다. 두 가지는 일정한 범위 안에서 서로 의존하면서 함께 발전해 나간다.

감성 인식과 이성 인식

감성 인식과 이성 인식은 인식의 순차적인 과정이다. 두 가지는 상호 변증적 관계로 감성 인식이 이성 인식의 비약 조건이다.

감성 인식은 인식의 초급 단계다. 이는 감각 기관을 통해 얻은 사물의 현상에 대한 인식으로 감각, 지각, 표상 세 가지 형식을 포함하며 직접성과 형상성이라는 특징이 있다. 이성 인식은 인식의 고급 단계로 간접성과 추상성이라는 특징이 있다. 이것은 인간의 추상 사고를 통해 얻은 사물의 본질에 관한 인식으로 개념, 판단, 추리 세 가지 형식을 포함한다.

감성 인식과 이성 인식의 관계는 다음의 세 가지로 나눌 수 있다.

첫째, 감성 인식은 이성 인식의 기초며 이성 인식은 감성 인식에 의존한다. 감성 인식에서 벗어나면 이성 인식은 곧 발원 없는 물과 뿌리 없는 나무처럼 되므로 감성 인식에 계속 의존하게 된다. 이것은 인식론 중에서 유물론의 입장이다.

둘째, 이성 인식은 감성 인식이 승화한 것으로 감성 인식이 상승하여 이성 인식이 된다는 입장이다. 이 입장에서는 감성 인식이 형상에 대한 인식 문제를 해결해야 이성 인식이 본질에 대한 인식 문제를 해결할 수 있으므로 감성 인식이 이성 인식으로 발전하는 것을 견지한다. 이것은 인식론 중에서 변증법의 입장이다.

셋째, 감성 인식과 이성 인식은 서로 침투하기 때문에 세상에는 순수한 감성 인식이 없고 감성 안에 이성이 있다고 보는 입장이 있다. 이 입장에 따르면 세상에 순수한 이성 인식은 없고 이성 안에는 감성이 있다.

감성 인식은 이성 인식으로 향하는 조건이다. 이를 위해 첫째, 적극적으로 실천에 뛰어들어 실천 안에서 실제와 부합하는 풍부한 감성 재료를 얻고 둘째, 감성 재료에 추상적인 사고를 더하고 분석과 종합, 추상과 개괄, 귀납과 연역 등의 논리 방법을 적절하게 활용하며 감성 재료 안의 찌꺼기를 없애고 정수(精髓)의 사고만 취하여 가공해야 한다.

감성 인식과 이성 인식은 사유 의식의 단계로 저급에서 고급, 무형에서 유형으로 인간의 의식 문명을 점점 진화하고 발전시켰다.

객관적 진리는 진리의 객관성을 말한다. 즉 존재하는 진리 중에 인간의 의지로 바뀌지 않는 객관적인 부분이 객관적 진리다.

객관적 진리는 두 가지 의미를 포함하고 있다. 첫째, 진리의 내용은 모두 객관적이다. 둘째, 진리를 검증하는 방법 또한 객관적이다.

인간이 인식하는 진리는 사물의 객관적인 본질과 그 법칙을 반영한다. 진리의 형식은 주관에서 출발하지만 내용과 결과는 모두 객관적이며 인간의 의지로 바뀌지 않는다. 또 진리의 내용은 평등하다. 진리에는 계급이 존재하지 않으며 모든 과학 법칙과 진리 판단의 내용도 객관성을 띠고 있으므로 진리라고 부르는 것이다.

사람들은 실천 과정에서 끊임없이 객관적 진리를 탐색하고 그것을 광범위하게 응용했다. 이러한 이유로 진리는 사회와 과학 생활의 이정표라고 할 수 있다.

가치

가치는 자연계에서 기원한다. 가치는 인류의 진화에 따라 변화했지만 그 근원은 운동하는 물질세계와 노동하는 인간 사회에 있다.

가치는 인간의 자아 본질에 관한 사유이자 발전이며 인간의 존재를 평가할 수 있는 핵심 개념이다. 인간의 모든 자아 해방의 행위는 인성의 자아 창조 및 재창조를 지속·발전시키는 것으로 모든 가치 형태는 이 범주에서 벗어날 수 없다.

가치는 인간의 의식과 생명의 발전을 포함한다. 인간은 외부 자연과 함께 발전하며 인간이 자아 세계를 창조하고 발전하는 것은 모두 가치가 있다. 가치의 근본 대상은 인간 자체다. 즉 인간은 가치의 본체고, 인간의 행위는 가치의 원천이며, 인간의 발전은 가치의 결과다.

가치는 철학 범주 외에도 경제 가치, 물리 가치, 법률 가치 등 종류가 많다. 이것들을 명목 가치(名目價値)라고 부르는데 본질을 따져보면 자신의 실질 가치를 구현할 수 있다.

사회 존재와 사회의식은 사회 발전에 관한 용어다. 사회 존재는 사회의식의 성질과 변화를 결정하고, 사회의식은 사회 존재의 반영이자 반작용으로 능동 작용이 있다. 이 두 가지는 상호 의존적이다. 사회 존재가 사회의식을 결정한다는 것은 역사 유물론의 관점으로, 사회의식의 작용을 말살하는 형이상학의 기계론을 반대하고 이러한 능동 작용을 과대평가한 역사 유심론도 반대한다.

사회의식의 작용은 성질과 정도라는 두 가지 측면에서 살펴볼 수 있다. 하나는 선진적이고 혁명적이며 과학적인 사회의식이 사회 존재의 발전에 강한 촉진 작용을 했다고 본다. 또 하나는 낙후되고 반동적이며 비과학적인 사회의식이 사회 존재의 발전에 방해 작용을 했다고 본다. 사회의식은 발전하면서 역사 계승성을 지닌다. 즉 그 시대의 사회 존재를 반영하면서 이전 사람들이 남겨놓은 정신문화의 성과도 통합한다.

사회 존재와 사회의식의 관계를 정확하게 인식하려면 사회 존재의 작용을 인식하고 사회의 실제적인 부분에서부터 출발해야 한다. 또 사회의식이 독립성을 지니고 있고 사회 존재에 능동 작용을 한다는 사실을 인식해야 하며, 정확한 사회의식으로 잘못된 사회의식을 극복해야 한다.

주의주의

주의주의(主意主義)는 의지가 우주의 본질이며 이성보다 우위에 있다고 주장하는 유심론 및 비이성주의 철학으로, 1820년대에 독일 철학자 아르투어 쇼펜하우어가 제기했다.

그는 의지가 모든 세계의 기초이자 궁극적인 목표의 실재며, 모든 사물은 의지의 표현이므로 생각도 의지의 파생물이라고 여겼다. 우주 본체로서의 의지는 객관적인 물질세계를 완전히 적대시하는 신비로운 힘이며 맹목적이고 비이성적이며 영원히 고갈되지 않는 창조력이다. 이 의지는 어느 곳에나 있으며 충동, 본능, 분발, 갈망, 요구 등으로 인간의 마음에 나타난다.

쇼펜하우어는 의지야말로 진실한 자아며 육체는 의지의 표상이라고 보았다. 빛을 향하는 식물의 성질과 물체가 서로 끌어당기고 밀어내는 힘 등도 의지의 표상이라고 주장했다. 쇼펜하우어는 또한 의지가 감각, 상상, 판단, 추리를 통솔한다고 생각했으며 의지로 우주 만물을 해석했다. 자연계와 인류 사회가 주관적인 의지 밖에서 독립적으로 존재하는 객관적인 존재이자 법칙임을 부정하고 이성 사유로 세계를 인식할 수 있다는 가능성도 부정했다.

주의주의는 독일에서 시작하여 프랑스에서도 유행했으며 이로써 실존주의와 실용주의 등의 사조가 나타났다.

시간은 멈추지 않고 흐른다. 시간이 흘러가도 우리는 그 종적을 찾을 방법이 없다. 시간의 길이를 재는 기준만 있을 뿐이다. 이것이 시간의 비가역성(非可逆性)이다.

시간의 비가역성의 기본 특징은 지속성과 순서성이다. 지속성과 순서성의 상호 관계는 시간이 단일한 방향으로 흐른다는 특징을 증명한다. 시간은 공허한 개념이다. 시간은 한 방향으로만 흐르며 되돌릴 수도 다른 방향으로 바꿀 수도 없다. 인간은 일상 언어에서 시간을 일차원적인 용어로 묘사한다. 이는 시간이 길고 짧음, 빠름과 느림이 있지만 높고 낮음, 넓고 좁음 등의 표현은 존재하지 않기 때문이다.

시간은 과거, 현재, 미래로 단절되지 않는 계통을 이루고 있다. 다만 한 방향만 있기 때문에 한번 지나가면 다시는 되돌릴 수 없다.

3차원 공간과 연장성

공간은 생활의 물질적 장치로 인간이 처한 환경과 범위를 말한다. 3차원과 연장성은 공간의 독특한 특징으로 시간보다 더 입체적이고 전체적인 표현이다.

공간은 길이, 넓이, 높이 세 가지의 방향성이 있다. 이 세 가지는 인간 활동에 제공할 수 있는 여섯 가지 평면을 형성한다. 즉 전, 후, 좌, 우, 상, 하로 모두 방향성을 지닌 평면이다.

3차원이라는 것은 인간이 규정한 상호 교차적인 세 가지 방향의 좌표를 일컫는다. 이 3차원 좌표를 이용하여 모든 세계를 어떤 위치에 임의로 만들 수 있다. 3차원의 세 개의 좌표축은 x축, y축, z축이다. 그중 x는 좌우 공간을, y는 상하 공간을, z는 전후 공간을 나타낸다. 이 세 개의 축으로 시각적인 입체감을 만들 수 있다.

시간은 1차원적이고 2차원은 두 가지 방향의 교차만 존재할 뿐이다. 두 개의 2차원을 교차하고 한데 겹치면 3차원을 만들 수 있다. 시간의 연장성은 3차원에서 구현된다. 공간은 끝이 없고 조건이 허락되면 무한히 뻗어나갈 수 있다. 인간은 이러한 무한한 공간을 다양한 유한한 공간으로 나누어 그 속에서 살고 있다.

세상의 모든 물질은 운동하고 있다. 운동을 하지 않고 생존할 수 있는 물질은 존재하지 않는다. 다만 상대적인 상황에서 정지 상태로 보일 뿐이다. 이것이 바로 절대운동과 상대 정지의 관계다.

세상의 모든 사물은 동(動) 속에 정(靜)이 있다. 물질 운동은 무조건적이고 절대적이지만 운동 속에 정지가 있다. 정지는 물질의 운동이 상대적으로 안정된 상태며, 어떤 사물이 다른 사물에 비해 상대적으로 변화가 발생하지 않음을 가리킨다.

정지는 조건적이며 상대적이다. 왜냐하면 정지 상태에서도 운동을 하고 있기 때문이다. 그러므로 물체가 겉으로는 정지 상태인 것처럼 보여도 물체 자신은 태양계에서 자전하는 지구를 따라 운동하고 있다.

그 자리에서 하루에 8만 리를 가고 하늘을 유람하며 수많은 은하계를 구경하네.

이것은 마오쩌둥이 지은 시 〈송온신(送瘟神)〉의 한 구절이다. 우리가 움직이지 않아도 지구의 자전을 따라 하루에 8만 리, 즉 지구의 둘레인 약 4만 킬로미터를 여행할 수 있다는 의미다. 이처럼 정지는 운동의 특수한 형식으로 볼 수 있다.

세상의 사물은 모두 움직임 가운데 고요함이 있고, 고요함 가운데 움직임이 있으며, 절대운동과 상대 정지의 특성이 있다.

실재론과 유명론

실재론과 유명론은 스토아학파가 개별과 보편에 관해 토론하는 과정에서 제기되었다. 인식론에서 보면 이는 보편개념의 형성과 성질, 의미 문제에 관한 논쟁으로 본질적으로 사유와 존재에 관한 철학의 기본 문제를 다루었다. 보편은 명사(名詞)일 뿐이며 개별 사물만이 실체라고 주장하는 것을 유명론, 보편이 실체라고 주장하는 것을 실재론이라고 한다.

실재론은 아리스토텔레스가 제기한 이론이다. 그는 플라톤이 주장한 '이데아의 세계'를 부정하고 지식이 감각기관의 경험을 통해 자연 세계에서 구현된다고 보았다. 또 자연 세계야말로 진실하며 사물이 변화하는 원리의 근원이고 자연에 대한 판단이야말로 지식을 얻는 길이라고 여겼다.

실재론자들은 보편이 객관적 실재성을 지니고 있다고 단언했다. 보편은 개별 사물과 독립된 제1실체며 개별 사물의 본질이거나 원시 형태다. 개별 사물은 단지 보편에서 파생한 개별 상황과 우연한 현상이므로 보편이 사물보다 우선한다고 보았다.

유명론은 실재론과 상반된 견해를 갖고 있다. 보편이 객관적 실재성을 지니고 있음을 부정하고 개별적인 감성 사물만이 진실한 존재라고 주장했다. 유명론자들은 사물이 보편보다 우선하며 보편은 개별 사물의 '명칭'이거나 인간이 내뱉은 '소리'에 불과하다고 여겼다. 보편은 개별 사물의 유사성과 공통성이 드러난 것이다. 신이 창조한 개별 사물의 원형 이념 또는 원시 형식으로서의 보편은 신의 이성 속에 존재한다. 반면 개별 사물에 대한 인간의 추상적이고 귀납적인 개념으로서의 보편은 인간의 이성과 상상 속에 존재한다.

유명론과 실재론의 논쟁은 철학의 기본 문제에 관한 것으로 사유와 존재의 문제를 더욱 실제화하고 현실화했다.

실용주의와 논리실증주의는 마흐주의의 영향을 받았다. 이 두 가지 이론의 가장 큰 차이는, 논리실증주의는 논리 추리의 중요성을 중시한 반면 실용주의는 실천 방면에 치중했다는 점이다.

실용주의로 말미암아 당시의 철학은 두 개의 중요한 갈래로 나뉘었다. 하나는 이성주의자로 유심론적이고 융통성이 있으며 감정을 중시하고 이지적이며 낙관적이고 종교 신앙이 있으며 의지와 자유를 믿는다. 또 다른 하나는 경험주의자로 유물론적이고 강하고 감정에 휘둘리지 않으며 감각에 의존하고 비관적이며 종교 신앙이 없으며 인과관계를 믿는다.

실용주의는 이성주의와 경험주의 사이에서 중간 입장을 취하고 있다. 실용주의자는 사실에 충실하지만 신학 관점에 반대하지 않는다. 만약 신학의 기본 관념이 구체적인 생활에 확실한 가치가 있다면 그것을 진실하다고 인정한다. 실용주의는 철학을 추상적 변론에서 개성주의로 격하시켰지만 종교 신앙을 여전히 지키고 있다. 실용주의는 실증주의를 공리화하여 생활과 행동, 효과를 강조했다.

논리실증주의자들은 형이상학의 문제가 체계적인 논증을 거친 적이 없으며 그것은 의미에 관한 문제라고 여겼다. 그러므로 그것을 해결하는 방법은 일반적인 과학 방법이 아니라 언어의 논리 분석 방법을 활용해야 한다고 보았다. 논리실증주의자들은 철학을 형이상학에서 해방시키려면 반드시 철학의 방식으로 해결해야 한다고 주장했다.

철학 논제는 자연이나 사회와 무관하고 언어나 언어 응용만을 다룬다. 철학은 언어의 의미 유무를 기본으로 삼으며, 그것의 임무는 명제를 제기하거나 이론의 체계를 세우는 게 아니라 과학의 개념, 가설과 명제의 의미를 논리적으로 분석하고 설명하여 형이상학의 사상을 분명하게 밝히는 것이다.

실용주의와 논리실증주의는 각각 철학을 연구하는 두 가지 사상을 대표한다. 두 가지 모두 철학을 연구하는 방법을 강조했지만 철학의 본질적인 문제를 연구하는 데는 큰 영향을 끼치지 못했다.

중용

중용은 철학의 관점과 태도를 가리킨다. 즉 객관적으로 중립을 지키고 어느 쪽으로도 치우치지 않음을 의미한다.

'중용'이라는 말은 중국의 사서(四書) 중 하나인 《중용》에서 나왔다. '중용(中庸)'을 글자 그대로 해석하면 '가운데(中)를 잡는다(庸)'는 뜻으로 이는 중화(中和)를 말한다. 자신의 희로애락이 드러나지 않았을 때의 그 고요한 마음이 곧 '중(中)'이며 감정을 표출한 뒤 중도에 맞게 조절하는 것이 '화(和)'다.

중용은 '성(誠)'의 중요성을 강조하는데 수양의 최고 경지가 바로 '지성(至誠)'이기 때문이다. '성(誠)'은 《대학》에서 말하는 '성의(誠意)'로 인간의 선천적인 본성을 가리킨다. 지성의 인간은 본성을 충분히 발휘하고 다른 사람들을 감화시키며 나아가 인간의 최고 본보기가 될 수 있다.

중용의 철학적 핵심은 인성을 수양하는 데 있다. 이를 위해 널리 배우고, 묻고, 생각하고, 명백하게 말하고, 성실히 행하며, 인간으로서 지켜야 할 규범을 정해야 한다. 즉 군신의 도(道), 부자의 도, 부부의 도, 형제의 도, 붕우의 도인 '오달도(五達道)'와 지(智) 인(仁) 용(勇)의 '삼달도(三達道)'가 그것이다.

중용은 중국 전통문화에서 인성의 최고 경지이자 성현들이 추구해온 완벽한 인생의 경지다. 그러나 진정한 중용은 현실에 존재할 수 없으므로 유가 사상의 도덕 기준으로서 중용은 많은 유학 제자들이 일생 동안 추구한 이상이자 신앙이었다.

알아두면 잘난 척하기 딱 좋은 철학잡학사전

개정판 1쇄 인쇄·2018년 9월 20일
개정판 1쇄 발행·2018년 9월 27일

지은이·왕잉
옮긴이·오혜원
펴낸이·이춘원
펴낸곳·책이있는마을
기획·강영길
편집·이경미
디자인·블루
마케팅·강영길

주소·경기도 고양시 일산동구 무궁화로120번길 40-14(정발산동)
전화·(031) 911-8017
팩스·(031) 911-8018
이메일·bookvillagekr@hanmail.net
등록일·1997년 12월 26일
등록번호·제10-1532호

ISBN 978-89-5639-301-8 (03100)

이 도서의 국립중앙도서관 출판예정도서목록(CIP)은 서지정보유통지원시스템 홈페이지(http://seoji.nl.go.kr)와
국가자료공동목록시스템(http://www.nl.go.kr/kolisnet)에서 이용하실 수 있습니다.(CIP제어번호: CIP2018029496)

'알아두면 잘난 척하기 딱 좋은 철학잡학사전'은 2016년 책이있는마을에서 출간한 '철학과의 첫 만남'의 개정판입니다.

알아두면 잘난 척 하지 딱 좋은 영어잡학사전

Dictionary of English Miscellaneous Knowledge for Confidence

영단어 하나로 역사, 문화, 상식의 바다를 항해한다

이 책은 영단어의 뿌리를 밝히고, 그 단어가 문화사적으로 어떻게 변모하고 파생되었는지 친절하게 설명해주는 인문교양서이다. 단어의 뿌리는 물론이고 그 줄기와 가지, 어원 속에 숨겨진 에피소드까지 재미있고 다양한 정보를 제공함으로써 영어를 느끼고 생각할 수 있게 한다.

영단어의 유래와 함께 그 시대의 역사와 문화, 가치를 아울러 조명하고 있는 이 책은 일종의 잡학사전이기도 하다. 영단어를 키워드로 하여 신화의 탄생, 세상을 떠들썩하게 했던 사건과 인물들, 그 역사적 배경과 의미 등 시대와 교감할 수 있는 온갖 지식들이 파노라마처럼 펼쳐진다.

김대웅 지음 | 인문·교양 | 452쪽 | 22,800원